HET GEHEIM VAN LANGE LIEFDE

Het geheim van lange liefde

Waarom je door een lange relatie langer leeft, gezonder en gelukkiger bent

Werner Bartens

Vertaald door Ronnie Boley

Nieuw Amsterdam

Oorspronkelijke titel *Lob der langen Liebe.*
Wie sie gelingt und warum sie unersetzbar ist

Omslagontwerp DPS Design & Prepress Studio
Foto auteur © Stefan Hobmaier
NUR 860
ISBN 978 90 468 2870 0
www.nieuwamsterdam.nl

MIX
Papier van verantwoorde herkomst
FSC® C004472

Inhoud

Een opbeurend woord

Voor de scheidingsrechter verschijnt een echtpaar.
Hij is zesennegentig, zij vijfennegentig. De rechter vraagt bars:
'Waarom gaat u nu nog scheiden?' Het stel antwoordt:
'We wilden wachten tot de kinderen dood zijn.'

Dit hoogbejaarde paar heeft het behoorlijk lang met elkaar uitgehouden, maar hun motivatie om alsnog uit elkaar te gaan, wijst niet bepaald op een gelukkig huwelijk in de voorbije tientallen jaren. De reden dat ze niet al veel eerder zijn gescheiden is een klassieker: vanwege de kinderen.

Toch mogen stellen eigenlijk weer meer vertrouwen hebben in hun relatie. En dat ondanks die vervloekte 40-procentsregel. Statistisch gezien is in grote steden namelijk ruim 40 procent van de volwassenen alleenstaand, zoals je regelmatig in onderzoeken kunt lezen. En van de huwelijken waartoe enkele waaghalzen toch besluiten (van jaar tot jaar op steeds latere leeftijd), wordt bijna 40 procent weer ontbonden. Geen heel fraai vooruitzicht voor wie graag een langere relatie wil. Bijna een reden zelfs om eenzaam en wanhopig naar een fles sterkedrank van 40 procent te grijpen, ware het niet dat er toch een sprankje hoop is: sinds 1990 is de houdbaarheid van huwelijken, of in elk geval van de eerste speelhelft, veel beter geworden. Echtparen houden het weer langer met elkaar uit. De gemiddelde duur van een burgerlijk huwelijk is de afgelopen dertig jaar aanmerkelijk toegenomen.

De huwelijken die in 1990 werden ontbonden, waren veel

breekbaarder. Ze hielden gemiddeld maar een jaar of tien stand, dan was het gedaan. In 2018 is de duur van stukgelopen relaties in ieder geval tot gemiddeld 15,5 jaar gestegen. Vijf jaar, oftewel bijna de helft, langer. Dat laat nog altijd veel ruimte voor verbetering, maar is niettemin een veelbelovende indicatie die mensen kan aanmoedigen om zich voor langere tijd te binden.

Overigens moet je daar meteen een kanttekening bij plaatsen: hoewel het inmiddels veel langer duurt voordat een echtpaar het voor gezien houdt, zijn huwelijken niet echt stabieler geworden. Er is namelijk ook sprake van een andere onmiskenbare trend: steeds meer oudere stellen, vijftigers of zestigers die al jaren bij elkaar zijn, gaan toch nog scheiden. Terwijl ze op een bank in de zon van hun pensioen zouden kunnen genieten en op de kleinkinderen zouden kunnen passen, lopen hun relaties toch nog ontstellend vaak op de klippen.

Kennelijk worden babyboomers op hun oude dag minder geduldig met zichzelf en hun partner. Zo is het aantal echtparen dat zelfs na zesentwintig of meer huwelijksjaren uit elkaar gaat tussen 1992 en 2012 meer dan verdubbeld. Relaties houden dus weer wat langer stand, maar de kans dat mensen voor altijd bij elkaar blijven is helaas afgenomen. Dat kan niet alleen liggen aan de toegenomen levensverwachting en de grotere mobiliteit op latere leeftijd.

Het gaat met huwelijken dus bepaald niet zoals met kinderen, die 'op eigen benen beginnen te staan' als ze de eerste jaren eenmaal goed zijn doorgekomen. Juist als de kinderen bijna volwassen zijn en zelfstandig worden, vindt vaak een algehele evaluatie van de relatie plaats waarop dan een late relatiebreuk volgt. Daarom zouden vijftigplussers ook nog iets voor hun relatie moeten doen als deze op leeftijd is gekomen. Met name in die lastige fase vormt het huwelijk, wanneer het wat roestig is geworden en de routines ingesleten zijn geraakt, allang geen 'veilige haven' meer.

Sommige relaties dreigen overigens al eerder in de versukkeling te raken, nog voor de 'tinnen bruiloft', zoals het tienjarig huwelijksjubileum weleens wordt genoemd. Dan zijn al in een vroeg stadium enkele zwakke plekken te herkennen, maar ook crisisbestendig te verbeteren. In dit boek beschrijf ik de eerste tekenen van het dreigende huwelijkseinde en geef ik nuttige tips om te voorkomen dat de relatie stukloopt.

Op het eerste gezicht lijkt scheiden relatief gemakkelijk; het kan erg snel en gaat tegenwoordig nog maar zelden gepaard met morele verwijten. Als het er plotseling minder vriendelijk aan toe gaat, de betovering van de eerste verliefdheid allang is verdwenen en de dagelijkse gang van zaken niet meer gekenmerkt wordt door vurige hartstocht maar door weinig opwekkende gewoontes, is het vaak moeilijker om bij elkaar te blijven. Toch is het de moeite waard, meestal tenminste, en daar zijn legio goede redenen voor die ik ook noem in dit boek.

Veel oudere stellen vragen zich af wat er van hun liefde overblijft als er na al die tijd nog steeds zo veel huwelijk is, maar proberen ondanks wrijvingen toch zo goed en zo kwaad mogelijk tot elkaar te komen en samen verder te gaan. Vaak gebeurt dat echter uit puur pragmatische overwegingen: de kinderen, langlopende schulden, het huis, of alleen maar vanwege het gemak en de akelige onzekerheid over wat er na een breuk misschien komt. De angst voor het onbekende is vaak groter dan de dagelijkse verschrikkingen thuis. Ontgoocheld slaan de partners zich dan door de vele jaren heen die ze nog voor de boeg hebben, zonder dat ze tevreden, laat staan gelukkig, met elkaar zijn. Dat kun je natuurlijk doen, maar een prettig vooruitzicht is het niet.

Zulke mensen zijn dan ook zelden in het reine met zichzelf en hun partner. Ze hebben eerder het gevoel dat ze op een cruciaal moment in het leven de verkeerde afslag hebben genomen en allang het punt zijn gepasseerd waarop ze nog konden omkeren of een andere richting konden inslaan. Ze liggen overhoop met zichzelf en hun gebrek aan lef, en raken moegestreden. Soms vervallen ze in zelfmedelijden of opperste gelatenheid. De lont van de liefde wordt almaar korter. Als deze uiteindelijk volledig is opgebrand volgt er op enig moment toch een explosie en komen alle opgebouwde frustratie en ergernis tot ontlading.

Mensen die zo in zichzelf en hun relatie gevangenzitten, komen vrijwel nooit meer op het idee om er nog iets aan te doen. Toch is 'zelfeffectiviteit' niet alleen een nuttig instrument voor conflicten tussen partners, maar bruikbaar in alle moeilijke levensfasen. Psychologen verstaan eronder dat je jezelf geen slachtofferrol aanmeet en het bijltje erbij neergooit, maar uitpluist hoe je zelf iets aan je situatie kunt veranderen.

Dat kan bijvoorbeeld betekenen dat je tegen jezelf zegt: eigenlijk red ik het best goed met mijn partner, laten we het nog eens proberen, ik ga wat meer mijn best doen en laat me niet meer zo snel uit het veld slaan. Het is dan wel van belang om ook mislukkingen en stagnatie voor lief te nemen, want daar zal af en toe zeker sprake van zijn. Maar als je allebei doorzet, nemen de frustratietolerantie en het uithoudingsvermogen toe.

In plaats van je vol vertwijfeling blind te staren op de vermeende verloren jaren en de huidige struikelblokken in de relatie, kan het ook anders. Het is mogelijk om je geluk, of in ieder geval je tevredenheid met elkaar, te behouden en de liefde te laten voortduren. Samen zijn en samen blijven kan tenslotte best fijn zijn, en soms is oude liefde zelfs de beste liefde.

Het begrip 'oud' heeft in veel opzichten een slechte reputatie in een maatschappij die vooral gericht is op meerwaarde en innovatie, en 'nieuw' automatisch als 'beter' beschouwt. Het is hoog tijd dat daar verandering in komt. Tenslotte zijn er genoeg redenen om naast oude wijn, oude strijkinstrumenten en oude vrienden eindelijk ook de woordcombinatie 'oude liefde' wat positiever op te vatten. 'Oud' kan immers evengoed betekenen dat iets zijn waarde heeft bewezen en daarom heel kostbaar is.

Ook chronische relaties (zo noem ik het troosteloze samenleven dat niet alleen al heel lang duurt, maar voor beide partijen ook gepaard gaat met heel wat leed) zijn te verbeteren en kunnen een bron van levensvreugde in plaats van verbittering worden. Dat vereist wel dat je met andere ogen leert kijken naar je partner en het leven samen; je hebt, met andere woorden, een nieuwe mindset nodig. Er moet een nieuwe kijk komen op de liefde en op het gezamenlijke leven als koppel.

Beter oude liefde dan nieuwe problemen

'Er is maar één manier om een gelukkig huwelijk te hebben, en zodra ik weet welke dat is, trouw ik weer.'
– Clint Eastwood

Om de liefde in stand te houden is het zinvol om de golfbewegingen ervan op een realistische manier te aanvaarden. Op andere gebieden kunnen we prima accepteren dat het leven verschillende fasen kent, of het nu tijdens de kinderjaren, de puberteit, de middelbare leeftijd of de oude dag is, maar ook in opleiding of werk. De liefde en het samenleven als stel worden daarentegen nog altijd hopeloos geïdealiseerd, alsof het altijd zo blijft als in de slotscène van een romantische film.

Je zou er eens even bij stil moeten staan (en in de liefde steeds opnieuw) welke buitengewone prestatie er eigenlijk van een koppel wordt verwacht. Het gaat immers om een abrupte verandering van de staat van twee mensen die kort daarvoor meestal nog volslagen vreemden waren. Dan vinden ze elkaar en zijn ze opeens een stel.

En na die bliksemsnelle frontale botsing van genegenheid en enthousiasme zouden ze het dan langdurig met elkaar moeten uithouden. Dus ook als de aanvankelijke hartstocht allang is geluwd. Er bestaan eenvoudiger opgaven in het leven, en toch wordt die enorme aanpassingsprestatie zwaar onderschat en tegelijkertijd meedogenloos geïdealiseerd. 'In de film wordt na een happy end/ in het algemeen het licht gedempt,' merkte Kurt Tucholsky op, en hij noemde daarvoor ook de reden in een terugblik op de gezamenlijke tijd: 'Och mensenkinderen, 't is lang gelee/ dat hij nog geilde op moeder de vrouw (...) het huwelijk was voor 't grootste deel/ verbrande melk en saai en grauw/ dus wordt in de film bij het happy end/ in het algemeen het licht gedempt'.

Terwijl het leven voortdurend ups en downs kent, en hoogte- en dieptepunten geen uitzondering maar regel zijn, verwachten we van de liefde een eeuwigdurend geluksgevoel, een sprookjesachtige lichtheid, een van hormonen doortrokken hartstocht, een leeftijdloos gelukzalig samenzijn, een roze ballenbak vol overmoedige gevoelens en sensuele prikkels. Het wordt tijd om dat vertekende beeld een beetje recht te trekken, en mensen aan te moedigen zich niettemin voor langer dan een bepaalde levensfase aan elkaar te binden.

Zowel ervaren stellen als singles die op zoek zijn naar een partner doen er goed aan om zich vol nieuwsgierigheid op iets heel eenvoudigs in te stellen: erken en aanvaard de verschillende golfbewegingen en fasen van het leven. Ze komen niet alleen steeds weer voor in het leven in het algemeen, maar ook in het liefdesleven en de relatie, en bepalen mede hoe je je voelt. Er zijn voortdurend ups en downs, en naast zonnige ook altijd weer sombere momenten.

In de jaren zestig van de vorige eeuw identificeerde de Zwitserse arts en auteur Elisabeth Kübler-Ross vijf fasen die kenmerkend zijn voor de manier waarop mensen omgaan met het bericht dat ze ongeneeslijk ziek zijn.

Aanvankelijk, in de periode vlak na de diagnose, overheerst de ontkenning, het niet willen weten. Het kan niet waar zijn, de diagnose kan gewoon niet kloppen, de uitslag van het onderzoek moet onjuist zijn! Algauw volgen verontwaardiging en boosheid, en de vraag 'waarom uitgerekend ik?' De patiënt zoekt naar oorzaken en verklaringen. Hij gaat zijn levensgeschiedenis na, vraagt zich af wat hij mogelijk verkeerd heeft gedaan of waarom juist hem dit moet overkomen.

Dan volgt een fase waarin veel mensen hopen dat ze hun lot nog gunstig kunnen beïnvloeden door zich goed te gedragen of bepaalde rituelen uit te voeren. Ze gaan anders eten, scheiden van hun partner, trekken zich terug of maken een grote reis, vaak tot opperste verbazing van hun naaste omgeving. Uiteindelijk volgen dan neerslachtigheid en lijden, tot ze zich ten slotte neerleggen bij het onvermijdelijke.

Natuurlijk, alleen in zeer zware gevallen kun je de liefde vergelijken met een ongeneeslijke ziekte, en het aanvaarden van het onvermijdelijke hoeft in een relatie niet het einde te betekenen. Maar ook daar gaat het erom de cycli en wisselvalligheid van het samenleven te leren kennen en waarderen, en ze samen op een enigszins vergelijkbare of (wat nog moeilijker is) zelfs tegengestelde wijze te doorstaan. Dan blijkt meestal dat de relatie veel sterker is dan beide partners hadden verwacht, en dat oude liefde over het algemeen beter is dan nieuwe problemen.

Ik interesseer me al geruime tijd voor de gezondheidseffecten van geslaagde relaties, ontmoetingen, contacten en wederzijdse waardering, en voor wat er gebeurt als dat allemaal niet lukt.

Het boeiende is dat er relatief weinig onderzoek is gedaan naar het welbevinden van mensen die ouder worden en al lang als stel samenleven. De meeste boeken gaan over jonge, 'prille' relaties. In dit boek staan juist de sociale betrekkingen centraal tussen mensen die al lang bij elkaar zijn, en hun samenleven en liefde na al die jaren. Ik heb daar veel met deskundigen en 'betrokkenen' over gesproken, en me met behulp van boeken en artikelen in mensen en hun relaties verdiept. Die inzichten heb ik uiteraard ook in dit boek opgenomen.

Ik wil graag laten zien wat de specifieke ervaringen en uitdagingen zijn van veertigers, vijftigers, zestigers, zeventigers of tachtigers die met hun partner alle crises moeten overwinnen. Hoe spelen ze het klaar om samen te blijven zonder elkaar voortdurend op de zenuwen te werken?

Een realistische kijk op het verloop van de liefde is overigens helemaal niet ontnuchterend of zelfs afschrikwekkend. Integendeel, hij kan helpen om beter met elkaar overweg te kunnen, samen tevreden te zijn en jezelf, je partner of je relatie niet te overvragen met al te hoge eisen en onjuiste verwachtingen.

Op weg naar de lange liefde

Wat de liefde zo moeilijk maakt

'Van veraf ziet een huwelijk er buitengewoon eenvoudig uit.'
– Hans Fallada

Het is me wat met de liefde. We willen doen wat ons hart ons ingeeft maar onszelf niet volledig uit het oog verliezen, of hoogstens gedurende de korte periode van acute verliefdheid. We willen onszelf verwerkelijken maar soms toch met volle overgave alles vergeten. We willen zelfstandig zijn maar toch de zekerheid hebben dat we ook in volledige afhankelijkheid op de ander kunnen vertrouwen. We zijn economisch onafhankelijk en hebben onze eigen opleiding gevolgd, zodat we het ons kunnen veroorloven om de relatie (ook een huwelijk) te beëindigen. We hebben een gemiddelde levensverwachting van tachtig jaar en meer, hoe kunnen we nu zeker weten dat de aantrekkingskracht van de eerste maanden ook de komende vijftig jaar standhoudt? En we hebben die enorme berg aan keuzemogelijkheden. Lastig allemaal, heel lastig.

'Jij en ik waren getrouwd/en ieder een zalig enkelvoud,' schrijft de dichter Mascha Kaléko. Prachtig, maar hoe doe je dat, getrouwd zijn en toch helemaal jezelf zijn?

De liefde als overbelasting

'Leef je met haar tezaam
Dan voel je je juist eenzaam
Maar ben je weer alleen, dan word je koud als steen
Leef je alleen? Leef je met twee?
De middenweg is vast het beste idee.'
– Kurt Tucholsky

Onze voorstellingen van de liefde zijn vreselijk overtrokken. Dat blijkt uit datingsites en datingshows, maar ook al uit een gesprek met je beste vriend of vriendin. De ware jakob moet immers een betrouwbare kameraad zijn, maar tegelijkertijd ook een lonkende levenskunstenaar die altijd in is voor een verrassing. Daarnaast moet hij een handige klusser zijn, creatief, je beste vriend, succesvol in zijn werk, een hartstochtelijke minnaar, de grote probleemoplosser, en ook nog een fantastische vader. En natuurlijk heeft hij, niet te vergeten, een lekker kontje of op zijn minst een kuiltje in zijn kin.

Je moet dus een soort casanova zien te vinden die een goede baan heeft, in het weekend het onkruid wiedt, 's avonds geduldig met de kinderen het huiswerk doorneemt en 's morgens het vuilnis al buiten heeft staan voordat hij jou koffie en croissantjes op bed brengt. Een soort kruising tussen Justin Trudeau, Elon Musk, George Clooney en die leuke krullenbol die altijd het kratje groenten voor de deur zet.

De verwachtingen ten aanzien van de droomvrouw zijn al even hooggespannen. Ze moet liefst een hartverwarmende, goede fee zijn, aandachtig en liefdevol in huis, een uitmuntende kok en een opofferingsgezinde, liefhebbende moeder. Ze heeft een tot in de poriën gereinigde huid, ook nadat ze een nacht aan het bed van een ziek kind heeft gezeten. Ze is succesvol in haar werk zonder in haar privéleven haar eigen interesses te verwaarlozen, en ze verandert 's avonds in een opwindende vamp of een beest in bed.

Ze is zo'n beetje een kruising tussen Moeder Teresa, Penélope Cruz, Christine Lagarde en een sexy lingeriemodel. Mag het misschien nog een onsje meer zijn? Een schaap met vijf poten is er niets bij.

Natuurlijk is dat allemaal wat overdreven. Maar even eerlijk, tussen ons gezegd en gezwegen: wie heeft nu een partner die dat ideaalplaatje ook maar enigszins benadert? Waar vind je zo iemand? Of wie kent ook maar één stel waarop ten minste de helft van de genoemde kenmerken van toepassing is, twee mensen die niet alleen zelf de hoofdprijs zijn maar ook hunkerend wachten tot ze elkaar weer zien en dan met elkaar versmelten? Geen wonder dat haast geen enkele relatie op den duur aan deze eisen kan voldoen. Wat overblijft zijn smachtende, onvervulde fantasieën en een teleurgestelde, bedenkelijke blik op het vormloze geval dat naast je in bed ligt te woelen.

Dat overspannen beeld van de liefde (en de liefdespartner) is natuurlijk allesbehalve realistisch. Toen in de eerste helft van de negentiende eeuw, met de periode van de romantiek, de ideële verheffing van het huwelijk inzette, begonnen partners ook steeds meer van elkaar te verlangen. Het zakelijke of volledig van buitenaf geregelde verstandshuwelijk, waarvan in voorafgaande eeuwen meestal sprake was, moest voortaan een vrolijke lusthof worden. Sindsdien gaan de meeste paren gebukt onder die al te hooggespannen verwachtingen.

Dat er na de romantische ommekeer van 1820 steeds hogere eisen werden gesteld aan relaties, betekende niet dat ze automatisch beter werden. Ook in de daaropvolgende tweehonderd jaar bestonden er, tot op de dag van vandaag, talloze slechte huwelijken en ontwrichte liefdesverhoudingen. Maar de hoop op de unieke droompartner, het streven naar bevrediging en de verwachting het grote geluk in het kleine te zullen vinden, bleven overeind; die fantastische wensdromen lieten zich niet meer helemaal de kop indrukken.

Toch moet je de romantici van de negentiende eeuw ook een beetje in bescherming nemen. Hun beeld van de romantische liefde was niet synoniem aan wat wij er tegenwoordig onder verstaan: hartstochtelijke overgave en lichamelijke extase. Bij de romantische schrijvers ging het veel meer om een diepe, innerlijke verbondenheid, die je misschien het best een zielsverwantschap kunt noemen. En daarmee kwamen ze al dicht in de buurt van de lange, duurzame liefde waarin intimiteit en vertrouwdheid de grootste rol spelen, niet wilde hartstocht.

Dat is echter lang niet tot iedereen doorgedrongen. In de hedendaagse profielschetsen moet een kandidaat er één uit een miljoen zijn, iemand die door een hogere macht persoonlijk op maat gesneden is en uitsluitend voor de eigen behoeften gemaakt. De op het eerste gezicht irritante boektitel *Waardeer jezelf. En word gelukkig in je relatie*[1] maakt heel mooi duidelijk waarom het weinig zin heeft om op je droomprins of droomprinses te wachten en alle potentiële kandidaten daaraan af te meten. Het is de zekerste weg naar ellende. Het geluk in de liefde ligt namelijk voor een groot deel bij jezelf, niet bij je droompartner.

Van enige afstand bezien is het hoe dan ook een grote paradox: de laatste jaren gaat de maatschappelijke ontwikkeling nog sneller dan daarvoor. Op sociaal, economisch en politiek gebied volgen de hoogte- en dieptepunten elkaar steeds sneller op, net als de fasen van ontnuchtering en stagnatie, en zijn ze in het dagelijks leven soms pijnlijk voelbaar. Maar uitgerekend in de liefdesrelatie moet alles zo vrolijk en suikerzoet blijven als in het begin. Dat kan gewoon niet, en wie dat wel verwacht zal bedrogen uitkomen. Tegenslagen en teleurstellingen zijn dan onvermijdelijk.

De tragiek van de begeerte

'Er bestaat een angst om nooit de top te bereiken
(en niet eens te weten welke weg daarnaartoe leidt),
maar ook een angst om hem daadwerkelijk te beklimmen
(en dan te weten dat je niet meer hoger kunt komen).'
– Zygmunt Bauman, socioloog

De mythische figuur koning Midas komt in verschillende vertellingen voor. Een van de bekendste verhalen gaat over zijn wens dat alles wat hij aanraakte onmiddellijk in goud zou veranderen. Dionysos vervulde die wens en de koning was verrukt: lichtjes beroerde hij een boom, en die veranderde op slag in goud. Met het vooruitzicht van onuitputtelijke rijkdom liet Midas een groot feestmaal bereiden. De zaal werd prachtig versierd, de lange tafel boog door onder de heerlijkste gerechten en er waren veel gasten gekomen. Maar toen Midas de eerste hap naar zijn mond wilde brengen, veranderde het voedsel ogenblikkelijk in goud en was niet meer te eten. Even later arriveerde de geliefde dochter van de koning. De dolblije Midas omhelsde haar hartelijk, waarop ook zij van goud werd en verstarde. De koning was wanhopig en bedroefd, en viel bovendien behoorlijk af. Het duurde niet lang of hij smeekte Dionysos zijn onlangs nog zo diep gekoesterde wens zo snel mogelijk terug te draaien. Op deze manier zou hij immers niet lang meer te leven hebben. De snelle en totale vervulling van zijn wens had hem korte tijd gelukkig gemaakt, maar was zo allesoverheersend dat zijn leven ondraaglijk werd. In plaats van geluk kreeg hij alleen maar ellende over zich heen.

Wat is de moraal van het verhaal? Wat is de les voor de liefde? De honger blijft, ook als het grootste verlangen is gestild. Een rijk van puur goud mag dan een mooie gedachte zijn, uiteindelijk draait het toch vooral om doodnormale dingen als menselijk contact en aanraking, en de mogelijkheid om je buik rond te eten.

Deze mythe laat op imponerende wijze zien dat lust en begeerte niet voor altijd te bevredigen en op de lange duur nooit te stillen zijn. Nietzsches uitspraak 'maar alle lust wil eeuwigheid / wil diepe, diepe eeuwigheid!' wijst een paar duizend jaar later op iets soortgelijks. Misschien is het niet zo vreemd dat de Fransen, met hun legendarische reputatie op amoureus gebied, voor het orgasme (en het gevoel meteen daarna) de mooie omschrijving 'la petite mort' hebben bedacht, de kleine dood.

Wat een beeldspraak! Gedurende een kort moment kom je heel dicht in de buurt van de perfecte lustbevrediging en krijg je een vaag vermoeden hoe het zou zijn als het altijd zo bleef. Toch voelt het al snel een beetje alsof je sterft, want de extase kan nu eenmaal niet voortduren. Maar omdat je er wel van hebt geproefd, volgt onvermijdelijk een melancholiek verlangen naar de wellust en ga je die nog feller najagen.

Ook de mythe van koning Tantalus is een goede metafoor voor de tragiek van het menselijk verlangen. De goden hadden Tantalus het privilege gegund om een feestmaal voor hen te organiseren, en hij wilde ze op de proef stellen. Waren ze werkelijk zo veel beter dan hij en doorzagen ze alles? Om daarachter te komen, doodde hij zijn eigen zoon, hakte hem fijn en liet hem bij de maaltijd opdienen.

De goden hadden de wandaad binnen de kortste keren in de gaten en straften Tantalus met de naar hem vernoemde kwellingen. Die behelsden onder meer dat de misdadiger werd vastgebonden aan een boom vol grote vruchten waar hij niet bij kon, wat hij ook probeerde. Telkens kwam hij verleidelijk dicht bij zijn doel, maar bereiken mocht hij het nooit. Een andere, soortgelijke straf was de eeuwigdurende dorst die Tantalus teisterde terwijl hij tot aan zijn kin in een vijver stond.

Als hij zijn hoofd boog om eruit te drinken, week het water terug en verdween het in de grond rond zijn voeten.

Deze twee mythen over Midas en Tantalus hebben elk een heel verschillende achtergrond en een ander motief. Maar of de wens van de hoofdpersoon nu onmiddellijk wordt vervuld of keer op keer wordt geweigerd: bevrediging vinden ze geen van beiden en kunnen ze ook helemaal niet vinden. Daarom zullen ze ook nooit tevreden zijn en is het begeren definitief tot mislukken gedoemd, ook al blijft de hunkering bestaan en neemt ze juist steeds toe.

Hetzelfde geldt voor het ideaalplaatje van de perfecte relatie en de grote liefde. Waarschijnlijk wordt het verlangen groter naarmate de dagelijkse werkelijkheid met de partner minder rooskleurig blijkt. En als de relatie niet brengt wat je had gedroomd en gewenst, mogen in ieder geval je eigen behoeften niet tekortkomen. De liefde, of wat er nog van over is, wordt dan geen feest van saamhorigheid maar steeds vaker een berekenende egotrip.

Eva Illouz, de Israëlische socioloog die op de parabels van Midas en Tantalus in samenhang met de tragiek van de begeerte heeft gewezen, stelt nuchter vast: 'In veel opzichten zijn wij in ons seks- en gevoelsleven een Midas geworden en proberen we alles in het goud van de eeuwige begeerte te veranderen. We hebben onze liefdesverlangens uit instituties en conventies bevrijd en ze in plaats daarvan onderworpen aan de logica van de begeerte, maar dat heeft de vervulling ervan niet gemakkelijker gemaakt.'[2] De morele, seksuele en emotionele vrijheid, die we bejubelen als de grote verworvenheden van de afgelopen decennia, hebben ontegenzeggelijk veel voordelen met zich meegebracht, maar stellen de liefde wel voor enorme uitdagingen.

De liefde als zelfbelevingstrip en strategische berekening

'Hebben we nog wel stellen nodig tegenwoordig?
Het stel lijkt een overbodige institutie te zijn geworden,
het hindert het individu in zijn ontwikkeling en dwingt het
om te worstelen met de tegenstrijdigheden ervan.
Stellen veroorzaken verwarring, conflicten,
eenzaamheid en pijn. Alleen de cijfers spreken al tegen het stel,
want steeds meer mensen besluiten hun leven alleen te leiden.'
– Eva Illouz, Israëlische sociologe

Het klinkt paradoxaal: uitgerekend de liefde en de romantiek zijn meer dan ooit onderwerp van strategische afwegingen en vreemd aandoende berekeningen. Terwijl het vroeger overduidelijk om economische overwegingen ging (de hectare bestaat, de schoonheid vergaat), vragen de partners tegenwoordig algauw naar het waarom van de liefde, onderzoeken haar vliegensvlug op haar emotionele gebruikswaarde en beschouwen haar soms zelfs als een soort ruilhandel. De waarneming van een relatie, ja alleen al de bereidheid om er een aan te gaan, is steeds vaker op heldere berekening gebaseerd. De achterliggende gedachten lijken op economische afwegingen en worden dus gestuurd door vragen als: wat heb ik er eigenlijk aan? Levert het me wat op? Is het überhaupt nog de moeite waard? En zo ja, tegen welke prijs?

Als na een paar jaar een scheve emotionele verhouding tussen geven en nemen ontstaat, rijst voor veel stellen opnieuw de vraag: loont het eigenlijk nog wel de moeite en krijg ik op mijn denkbeeldige relatierekening ooit alles terug wat ik volop in ons gezamenlijke leven en in mijn partner heb geïnvesteerd? Die kosten-batenanalyse leidt voor veel mensen tot een vrij onthutsende conclusie zodra ze de voor- en nadelen eenmaal hebben geïnventariseerd en debet en credit tegen elkaar hebben weggestreept.

Deze liefdesrekening kan op elke leeftijd worden opgemaakt, maar steeds vaker gebeurt het dat oudere mensen zichzelf en hun nut voor de ander moeten laten evalueren. Terwijl ze zich allang veilig waanden! Veel van hen zullen zich voelen als een oudere werknemer die bang is dat hij met vervroegd pensioen wordt gestuurd of een vertrekpremie krijgt aangeboden omdat de organisatie niets meer aan hem heeft. Daarom is ook van een huwelijk dat al twintig jaar of langer duurt allerminst gezegd dat het niet met een grote knal zal ontploffen.[3] In periodes van ingrijpende veranderingen, zoals de midlifecrisis, de menopauze of het einde van het werkende leven, komt een dergelijke herwaardering steeds vaker voor.

De Israëlische socioloog Eva Illouz stelt in haar boeken dat de verwachtingen van een relatie weliswaar op economische principes zijn gestoeld, maar niet meer op de eerste plaats gericht zijn op zekerheid en materieel voordeel, dus op wat vroeger een 'goede partij' werd genoemd. Het gaat niet om voldoende geld, het gaat om een maximum aan gevoelens.

In veel relaties is het belangrijkste doel tegenwoordig het opdoen van zo veel en zo divers mogelijke ervaringen, 'jezelf ervaren' en een heleboel intense emoties en persoonlijke groeiprocessen doormaken.[4] De totale zelfverwerkelijking moet het zijn, daar heb ik tenslotte recht op, zo luidt de maatschappelijk geaccepteerde stelling.

Zodoende worden relaties vooral als nuttige mozaïekstukjes voor zelfbewustwording opgevat, altijd gepaard aan de hoop dat je in een nieuwe relatie een paar heel kostbare edelstenen zult vinden, die dan uitsluitend zijn bedoeld om het eigen gesamtkunstwerk nog waardevoller te maken. Status en eigenwaarde hangen vandaag de dag goeddeels af van het aantal emotionele ontwikkelingsfasen en relaties (en daarmee ook sekspartners) waarop iemand kan bogen, en van de vraag of ze 'echt hebben bijgedragen' aan de eigen ontwikkeling of alleen maar stilstand betekenden.

Even tussen haakjes: in een dergelijk relatiemodel zijn kinderen een last, omdat zij het streven naar autonomie en hedonisme behoorlijk belemmeren. Geen wonder dat mensen steeds later aan kinderen beginnen, en dat steeds meer kinderen uiteindelijk tot de ontdekking komen dat hun ouders ook die beslissing vooral uit eigenbelang hebben genomen. Hoewel veel paren de geboorte van een kind ook als een vorm van zelfverwerkelijking beschouwen, zijn met name mannen nog weleens verbaasd dat ze met een klein kind niet hetzelfde leven kunnen leiden als ze vroeger hadden, maar dat het ouderschap zowel voor het stel als voor iedere partner afzonderlijk een ingrijpende verandering is.

Het ligt voor de hand dat het egocentrische verlangen naar zelfoptimalisatie en zelfverwerkelijking betekent dat je snel ongeduldig wordt en zelden tevreden bent met de situatie zoals hij is. Altijd is er die onrust, die gepaard gaat met indringende vragen: is dit alles? Wat kan ik in de toekomst nog verwachten van de saaie piet met wie ik al zo lang samen ben? En hoe gaat het verder als de partner door zijn voorraad emoties, intense ervaringen en opwindende ontmoetingen heen is en voortaan alleen nog sporadisch nieuwe emoties toont of helemaal niet meer op verrassende gebeurtenissen zit te wachten?

Altijd in de weer

Als je economische criteria hanteert bij de beoordeling van je relatie ('wat levert ze me op?'), ontwikkel je een andere visie op het samenleven. Het dagelijks leven als stel is dan niet iets wat geborgenheid en nestwarmte biedt, en als vertrouwd en betrouwbaar wordt ervaren, maar vooral als een gemis, de afwezigheid van het nieuwe, het pijnlijke gebrek aan opwinding en verrassing. Liefde kan echter ook betekenen dat je partner je als een innerlijk kacheltje verwarmt, dat je hem niet voortdurend iets nieuws hoeft te bieden en geen toneel hoeft te spelen, maar vooral samen dat zachte, wollige Persil-gevoel kunt ervaren: je weet wat je hebt.

De verwachting dat de relatie een voortdurende bron van emotionele groei moet zijn, betekent helaas ook dat ze onverwacht kan eindigen en dat dat een permanente optie wordt. Niet alleen in theorie, wat voor elk stel geldt, maar ook in de praktijk, zo meteen al. Van betrouwbaarheid is nauwelijks nog sprake. Zekerheid is bekrompen, iets voor mensen die sparen voor een eigen huis. Zodra de relatie niet meer helemaal tegemoetkomt aan de eisen van de partner, kan ze binnen de kortste keren worden beëindigd. Daarbij regeert het uit de economie bekende principe 'fix it or close it': wat niet naar tevredenheid functioneert, wordt stopgezet, en snel ook. Het effect van die latente dreiging moet je niet onderschatten: niemand kan nog zeker zijn van zijn geliefde, niets is gericht op de lange duur en garanties zijn er al helemaal niet meer. Triest, maar zo is het nu eenmaal als niet meer wordt voldaan aan de stilzwijgende afspraak om het gevoelsleven en de gezamenlijke schat aan ervaringen over en weer te verrijken. Er moeten immers voortdurend nieuwe indrukken worden vergaard, en als dat niet meer kan, moet er zo snel mogelijk een nieuwe partner komen, en op middellange termijn misschien zelfs een toereikende reeks partners.

Omdat zelfverwerkelijking en de zucht naar bevredigende ervaringen op de eerste plaats komen, worden relaties soms tamelijk abrupt beëindigd, zoals Eva Illouz heeft geconstateerd: tussen neus en lippen door bijna, met een tekstberichtje of een kort briefje op de keukentafel. Wie onvoldoende bijdraagt aan het gevoelsleven van de ander verdient tenslotte niet anders dan snel te worden afgeserveerd, aldus de logica van die emotionele ruilhandel. Opdracht niet volbracht, project afgebroken, je bent ontslagen; het heeft iets van een mislukte missie in een James Bondfilm.

In een gesprek met *Der Spiegel* heeft Illouz fraai geschetst hoe iemand zich zomaar opeens kan terugtrekken uit zijn jarenlange relatie, terwijl hij verder toch de hoogste morele eisen aan zichzelf stelt. Een betrokken dierenbeschermer, die streng veganistisch leeft en zich als vrijwilliger inzet voor hulp aan vluchtelingen, kan bijvoorbeeld plotseling zijn vrouw verlaten en haar in een zuinig sms'je de helaas onvermijdelijke relatiebreuk mededelen. Op grond van zijn zelfbeeld beschouwt hij zichzelf desondanks nog altijd als iemand die vasthoudt aan hoogstaande ethische normen,[5] die hij echter niet hoeft toe te passen op zijn relatie omdat dat tenslotte wat anders is.

Het eigen gevoel gaat boven alles en wordt zodoende tot absolute graadmeter voor de kwaliteit van een relatie. Zodra er sprake is van teleurstelling is een snel einde gerechtvaardigd, vermoedt Illouz. Deze generatie heeft immers al jong geleerd om uitgebreid over de eigen gevoelens te praten en is geoefend in navelstaren. Daarom beschikt ze ook over een verbijsterend repertoire aan excuses waarmee ze zelfs de ellendigste scheiding weet goed te praten en het eigen ondoorgrondelijke gedrag kan verdedigen.

De balans van een liefdesrelatie kan er dan als volgt uitzien: omdat de emotionele basisbehoeften van de partner niet meer voldoende kunnen worden bevredigd, zijn (helaas, helaas) ook de denkbeelden over het gezamenlijke liefdesgeluk niet meer te verwezenlijken. Je kunt het vergelijken met een opruimingsuitverkoop: alles moet weg. Dan kunnen ook ethische normen een breuk niet verhinderen. De toewijding aan de relatie vervliegt snel. Als je niet genoeg afwisseling en opwinding inbrengt, kun je, volgens de zelfzuchtige logica, ook geen jarenlang samenleven meer verwachten.

Tegelijkertijd brengt die emotionele rekenmethode met zich mee dat affaires vrijwel nooit meer als moreel verwerpelijk worden beschouwd. Tenslotte dient vreemdgaan alleen maar om de eigen schat aan ervaringen verder uit te breiden. Avontuurtjes gelden niet zozeer als krenking van de partner, maar als manier om de eigen persoonlijkheid te ontplooien. Narijpen in een vreemd bed zou je als een doelstelling kunnen formuleren. Als in de vaste relatie het verlangen naar seks en intimiteit niet meer voldoende wordt bevredigd, is het niet meer dan logisch dat je die bevrediging ergens anders probeert te vinden.

Hoewel beschuldigingen en pogingen om de ander een slecht geweten aan te praten even weinig in relaties te zoeken hebben als het afkeurende vingertje, is het toch onvoorstelbaar hoe de morele maatstaven in de afgelopen decennia zijn veranderd.

Als een verbintenis na lange tijd wordt verbroken, stellen huwelijkstherapeuten en scheidingsrechters geen van de echtelieden tegenwoordig nog de schuldvraag. Het gaat er niet meer om wie wie hoe vaak en om welke reden heeft bedrogen. Belangrijker is de vraag wie iets niet van de ander heeft gekregen.

Dreigt er dan een einde te komen aan de traditionele relatie? Dat zou je kunnen afleiden uit het citaat van Eva Illouz, die betoogt dat stellen 'een overbodige institutie' schijnen te zijn.

De sociologe zelf geeft daarop het verrassende antwoord dat de partnerrelatie de laatste maatschappelijke vorm is waarin je je 'tegen het heersende ethos van onze tijd kunt verzetten' en alleen daarom al te verdedigen is.

Een traditioneel koppel dat in staat is tot 'niet-berekenend gedrag als vergeving of zelfopoffering', verzet zich daarmee tenslotte ook tegen de keuze- en optimalisatiecultuur, en 'tegen het beeld van het "ik" als toneel van voortdurende opwinding, pleziertjes en zelfverwerkelijking,' schrijft ze.

Mensen die ondanks alle ongemakken bij elkaar blijven, geven daarmee dus het signaal af dat het hun niet te doen is om extra meerwaarde, het leiden van een royaal leven en het voortzetten van hun oneindige egotrip. Zij streven veel meer naar bestendigheid en beoefenen de kunst van het blijven, zonder begerig op elk nieuw aanbod in te gaan. Het markteconomische principe waarbij de vraag door steeds nieuwe en alleen daarom al interessante aanbiedingen wordt gestimuleerd, is op dat intieme gebied dan in elk geval uitgeschakeld.

Juist een stel kan zich toeleggen op beproefde en haast wat ouderwetse deugden die op andere gebieden van het leven steeds meer in de vergetelheid dreigen te raken. Daartoe behoort, volgens Illouz, bijvoorbeeld ook dat je 'elkaar als uniek beschouwt, niet berekenend bent, verveling toelaat, stopt met zelfontplooiing, tevreden bent met een vaak matig seksleven en echte overgave verkiest boven contractuele onzekerheid'. Als dat geen verleidelijke vooruitzichten zijn!

Wanneer is het eigenlijk liefde?

'Ik merkte dat ik volledig ontspannen was, me niet anders hoefde voor te doen dan ik was, me niet hoefde te vermannen, dat ik de man in geen enkel opzicht stoorde. Dat hij mij in geen enkel opzicht stoorde. Waarschijnlijk betekent liefde voor iedereen wat anders. Voor mij is het: de ander met rust laten.'
– Sibylle Berg[6]

Het Romeinse Rijk kende veel glorieuze momenten, jaren van overvloed, gigantische successen. Het breidde zich enorm uit en was in de oudheid eeuwenlang de maat van alle dingen. Niet alleen politiek, maar ook sociaal, cultureel, technologisch en economisch. Vervolgens raakte het in verval, werd het in stukken gedeeld en viel het uiteindelijk uiteen. Veel historici zeggen dat de voortekenen daarvan al vroeg zichtbaar werden; zelfs in de bloeitijd van het keizerrijk waren er talloze aanwijzingen voor de naderende ineenstorting.

Kun je het *Imperium Romanum* met het reusachtige rijk van de liefde vergelijken? Tenslotte kan ook de liefde een vrij grote boog bestrijken. Het begin is makkelijk en voelt als iets kolossaals, omdat alle regelaars op de hoogste stand staan. Een vol programma, ongefilterd en zonder bescherming. Dat voel je, zelfs als je normaal gesproken niet zo gevoelig bent. Het vervelende is alleen: die toestand is niet blijvend, hij duurt niet eeuwig.

In de eerste maanden en jaren van een relatie doet zich telkens opnieuw een liefdesvloed voor, maar daarna dreigt het permanent eb te worden en lopen veel relaties stuk. 'We zijn onszelf als stel kwijtgeraakt', 'we functioneren alleen nog maar', of 'we hebben constant ruzie', hoor je dan vaak. In dit boek zal ik uiteenzetten wat er in het gezamenlijke leven verloren gaat, hoe zich dat voltrekt, wat zich daarbij afspeelt en hoe je het misschien kunt voorkomen.

Het is boeiend om te kijken welke vroege aanwijzingen in een liefdesverhouding op gevaar duiden, ook al wordt er in de relatie nog altijd voor brood en spelen gezorgd en lijkt er aan de buitenkant niets mis.

Liefde is het tegenovergestelde van multitasken. In het begin is nergens anders ruimte voor. Niet voor twijfel, niet voor vragen. Liefde doet zich, net als geluk of gezondheid, voor als een zwevend deeltje van de zelfvergetelheid. Uit medisch-fysiologisch oogpunt zou je daaraan moeten toevoegen dat die exclusieve gesteldheid nog het best te vergelijken is met een combinatie van dronkenschap, verslaving en een vierhonderdmeterloop. Als je een rondje aan het sprinten bent, kun je niet tegelijkertijd meedoen aan het kogelstoten of de hink-stapsprong, dat gaat simpelweg niet.

De vergelijking met dronkenschap is overigens niet zo vreemd. Volgens verschillende onderzoekers kun je acute verliefdheid vergelijken met een alcoholpercentage van ongeveer één promille in je bloed.

Van sprint naar duurloop

Een periode is alleen maar grandioos als het bijna misloopt,
als je elk ogenblik moet vrezen: nu is alles voorbij.
Dan wordt het duidelijk. Moed is goed, maar volharding is beter.
Volharding, dat is de hoofdzaak.'
– Theodor Fontane

Zelfvergetelheid, daar gaat het om. Alles om je heen uitschakelen, opzijschuiven, negeren. Helemaal opgaan in de behaaglijkheid van je eigen ervaring en daarmee ook helemaal opgaan in de ander. Afstand bestaat niet, tenminste niet tot je eigen gevoelens en tot de ander. Dichtbij kan gewoon niet dichtbij genoeg zijn. De liefde leidt tot een egotrip van het bijzondere soort, die regelrecht naar het hart van een ander voert.

Als je daarentegen afstand houdt, wikt en weegt, je het hoofd of het hart breekt over de vraag of je al liefhebt, nog liefhebt of misschien niet meer liefhebt, kun je beter niet aan de liefde beginnen. Met haar overweldigende urgentie is de liefde namelijk onvoorwaardelijk en exclusief. In het begin althans.

De analogie tussen de liefde en een vierhonderdmeterloop is deze: bij beide raak je al snel buiten adem, ze beginnen heel gemakkelijk maar worden op den duur erg vermoeiend. Net als op de atletiekbaan staat ook in de liefde de sympathicus, dat deel van het vegetatieve zenuwstelsel dat het lichaam in korte tijd op volle toeren laat draaien, ontegenzeggelijk op een hoge stand: het hart slaat sneller, de longblaasjes verwijden zich, de stofwisseling zet er een paar tandjes bij en de lichaamsspanning neemt toe.

De concentratie is maximaal, alles barst van de energie en is tot het uiterste gespannen. Bovendien lijkt de hele mens haast uit elkaar te knappen van euforie en levenslust. Uit het oogpunt van natuurbescherming is het inmiddels verboden om bomen uit de grond te rukken, maar als alternatief daarvoor zijn luchtsprongetjes en spontane knuffelaanvallen bij jong verliefden nog altijd populair.

In de hersenen van geliefden komt meer van het gelukshormoon dopamine vrij. Die neurotransmitter werkt als een lichaamseigen pepmiddel. Het hormoon is niet een soort brandstof voor gelijkmatig geluk, maar verantwoordelijk voor de uitzonderlijk hoge uitschieters. Dopamine is geraffineerd en subtiel, de roes berust niet op een monotoon geluksgevoel, een roze eenheidsbrij zogezegd; het fijne stofje is eerder een beter-dan-verwacht-hormoon.

Dopamine komt namelijk vooral vrij als iets verrassend anders is, als die ene vrouw of man nog leuker, verpletterender, verrukkelijker blijkt dan verwacht. Die persoon ruikt betoverend anders, maakt vreemde, opwindende geluiden en is op een onbekende manier aantrekkelijk. Dat zorgt ervoor dat geliefden uit hun dak gaan en de dopamine rijkelijk stroomt.

De grote lichtheid van het bestaan en de overmaat aan lust- en gelukshormoon zorgen er bovendien voor dat het lichaam overschakelt naar een soort Superman- of Superwoman-stand. Daardoor wordt extra druk helemaal niet als bijzonder belastend ervaren, maar als een tranceachtige roes die moeiteloos te verdragen is. Hoewel het lichaam nogal wat stresshormoon afgeeft, dient dat slechts om het organisme tot nog meer topprestaties en vreugdesprongen aan te zetten.

De hormonen die actief zijn wanneer we iets als belastend ervaren, worden juist sneller afgebouwd. En wat ook heel praktisch is: we hebben letterlijk een dikkere huid. Daarom genezen de wonden van geliefden ook aanmerkelijk sneller en doen ze minder pijn.

Achteraf is het vaak verbijsterend wat stellen in de eerste fase van hun verliefdheid allemaal doen en verdragen, en nog fijn vinden ook! Opeens zijn urenlange discussies op een harde keukenstoel, lange reizen naar een korte date, en chronisch slaapgebrek de heerlijkste bijwerkingen ter wereld.

Nu is er in de hersenen van verliefde mensen ook wel het een en ander gaande: zo is er sprake van een verhoogde activiteit in de *nucleus accumbens*; de zenuwbanen in dat kerngebied in de frontale hersenen zijn veel actiever dan normaal.

Het is het deel van de hersenen dat wordt gestimuleerd tijdens de koortsachtige zoektocht naar de bijzondere kick, de 'thrill', die bijvoorbeeld ook verslaafden of beoefenaars van extreme sporten telkens weer nodig hebben. De essentie van ons herseneigen beloningssysteem is dat in de neurale netwerken het verlangen wordt gewekt om positieve ervaringen te herhalen. De partner moet steeds opnieuw gezien, betast, beleefd worden.

Verschillende verslavingen (aan psychoactieve middelen bijvoorbeeld, of een niet-chemische verslaving als gokken) hebben hier hun neurobiologische ankerplaats. Daarom kunnen verliefde mensen er niets aan doen dat ze de ander voortdurend moeten zien, aanraken en om zich heen hebben. 'Verteerd worden door verlangen' is een zeer treffende omschrijving voor die noodsituatie van fysiek voelbaar gemis. Als de ander toevallig niet beschikbaar is, dreigen er hevige afkickverschijnselen.

Ook het bindings- en knuffelhormoon oxytocine speelt als transmitter een wezenlijke rol in het liefdesgeluk. Het houdt de geliefden bij elkaar, vooral in het begin, maar ook als de vurige fase van een relatie allang voorbij is. Geen wonder dat die transmitter ook vrijkomt als een moeder borstvoeding geeft of haar zuigeling hoort huilen. Ze moet dan onmiddellijk naar hem toe, ze kan gewoon niet anders. Oxytocine versterkt de emotionele band met een kind, maar ook die tussen twee partners.

Daarnaast werkt oxytocine kalmerend, vermindert het angsten en agressie en maakt het mensen ontvankelijker voor compromissen. Maar bovenal versterkt het het gevoel van intimiteit en vertrouwen, volledig los van het feit of je al dan niet een nauwe band hebt met elkaar. Onderzoekers van de universiteit van Zürich hebben aangetoond dat vrijwilligers eerder bereid zijn om geld toe te vertrouwen aan een onbekende of akkoord te gaan met een investering als ze oxytocinespray in de neus hebben toegediend gekregen. Mogelijk vormt dat verband de verklaring voor faillissementen na een relatiebreuk, en voor het feit dat een stel in de fase van de eerste verliefdheid vrijwel nooit op het idee komt om huwelijkse voorwaarden op te stellen en dat achteraf soms diep betreurt.

Opkomst en ondergang van de romantische liefde

'Verspil je tijd niet aan het zoeken naar een hindernis.
Misschien is er wel geen.'
– Franz Kafka

De lichaamseigen vloed aan euforiehormonen duurt helaas niet eeuwig. Hoewel het lichaam niet werkt als een prikklok, hebben wetenschappers de duur van de eerste, hevige verliefdheid toch op ongeveer anderhalf jaar geschat.

Daarna dreigt een gestage ontnuchtering en wordt de vierhonderdmeterloop om te beginnen een vierhonderdmeterhordeloop. Opeens staan er hindernissen op de baan, niet één maar meerdere, die telkens de weg versperren. Dat vraagt meer aandacht en is een stuk vermoeiender! Maar het zijn niet alleen die bijkomende problemen waar je mee te maken krijgt. Op een gegeven moment kom je tot het besef dat je al buiten adem kunt raken van een rondje van vierhonderd meter terwijl dat nog maar het begin is van een veel langere loop.

Om een huwelijk vol te houden, moet je niet één ronde doorstaan maar heb je een hele relatiemarathon voor de boeg, met periodes van dorst en zwakte, maar ook de hoop op de tweede adem. Bovendien moet je oppassen dat je onderweg niet in ademnood komt, want na de eerste liefdevolle jaren is er soms nog heel wat huwelijk over.

Achter dat verschijnsel gaat ook een heleboel biologie schuil: na de eerste verliefdheid daalt de oxytocinespiegel voortdurend; ook de dopamine is op een gegeven moment gewend aan de eigenaardigheden van de ander en laat zich niet meer zo gemakkelijk verrassen en uit de tent lokken. De stof komt niet meer in zulke grote hoeveelheden vrij. Dat noemen we het Coolidge-effect.

Na circa anderhalf jaar is het afgelopen. Het lichaam houdt het niet vol om continu verliefd te zijn en reageert op de ontbrekende stimuli met een hormonaal-neurobiologische inzinking. Die bekoeling van de liefde is genoemd naar de voormalige Amerikaanse president Calvin Coolidge, die leefde van 1872 tot 1933.

Er bestaat een mooie anekdote dat de president samen met zijn vrouw een bezoek bracht aan een boerderij en daar ook een kippenstal bekeek. Het presidentiële paar werd ieder apart rondgeleid. Toen de First Lady zich erover verbaasde dat er in de hele kippenstal maar één haan was die tientallen keren per dag paarde, zei ze naar verluidt: 'Wilt u dat alstublieft ook aan mijn man vertellen?' Toen die later hetzelfde hoorde, vroeg hij: 'Telkens met dezelfde hen?' 'Nee, telkens met een andere.' Daarop antwoordde president Coolidge: 'Wilt u dat alstublieft ook aan mijn vrouw vertellen?'

Hoewel Wikipedia eigenlijk niet de plek is om naar serieuze publicaties te zoeken, omschrijven de relatiedeskundigen van de online-encyclopedie dit verschijnsel zo nuchter en accuraat, dat ik hun definitie hier toch geef: het Coolidge-effect is 'de toenemende tegenzin die optreedt wanneer iemand zonder afwisseling steeds weer met dezelfde partner copuleert'.

Na een relatie van vier jaar is het fysiologische partnerdieptepunt bereikt. Na anderhalf jaar wordt het enthousiasme voor elkaar minder, na nog eens tweeënhalf jaar hormoonafname is de bodem bereikt. Daarom zou je niet moeten spreken van de 'seven-year itch' maar van de 'four-year itch'. Na die periode slaagt een stel er simpelweg niet in om de overgang te maken van de romantische roes naar de strubbelingen van alledag en wil het niet weten dat de uitbundige tijd van het begin nooit zal terugkeren. Als de partners jong en optimistisch zijn, loopt hun relatie vaak na vrijwel exact die periode op de klippen en gaan ze op zoek naar andere mogelijkheden.

Geduldige stellen beginnen dan aan de liefde voor gevorderden en blijven wel bij elkaar. Die fase wordt vooral gekenmerkt door intimiteit, zekerheid, betrouwbaarheid, en het vermogen om in het dagelijks leven spontaan samen plezier te hebben. Daarbij helpt het trouwens om elkaar letterlijk niet los te laten: vluchtige aanrakingen, elkaars hand vasthouden of een arm om een schouder zijn de ideale prikkels om oxytocine, dopamine en consorten telkens weer uit de tent te lokken. Handoplegging helpt dus om een haperende relatie weer op dreef te krijgen. Soms is daar veel geduld en oefening voor nodig. Maar het 'runner's high' begint immers ook pas vlak voor het punt van uitputting.

De roze bril en ander gezichtsbedrog van de liefde

'Trouw nooit met een man van wie je niet gescheiden wilt zijn.'
– Nora Ephron, schrijfster van When Harry Met Sally

Het grootste seksorgaan van de mens bevindt zich niet tussen zijn benen maar tussen zijn oren. Iets soortgelijks geldt voor de verborgen plek waar de liefde vermoedelijk zetelt: die bevindt zich noch in het hart noch bij de vlinders in de buik. De liefde speelt zich met name af in het hoofd. Met andere woorden: elke relatie leeft van illusies. In de liefde gaat het nooit om de werkelijkheid, om de objectieve feiten. Belangrijker is wat de lichaamseigen pr-afdeling in de hersenen ervan maakt, welk beeld ze schept van de ander en de relatie.

Het is dan ook verbijsterend om te zien hoe de denkbeelden over elkaar en het theoretisch oordeel over de relatie in de verschillende fasen van de liefde kunnen veranderen. En hoe snel dat kan gaan. De romantische avonturier van vroeger wordt opeens een onverbeterlijke egoïst en de opgehemelde fee ontpopt zich als een gruwelijke furie. Soms is zo'n omslag tamelijk radicaal, bijvoorbeeld als de onvoorwaardelijke verliefdheid ongeremd overgaat in hevige ontnuchtering, en de vakantie die eerst toch altijd een heerlijk geluksbad was, uitdraait op een ware helletocht waaruit beide partners voortijdig dreigen te vertrekken. Plotseling heeft de roze bril dan donkere glazen.

Oké, meestal verloopt dat proces natuurlijk sluipenderwijs en langzaam; de euforische liefde gaat onmerkbaar over in een relatie die zich kenmerkt door vertrouwen en zekerheid. Pantoffels in plaats van hoge hakken. Je wordt nauwelijks nog gezien, of de ander laat je midden in een zin staan omdat er iets anders is dat op dat moment belangrijker lijkt. Als vervolgens het vriendschappelijke samenleven van de latere jaren ook nog uitmondt in frustratie en gemopper, leven veel paren in grote onmin. Dan schetsen de specifieke gedachten die uiteindelijk tot een relatiebreuk leiden, een heel ander en lelijk beeld van de eens zo verafgode partner.

Het kader waarbinnen je andere mensen waarneemt, hoe je je ergens een voorstelling van vormt, wordt ook wel 'mindset' genoemd. Daarom is ook de manier waarop je de relatie ziet op de eerste plaats een kwestie van instelling. Het gaat vooral om de nuances in je waarneming van de ander, om het beeld dat je je in de loop der tijd van hem of haar vormt, en of dat almaar fraaier wordt of juist afbladdert.

In vaktaal wordt een eenzijdig veranderde waarneming tot aan schaamteloze overdrijving toe (ongeacht of ze veel te positief of veel te negatief uitvalt) betiteld als vertekening ('bias'), omdat ook veel wetenschappers vaak onbewust bevooroordeeld zijn en hun favoriete behandeling of onderzoekstechniek veel beter vinden dan ze is, zodat ze hun onderzoeksresultaten niet meer voldoende objectief beschrijven.

Persoonlijke vooroordelen, die zowel uit welwillendheid als afwijzing kunnen voortkomen, bestaan ook in het leven van alledag. Iedereen weet dat liefde blind is. Toch is het blijkbaar mogelijk om met een heldere blik naar de partner te blijven kijken, niettemin vrede te hebben met zijn zwakke punten en gebreken, en een geregeld dagelijks leven te leiden.[7]

Maar dat behoedt veel stellen niet voor een mateloze overschatting van hun eigen relatie. Zo is het kenmerkend dat partners hun leven met name in het begin veel beter en gelukkiger vinden dan dat van andere koppels: zo gelukkig als wij kunnen die anderen nooit zijn![8] Ook denken de meeste stellen aanvankelijk nauwelijks na over de mogelijkheid dat hun relatie op een gegeven moment onverwacht stukloopt.[9]

In die beginperiode idealiseren veel mensen hun partner, zien ze zijn zwakke punten systematisch over het hoofd en zijn ze uitermate positief over hun eigen relatie. Een prettige bijwerking is dat de tevredenheid binnen de relatie groter is en de motivatie toeneemt om die situatie in stand te houden en dus bij elkaar te blijven.[10] Een effect dat zichzelf versterkt. In plaats van een vicieuze cirkel moet je dat misschien een glorieuze cirkel noemen.

In al die gevallen gaat het om 'gemotiveerd denken'. Het zelfbeeld loopt weinig krassen op en een dergelijke onbewuste rationalisatie zorgt ervoor dat je je goed blijft voelen. Dat geldt bijvoorbeeld ook na een afwijzing. Als je een blauwtje hebt gelopen, vind je de opgehemelde persoon opeens helemaal niet meer zo aantrekkelijk. Het is net als in de fabel van de vos en de druiven: wat je niet kunt krijgen omdat het te hoog hangt, wordt meteen minder interessant. Op die manier is een nederlaag gemakkelijker te verteren. Het was toch al niet zo belangrijk.

Het nut van dat effect mag je overigens zeker niet onderschatten: zolang iemand zijn partner de geweldigste mens op aarde vindt en door die onvoorwaardelijke liefde alleen diens positieve eigenschappen tot het bewustzijn laat doordringen, beschermt hij zich tegen teleurstellingen en bezorgt hij zichzelf voortdurend een heerlijk gevoel. De roze fase van de liefde is dus allesbehalve onzelfzuchtig en kenmerkt zich al evenmin door overgave aan de ander. Wie liefheeft profiteert daar ook zelf in hoge mate van.

Die stortvloed aan prettige gevoelens is bovendien niet alleen aangenaam weldadig, maar ook een uitstekend medicijn. Hij versterkt het immuunsysteem, dempt pijn, zorgt voor een effectieve bestrijding van ziekteverwekkers en dus voor bescherming tegen diverse infecties. Bovendien laat hij wonden letterlijk sneller genezen en houdt hij de bloedsomloop elastisch zodat de kans op een hartinfarct of beroerte afneemt.

Niks 'seven-year itch'

'Ongeduld is het, dat zich van tijd tot tijd van de mens meester maakt, en dan noemt hij zich graag ongelukkig.'
– Johann Wolfgang von Goethe

De statistieken zijn glashelder. Liefdesrelaties lopen niet pas na zeven jaar het risico om te stranden. De meeste stellen gaan al na zes jaar uit elkaar. En ook dat cijfer is misleidend, want vaak gaat aan een wettelijke scheiding een scheiding van tafel en bed vooraf.

Omdat een stel meestal niet meteen na de eerste knallende ruzie besluit te scheiden, maar het nog een poosje duurt voordat beide partners een leven samen niet meer zien zitten, kun je de tijd dat hun huwelijk nog redelijk goed was op ongeveer vier jaar schatten.

Dat is een verdomd korte periode en een verbazend snelle ontwikkeling van de eerste euforie tot aan de definitieve ontnuchtering. Toch valt dat tijdsverloop uit biologisch oogpunt goed te verklaren. Want na het grote geluk van het begin bereiken verschillende bindings- en gelukshormonen na een jaar of vier hun laagste punt. De roes van de eerste verliefdheid is sterk, maar daarna gaat het razendsnel bergafwaarts. De gestage achteruitgang van lust en hartstocht in die periode valt dus ook biochemisch te begrijpen.

Dat geldt omgekeerd natuurlijk evengoed: als iemand erin slaagt om zijn relatie een beetje levendig te houden en slijtageverschijnselen tegen te gaan, blijft zijn biochemie ook frisser. In plaats van een hormonale afname doen zich steeds weer hoogtepunten voor, en niet alleen wat het gehalte aan signaalmoleculen betreft.

Grijze scheidingen

'Er bestaan ongetwijfeld veel redenen voor een scheiding, maar de belangrijkste is en blijft de bruiloft.'
– Jerry Lewis

Zelfs als een huwelijk al twintig jaar of langer standhoudt, is dat geen garantie meer dat het zo blijft. Lange huwelijken stranden tegenwoordig veel vaker dan vroeger. In vaktaal heet dat een 'grijze scheiding'. Dergelijke late scheidingen komen op het ogenblik ongeveer twee keer zo vaak voor als dertig jaar geleden. In de VS doet inmiddels een op de vier scheidingen zich voor in de leeftijdsgroep boven de vijftig.[11] In Duitsland is het aantal scheidingen na twintig jaar huwelijk al half zo groot als na zes jaar, en bedraagt het op dit moment ongeveer drie- tot vierduizend per jaar.

De redenen daarvoor zijn divers. Vrouwen zijn economisch al geruime tijd onafhankelijker en mede daarom minder vaak bereid om problemen of impassen in hun relatie als een onafwendbaar noodlot te accepteren.[12] Liever alleen dan ongelukkig met zijn tweeën, lijkt hun devies. Mannen stellen daarentegen over het algemeen niet zo veel eisen aan een relatie, nemen juist in langdurige relaties met minder genoegen en zijn dan stomverbaasd als hun vrouw wil scheiden.

Daar komt bij dat steeds minder mensen trouwen om een romantisch ideaal te vervullen of een gezamenlijke verplichting aan te gaan, waarbij de verbintenis op zich al waardevol is. Het huwelijk wordt veel meer als een soort individualistisch project beschouwd, dat dient tot zelfverheffing en vooral de persoonlijke groei moet bevorderen.

Bovendien is er sprake van een soort sneeuwbaleffect: als je eenmaal een keer gescheiden bent, ben je (in elk geval statistisch gezien) ook eerder bereid om je partner nog eens te verlaten. De kans dat je een scheidingsrecidivist wordt is dan minstens tweeënhalf keer zo groot.[13] Daarnaast is het imago van een scheiding lang zo negatief niet meer als vroeger en heeft het huwelijk aan waardigheid ingeboet. Kennelijk is die trend met name sinds de millenniumwisseling steeds sterker geworden.[14]

Je kunt dus niet al te zeker zijn wanneer je de eerste jaren van een vaste relatie goed bent doorgekomen. Hoewel die eerste jaren iets stabieler zijn geworden, brokkelen huwelijken na twintig jaar des te gemakkelijker af. Vaak hebben ze geen stevig fundament meer, maar zijn ze gebouwd van licht materiaal.

Dat is geen verveling, dat is liefde

'In een staat van liefde menen we meestal dat we in een staat van verveling verkeren.'
– Holger Kuntze, relatietherapeut

Hartstochtelijke liefde is op den duur niet vol te houden. Dat zou ook helemaal niet gezond zijn. De fase van de eerste verliefdheid is zo heftig dat ze voor het lichaam pure stress betekent. Alles is gespannen, dolgedraaid en opgezweept, en stresshormonen als cortisol en adrenaline stromen voortdurend door het lichaam. *Taatuutaatuu*, groot alarm, het is een onstuimige toestand, in alle opzichten uitzonderlijk, niet alleen emotioneel, maar zeker ook biochemisch, psychologisch en hormonaal.

Daarom voelt verliefdheid soms aan als een ziekte, of op zijn minst een acute aandoening, zodra je de ander even niet kunt spreken, niet kunt zien en niet kunt omhelzen. Als we niet wisten dat we verliefd waren, zouden sommigen van ons misschien de behoefte voelen om naar de dokter te gaan, zo raar voelen we ons in zo'n periode. Die toestand geeft je een intens geluksgevoel, maar is op de lange duur niet goed voor het lichaam, zoals elke ervaren arts zal beamen.

Je moet dus helemaal niet willen om langere tijd in vuur en vlam te staan en de aanvankelijke liefdesrazernij tot in de eeuwigheid te laten voortduren. Dat houdt niemand vol. Die fase van genotvolle inspanning, zoals hiervoor beschreven, loopt dan ook na maximaal anderhalf jaar ten einde. Dan trapt de natuur wijselijk op de euforierem, ook al wordt het leven daarna er niet per se gemakkelijker door.

De beslissing om de relatie na die omineuze anderhalf jaar (meestal nog korter zelfs) voor langere duur voort te zetten en ook in de toekomst in liefde bij elkaar te blijven, is vooral een besluit tot iets zachts, iets bedachtzaams, iets teders. Het gaat dan in de eerste plaats om zekerheid, vervulling en betrouwbaarheid. In deze fase is de hoofdrol niet meer weggelegd voor de ziekmakende moleculen cortisol en adrenaline, die in het begin overheersend zijn, maar voor de transmitter oxytocine en een dosis dopamine die nu kleiner is dan in het begin. Die hormonen komen bij gevoelens van intimiteit en tevredenheid in grotere hoeveelheden vrij. Het samenleven voelt nog maar zelden wild en opwindend, maar eerder behaaglijk. Veel koppels zien die fase in hun relatie voor verveling aan. Wat een vergissing! Het is namelijk diepgevoelde, rijpe liefde.

Dat de hartstocht aan het begin van de liefde zo sterk en allesomvattend is, is een van de trucjes van de evolutie. Tenslotte moeten man en vrouw elkaar in die periode telkens weer bespringen om zich voort te planten en de soort in stand te houden. Dat klinkt misschien niet erg romantisch, maar is wel zo. Als er eenmaal nakomelingen op de wereld staan of de relatie langer duurt zonder dat er kinderen komen, neemt de lust al vrij snel af. Ook dat is evolutionair bepaald. Toch wil dat niet zeggen dat er geen sprake meer is van liefde, integendeel. Alleen is de impuls tot seksuele versmelting niet meer zo nadrukkelijk aanwezig als in het begin.

Om die langdurige toestand na de eerste euforie heeft de evolutie zich overigens nauwelijks bekommerd. Haar gaat het uiteindelijk vooral om de instandhouding van de soort. Er zijn weinig automatismen en biologische krachten die stellen met kinderen nog ondersteunen. Zij moeten het zelf maar uitzoeken. De evolutie heeft er niet op gerekend dat de mens zeventig, tachtig of negentig jaar wordt, dat zat niet in de planning.

Toch is het nog altijd liefde wat dan tussen twee mensen bestaat, misschien zelfs sterker en waarachtiger dan ooit tevoren. De simpele waarheid is nu eenmaal dat liefde en acute verliefdheid niet bij elkaar passen, maar elkaar op den duur uitsluiten. Het zou haast een tragisch misverstand zijn om iets anders te verwachten. Waar de prikkelende gevoelens verder van afhangen en hoe je ze nog steeds een beetje kunt oppoken, vertel ik in de volgende hoofdstukken.

Liefdessignalen

'Het is met de ware liefde net als met een spookverschijning:
iedereen heeft het erover,
maar vrijwel niemand heeft haar gezien.'
– François de La Rochefoucauld

We beschouwen onszelf graag als opperbaas en menen dat we ook in de liefde het verloop kunnen beïnvloeden. Maar bepalen wij echt wat er gebeurt? Externe invloeden, onze instincten en impulsen, en daarmee een heleboel biologische factoren, zijn veel bepalender voor wat er plaatsvindt en hoe we al dan niet op potentiële of reeds beschikbare partners reageren, dan we over het algemeen vermoeden. Als je dat accepteert en enkele mechanismen kent die daarbij actief zijn, kun je daar je voordeel mee doen en de juiste signalen afgeven, of in elk geval die van de ander goed interpreteren.

Er bestaan talloze biologische en in zekere zin automatische processen, die ons naar onze liefdespartner voeren en er later ook verantwoordelijk voor zijn dat we bij hem blijven en niet de benen nemen. Als die mechanismen werkzaam zijn, gaat het niet meer om een bewuste keuze, een verstandelijke afweging of controle over de ander. Het verstand speelt nauwelijks een rol. Het is eerder zo dat alle zintuigen samenwerken om iemand te veroveren en vast te houden: ogen, maar ook oren, neus, huid, mond en lippen.

Zo weten we allang dat lichamelijk contact de positieve gevoelens voor een ander kan versterken. Bij het flirten geldt bijvoorbeeld dat een vrouw eerder bereid is om een onbekende man haar telefoonnummer te geven als hij haar vluchtig heeft aangeraakt toen hij haar aansprak. En als een man een vrouw om een sigaret vraagt, is ze eerder bereid om aan zijn verzoek tegemoet te komen als hij haar eerst zacht bij de onderarm heeft gepakt.[15] Voorwaarde is natuurlijk altijd dat ze niet tegen haar wil wordt aangeraakt.

Regelmatige, lichte aanrakingen brengen via de huid en de tastzin een gevoel van grote intimiteit over, zonder dat dat nog eens extra benadrukt hoeft te worden. Je knie onder tafel even tegen die van de ander drukken, zijn arm vluchtig beroeren, hem in het voorbijgaan aan je schouder drukken of je hand een ogenblik op zijn rug leggen, het schept allemaal vertrouwdheid tussen partners. Dat geldt overigens in elke fase van een relatie, of het nu om de eerste verliefdheid of om een langdurige liefdesverhouding gaat.

De kleurenleer van de liefde

'Een echte vrouw is volledig gekleed aantrekkelijker voor een man dan een naakt wijf.'
– Romy Schneider

Een van de klassieke middelen om intimiteit te creëren en schoonheid door te seinen, is de kleur rood. Ze trekt de aandacht, verscherpt de waarneming en zet het organisme meteen in een actievere stand, ook als het niet om relaties en partners gaat. Automobilisten reageren bijvoorbeeld feller en gaan sneller toeteren als een rode auto een kruising blokkeert dan bij een blauw, groen, zwart of wit voertuig.[16]

Rode kleding hoeft dan ook helemaal niet opwindend of gewaagd van snit te zijn om op te vallen en die reflexen uit te lokken. Alleen de kleur al trekt de aandacht, omdat ze algemeen als teken van gezondheid en vitaliteit wordt beschouwd. Dat geldt voor T-shirts en jurken, maar ook voor jassen, kostuums, rode lippenstift en cosmetica, en heeft niet in de eerste plaats met erotiek te maken.[17] Wetenschappers hebben het zelfs kunnen waarnemen in de onschuldige omgeving van een restaurant: als serveersters een rood T-shirt droegen, kregen ze van mannen én vrouwen aanzienlijk meer fooi dan wanneer ze een identiek model in het geel, wit, blauw of groen aan hadden. Voor kelners met een rood vest gold hetzelfde.

Liftsters met rood haar of rode kleding worden vaker meegenomen dan vrouwen met een andere haarkleur.[18] Hetzelfde geldt voor liftsters die make-up dragen en zo het contrast tussen rode lippen, rode wangen en de blekere huid van de rest van het gezicht extra accentueren.[19] Mannen stoppen dan vaker. Voor vrouwen die liftsters meenemen maakt het daarentegen geen verschil. Rood is de signaalkleur bij uitstek, voor gevaar, schoonheid en gezondheid. Overal ter wereld reageren mensen erop. En als je rood draagt, dichten mensen jou ook meer seksuele belangstelling toe.[20]

Liefde in zicht

'In het begin vond ik het fantastisch om aantrekkelijk te zijn voor vrouwen. Ik zal niet zeggen dat het een schok voor me was, maar het was wel een verrassing en ik beleefde er lange tijd plezier aan. Tot het uit de hand liep en ik er de negatieve kanten van ging zien.'
– Robert Redford

Of het uiterlijk van een partner deugt, hangt mede af van de mode en andere gangbare maatschappelijke schoonheidscriteria. Toch speelt ook de inprenting in de kindertijd een grote rol. Zo vallen vrouwen eerder op mannen die dezelfde kleur ogen hebben als hun vader.[21] Een vrouw die als kind dol was op haar vader en ook later goed met hem overweg kon, kiest vaker een partner die uiterlijk op hem lijkt. Dat is een intuïtieve keuze, en het zou boeiend zijn om te kijken of de relatie verandert wanneer de partner in de loop der tijd zwaarder wordt en met zijn vollere gelaatstrekken niet meer op de vader lijkt.

Ook de in roddel- en mannenbladen verkondigde ideale vrouwenmaten 90-60-90 volgen een volstrekt evolutionair patroon. Vrouwen met een taille-heupverhouding van 0,7 worden als buitengewoon aantrekkelijk beschouwd, of ze nu slank of mollig zijn. Dat komt niet alleen door de jarenlange invloed van reclames of andere modedictaten. Zelfs blinde mannen kwamen op het getal 0,7 uit toen ze verschillende vrouwen betastten en moesten beslissen wie van hen het aantrekkelijkste figuur had.

Net als de kleur rood wijst die kennelijk optimale verhouding van 0,7 op vruchtbaarheid en gezondheid, oftewel op goede genen, genoeg energiereserves en veel vrouwelijk geslachtshormoon om gezonde, sterke kinderen te krijgen en het kroost vervolgens groot te brengen.

Voor mannen geldt daarentegen dat vrouwen de aloude omgekeerde driehoek uit bier- en ondergoedreclames erg aantrekkelijk vinden: behalve brede schouders en smalle heupen zijn markante gelaatstrekken, waaronder een uitgesproken kin- en wangpartij, een teken dat een man gezond, krachtig en vitaal is, en zich graag wil voortplanten.[22] In elk geval zijn een hoekig uiterlijk en de typische V-vorm van de rug meestal een bewijs voor voldoende testosteron en een overeenkomstige geslachtsdrift.

Voor vrouwen en hun uiterlijke voorkeuren is bovendien van groot belang op welk moment ze de ware jakob tegen het lijf lopen (en wat ze daarmee beogen): rond de eisprong, dus op vruchtbare dagen, kiezen vrouwen voor de krachtige types, de testosteronbommen. Hoewel die misschien heel goede genen en veel pret in bed beloven, bieden ze hun markante trekken ook graag elders aan als er eenmaal kinderen zijn. En als een vrouw vruchtbaar is, is ze zelf beslist ook eerder bereid om zich in het avontuur te storten: in clubs laat ze dan meer blote huid zien, ze staat meer open voor een vrijpartij en denkt vaker aan seks.

In de onvruchtbare fasen van de cyclus neigen vrouwen juist meer naar de begripvolle, rustigere types. Dat zijn de mannen die goed kunnen luisteren, later met plezier meegaan naar de zwangerschapsyoga en een abonnement hebben op het biologische groentepakket van de dorpswinkel. Hun zachtere gelaatstrekken verraden dat er niet zo veel testosteron door hun lichaam stroomt als bij hun hoekiger collega's. Met hen zal het er misschien niet zo opwindend en wild aan toe gaan, maar ze zijn wel betrouwbaarder als er eenmaal kinderen zijn.

Als vrouwen de pil slikken zijn die verschillen minder uitgesproken, de eisprong wordt dan immers onderdrukt. Kennelijk hebben vrouwen die hormonale anticonceptie nemen daarom in alle fasen van hun cyclus eerder een voorkeur voor de zachtere types. Als ze later met de pil stoppen, kan het dus gebeuren dat ze de man aan hun zijde helemaal niet meer herkennen of niet meer weten waarom ze hem vroeger zo aantrekkelijk vonden.

Ook met haar lichaamshouding toont een vrouw of ze een man ziet zitten en graag bij hem in de buurt wil zijn of liever afstand bewaart. Hoge hakken benadrukken de vrouwelijke kenmerken. Het hoofd achterover gooien en zo de hals blootleggen geldt als een verzoek om toenadering en meer aandacht, net als een herhaaldelijke zijdelingse blik of een gestrekte rug. Bij dat laatste komen bovendien het decolleté en de borstpartij beter uit. Dat gebeurt allemaal niet toevallig, maar berekening is het ook weer niet. In een uur tijd geven vrouwen tot wel zeventig van dergelijke onbewuste lichaamssignalen af wanneer ze bijvoorbeeld in een café op mannenjacht zijn.

Als het tussen twee relatiekandidaten tot een gesprek komt, is meestal niet de inhoud maar de toon van doorslaggevende betekenis. Het diepe timbre van een man kan erg verleidelijk zijn, terwijl de zacht piepende of schrille stem van een vrouw al zenuwslopend kan zijn nog voordat er van enige toenadering sprake is geweest. Als de twee toch intensiever met elkaar gaan praten, komen de spiegelneuronen in het spel: ze doen elkaar na en imiteren onbewust de gebaren en lichaamshouding van de persoon tegenover zich. Ze buigen hun hoofd allebei tegelijk opzij of slaan hun benen tegelijk over elkaar. Als de twee naast elkaar lopen, past de een zich al snel aan het ritme van de ander aan. Als zij haar glas pakt, neemt hij ook een slok.

Om die analogie van gebaren en bewegingen voor elkaar te krijgen, genereren de hersenen een 'alsof-lus': ze doen de gedragspatronen van de ander na en activeren vervolgens de overeenkomstige zenuwbanen. De informatie die binnenkomt van degene tegenover ons wordt in het limbisch systeem, de zogeheten 'gevoelshersenen', van een soort emotionele signatuur voorzien. Terwijl de bewegingen en gedragingen eerst als neutraal werden waargenomen, worden ze nu ingekleurd met gevoel. Dat leidt eerst tot hetzelfde loopritme, en vervolgens tot dezelfde gebaren en bewegingen. Als dan ook de ogen nog in dezelfde mate gaan lonken, vindt even later zonder overleg de ene mond de andere.

De geur van de liefde

'Als een man een vrouw niet langer kan luchten,
helpt ook het beste parfum niet meer.'
– Helen Vita

Voor een verdere toenadering is het essentieel dat je elkaar kunt ruiken. Of daarbij genot of weerzin overheerst, kan bepalend zijn voor de toestand en de toekomst van een relatie. Daar schuilt een evolutionair patroon achter dat alweer (hoe onromantisch) op de eerste plaats bedoeld is voor de instandhouding van de soort. Als je de geur van de ander prettig of zelfs zalig vindt, duidt dat er namelijk op dat de ander over een lichaamseigen afweersysteem beschikt dat sterk verschilt van het jouwe.[23]

Je vindt dus dat iemand lekker ruikt als hij heel anders is dan jij, in immunologisch opzicht althans. Een combinatie van twee totaal verschillende immuunsystemen zorgt er namelijk voor dat nakomelingen beter bestand zijn tegen talloze ziekteverwekkers en daarom makkelijker in leven zullen blijven. De eventuele kinderen zijn sterker en vallen niet ten prooi aan het eerste het beste kwaaltje. Als de afweerstoffen van de ander daarentegen sterk overeenkomen met die van jou, ruik je hem nauwelijks en zul je je daarom niet tot verdere intimiteiten laten verleiden.[24]

Daar kleeft ook een nadeel aan. Met parfum versterk je sociaal gedrag en trek je meer aandacht.[25] Maar een al te sterk parfum verhult vrijwel alle lichaamseigen geur terwijl het, als het eropaan komt, belangrijk is om die goed te herkennen, want alleen dan kan iemand erachter komen of hij de geur van de ander verdraagt of zelfs aantrekkelijk vindt.

Toch behoedt ook de geschikte geur van het begin je niet per se voor latere weerzin. Juist bij stellen die al lang bij elkaar zijn komt het voor dat de lichaamsgeur van een of beide partners anders wordt. Dat kan te maken hebben met de menopauze of andere veranderingen. Vaak ook blijft de oorzaak onbekend, zonder dat er een ziekte of stoornis achter zit. Je komt tot het treurige besef dat je de ooit zo heerlijk ruikende partner nu absoluut niet meer kunt luchten. Maar ook dan zijn er andere oplossingen dan de relatie gewoon maar te laten verdampen.

Het verband tussen liefde en geur blijkt ook uit een ander verschijnsel, dat mannen wel kennen maar niet altijd begrijpen: het enthousiasme van veel vrouwen voor bloemen. Blijkbaar raken ze zo bedwelmd door de geur van een ontluikende bloem dat ze een heleboel andere dingen vergeten. Dat is fraai gedemonstreerd in een onderzoek waarbij een knappe, twintigjarige man jonge vrouwen van ongeveer dezelfde leeftijd in drie verschillende omstandigheden om hun telefoonnummer vroeg.[26]

In totaal sprak de jonge charmeur zeshonderd vrouwen aan, eerst voor de deur van een bakkerij, toen voor een schoenenzaak en ten slotte voor een bloemisterij. Hoewel veel vrouwen taartjes en stilettohakken ook een aantrekkelijk lokmiddel vinden, kwamen de bloemen als grote winnaar uit de bus. Voor een winkel met geurige bloemen waren veel meer vrouwen bereid om hun telefoonnummer te geven dan bij de andere koopwaar. De geur was sterker dan het verstand.

We weten niet of het alleen de geur van de bloemen was die de vrouwen wist over te halen, of met name ook de aanblik. Een vergelijkbaar experiment draaide namelijk om de vraag of passanten een handschoen zouden oprapen die een vrouw (zogenaamd per ongeluk) had laten vallen. Als dat in de buurt van een bakkerij gebeurde, waar hun de heerlijkste geuren tegemoetkwamen, bleken de nietsvermoedende voorbijgangers behulpzamer dan in andere, minder lekker ruikende delen van het winkelcentrum.[27] Geuren die de mens als positief ervaart, versterken kennelijk zijn positieve kanten.

In een relatie is pas sprake van een goede match als ook het zoenen goed verloopt. Bij die lippendienst gaat het niet zozeer om techniek, maar is met name van belang of de in het speeksel en via de oppervlakte van de lippen doorgegeven signalen wel de juiste zijn. Tijdens een zoen worden talrijke hormonen, cytokinen (de transmitters van het immuunsysteem) en andere signaalmoleculen uitgewisseld, die in het lichaam worden verwerkt en ontcijferd. En dan wordt en passant ook duidelijk of de zoen tot meer opwinding of snelle ontnuchtering zal leiden.

De juiste plek voor de bruiloft kiezen

'Huwelijken worden in de hemel gesloten,
maar daar letten ze er niet op of ze ook slagen.'
– Marie von Ebner-Eschenbach

Soms is een huwelijk gewoon niet meer te redden, maar ondanks alle gejammer over hoge scheidingscijfers en het groeiend aantal eenpersoonshuishoudens blijven veel stellen niet alleen lang, maar ook letterlijk tot het einde toe bij elkaar. In Duitsland voldoet ruim twee derde van de huwelijken nog altijd aan het christelijke voorschrift 'tot de dood u scheidt'. Maar liefst 69 procent van de huwelijken eindigt pas in het graf; niet van de twee partners samen uiteraard, maar omdat een van beiden is overleden.

Of stellen tot op dat moment echt gelukkig of in ieder geval enigszins tevreden met elkaar zijn geweest, tonen die cijfers natuurlijk niet aan. Maar het is hoe dan ook een bemoedigend signaal.

Het betekent bovendien dat in de afgelopen jaren 'slechts' 31 procent van de huwelijken is ontbonden. Ook dat is een heuglijk cijfer, want in 2004 lag het aantal scheidingen nog op 39 procent, zo'n 8 procent hoger. Dat zou erop kunnen wijzen dat het huwelijk een renaissance beleeft en dat echtparen elkaar niet meteen laten vallen en de handdoek in de ring gooien zodra het lastig wordt.

Anderzijds zou deze ontwikkeling er ook alleen maar mee te maken kunnen hebben dat steeds meer stellen liever ongehuwd samenleven dan trouwen.[28] En dan zijn de mensen die wel tot een huwelijk besluiten waarschijnlijk de overtuigingsdaders, bij wie wel heel veel moet mislopen alvorens ze tot een scheiding besluiten.

De plaats waar mensen trouwen, zegt ook iets over de kans dat ze bij elkaar blijven. In grote steden staan tegenover elke honderd huwelijksvoltrekkingen meer dan veertig scheidingen. Op het platteland ligt het aantal scheidingen aanzienlijk lager, in veel regio's op zo'n 20 procent. Toch heeft het geen zin om dan voor de zekerheid maar in een dorp te trouwen, want de oorzaak ligt doorgaans in de meer traditionele levenswijze in landelijke gebieden. Scheiden is daar niet zo gebruikelijk en wordt vaak nog beschouwd als een maatschappelijke schande. Juist op oudere leeftijd blijven de mensen er eerder bij elkaar, ook als ze elkaar niet meer kunnen uitstaan. In de stad komen scheidingen daarentegen veel voor en zijn ze ook maatschappelijk geaccepteerd. Stadskinderen groeien op met het gegeven dat bijna de helft van hun schoolgenoten gescheiden ouders heeft.

Een opvallend gunstigere statistische waarde is te vinden in het district Nordfriesland, waartoe ook de populaire vakantie-eilanden Sylt, Amrum en Föhr behoren. Daar eindigen dertien van de honderd huwelijksvoltrekkingen in een scheiding, het absolute laagterecord van Duitsland. Nu zou je misschien denken dat dat komt omdat het op dat afgelegen eiland sowieso onmogelijk is om je partner langere tijd te ontlopen, en koppels dus wel heel zeker van hun zaak moeten zijn voordat ze zich binden.

Maar een andere verklaring ligt meer voor de hand. Veel stellen willen de mooiste dag van hun leven graag vieren in een fraai decor. Bruiloften op het strand of aan de voet van een berg zijn erg populair, en koppels trouwen vaak ver van huis aan de kust of in een berglandschap. Als het huwelijk een paar jaar later stukloopt, vindt de scheiding plaats in de eigen, troosteloze streek. Voor een scheiding wordt haast nooit een schilderachtige plek opgezocht.

Toeristisch aantrekkelijke regio's hebben aan hun reputatie

als bruiloftsparadijs dus een prachtig laag scheidingscijfer te danken. Misschien moeten reisorganisaties nog wat meer adverteren met die geluksbelofte, ook al gaat het om een statistisch artefact dat slechts betrekking heeft op de plek van de huwelijksvoltrekking, niet op de ellende die elders misschien zal volgen.

In het bruiloftsparadijs Las Vegas bedraagt het scheidingspercentage 14 procent, even laag als in Nordfriesland. Op Hawaii is het cijfer met 9 procent nog lager. Maar het allerbeste scheidingspercentage vind je in Mongolië. Daar bedraagt het een ongelooflijke 0,4 procent, wat echter vooral aan de regionale gewoonten en morele opvattingen zal liggen. Tot nu toe heeft het Centraal-Aziatische land zich nog niet als een bruiloftshotspot ontpopt.

Overigens is het na jarenlang samenleven meestal de vrouw die er een punt achter zet. Dat verschijnsel bestond altijd al en is al tientallen jaren constant. Tegenwoordig is het in 51 procent van de gevallen de vrouw die voorstelt om uit elkaar te gaan. In 41 procent van de gevallen gaat het initiatief uit van de man. Dat de partners het eens zijn en allebei een scheiding willen, komt veel minder voor en geldt voor de overige 8 procent van de scheidingen.

Verwisseling van gevoelens

'Ik had wat de feeling betreft een goed gevoel.'
– Andreas Möller, profvoetballer

Zintuiglijke indrukken en andere lichamelijke gewaarwordingen zijn veel nauwer verbonden met de emotionele toestand van een persoon dan doorgaans wordt aangenomen. Dat blijkt wel uit de eerdergenoemde voorbeelden. De bereidheid om verliefd te worden op een ander mens of in liefde bij elkaar te blijven, hangt vaak af van externe prikkels en fysische gewaarwordingen. Zo hebben wetenschappers vastgesteld dat mensen met een warm drankje in de hand veel vriendelijker over andere mensen oordelen dan met iets kouds in hun hand. Met een koud drankje komen ze tot een negatiever oordeel.[29] Fysieke warmte gaat gepaard met psychische warmte.[30]

Voor de haptische eigenschappen van een voorwerp geldt iets vergelijkbaars. Zachte, ronde, soepele voorwerpen verzachten het gemoed, in tegenstelling tot ruwe of hoekige.[31] Als je prijs stelt op een prettige sfeer of hoopt op een welwillend oordeel, kun je dus beter koffie dan ijskoffie serveren. En beter een kussen dan een presse-papier vastpakken. In sommige streken zijn 'knuffelstenen', zachte en prettig in de hand liggende stukken steen of hout, nog erg in trek.

Het verband tussen fysieke zintuiglijke gewaarwording en gevoel leidt tot nog meer verbluffende situaties. Voor een experiment lieten wetenschappers een vrouw vragen stellen aan mannen. De inhoud was niet van belang, het ging er alleen om dat de vragen de ene keer op een vlakke, stabiele brug werden gesteld en de andere keer op een wankel hangbruggetje hoog in de lucht. De interviewster liet haar telefoonnummer achter, zogenaamd voor het geval de mannen achteraf nog vragen hadden.

De mannen die op de hangbrug waren bevraagd, namen in de daaropvolgende dagen vier keer zo vaak contact op met de interviewster als degenen die tijdens het vraaggesprek vaste grond onder de voeten hadden gehad. De spanning of zelfs angst op die duizelingwekkende hoogte werd 'verwisseld' met de opwinding die de vrouw teweegbracht. De mannen schreven hun opwinding uitsluitend toe aan de vrouw en niet aan het hoogte-avontuur. Ook kwam de vrouw op grote hoogte veel aantrekkelijker over. Dat verschijnsel noemen wetenschappers 'opwindingsoverdracht'.

Soms berust liefde dus alleen op verkeerd geïnterpreteerde signalen, oftewel op een verwisseling van gevoelens. Waar de opwinding vandaan komt is niet altijd zomaar te herkennen. Als je je partner hebt ontmoet op een avontuurlijke vakantie, in een luchtballon of in de achtbaan, houd je de spanning wellicht onterecht voor de kriebel van verliefdheid.

Liefde kan dus ook ontstaan doordat de gebruikelijke signaalstoringen tussen twee mensen worden opgeheven. De biologische prikkels en reflexen zijn dan zintuiglijk zo overweldigend en passen zo goed bij elkaar, dat ze zich aan elke berekening onttrekken. Dat betekent overigens ook dat het soms simpelweg niet te verklaren is waarom de een voor de ander valt.

De moeilijk opvoedbare Stones-generatie

'Wat interesseert mij de Vietnamoorlog
als ik problemen heb met klaarkomen?'
– Rainer Langhans, 1968

Mensen die op dit moment in een lange relatie zitten, behoren tot een bepaalde generatie waarover ik het kort en noodgedwongen in generaliserende zin moet hebben. Ze vinden zichzelf vaak onweerstaanbaar, ongedwongen en slim, de mensen van middelbare leeftijd en de ouderen die tussen de tweede helft van de jaren veertig en het begin van de jaren zestig zijn geboren. Hoewel, 'oud' mag je ze beslist niet noemen, want ze vinden zichzelf nog hartstikke jong. En als op een gegeven moment de uiterlijke slijtageverschijnselen en jaarringen met de beste wil van de wereld niet meer te verbergen zijn, zeggen ze: 'Maar ik ben in elk geval nog wel jong van geest!'

Wat heeft die generatie naar haar eigen mening niet allemaal gepresteerd: het verwoeste land na de Tweede Wereldoorlog weer opgebouwd, de seksuele revolutie vanuit de eigen slaapkamer de wereld in gebracht en het IJzeren Gordijn neergehaald, en na de lange mars door de instituties ook nog de directeursstoel en de nationale bestuursfuncties veroverd, waaraan ze zich nu verbeten vastklampt.

Op basis van haar zelfopvatting heeft ze dat ook allemaal verdiend, of het nu om roem, eer, inkomen of kortingen op treinreizen gaat. 'Omdat ik het waard ben', luidt de veertig jaar oude, iconisch geworden reclameslogan van L'Oréal. En het is nog niet genoeg, dit kan nog niet alles zijn geweest. 'I can't get no satisfaction' is voor die generatie niet alleen een krakende gouwe ouwe uit de jaren zestig, maar de levenslange muzak in de lift naar boven.

Anders gezegd betekent dat echter ook dat de Stones-generatie wel grijs maar niet erg volwassen is geworden. Als wapendier zou ze Rupsje-nooit-genoeg moeten kiezen, want nuttige gedragstechnieken als impulsbeheersing, uitstel van bevrediging en behoefteregulatie hebben babyboomers meestal niet geleerd. Soms lijken ze op een kleuter die zijn zin niet krijgt en opstandig 'ik wil meer!' roept.

In het echte leven kan die mentaliteit allerlei problemen veroorzaken. Op het werk is het soms behoorlijk lastig om met zulke mensen om te gaan, omdat ze zelden het belang van het team voor ogen hebben maar eerder dat van zichzelf. En een relatie zal er onvermijdelijk onder lijden als ze hoofdzakelijk als een emotioneel proeflaboratorium wordt beschouwd waarin de partner tegelijkertijd de rol van animator, personal coach en psychologisch ontwikkelingswerker moet spelen, en vooral dient om de ander vooruit te helpen.

Als de partner daar niet geschikt voor is of zijn hele voorraad inspiratie heeft opgebruikt, dreigt het net zo te gaan als in de wachtkamer van de dokter: 'Volgende graag!'

Vijfenveertigplus, getrouwd, verward

'Zeventig jaar jong zijn is soms aangenamer
en hoopvoller dan veertig jaar oud zijn.'
– Oliver Wendell Holmes

Er zijn meerdere veranderingen die al in de twintigste eeuw begonnen, maar het liefdesleven in de eenentwintigste eeuw steeds sterker bepalen. Zoals ik net heb beschreven, zijn in de afgelopen decennia de verwachtingen van een relatie enerzijds steeds hoger geworden. Bovendien verlangen veel mensen een emotionele tegenprestatie, als ze al de moeite nemen om iets met een ander te beginnen en daarvoor een paar centimeter vrijheid willen inleveren.

Anderzijds is de levensverwachting in welvarende landen voortdurend gestegen, en neemt ze nog altijd toe. Sinds 1900 is ze zowat verdubbeld. Terwijl je er honderdtwintig jaar geleden van uit kon gaan dat je ongeveer vierenveertig jaar werd, is dat tegenwoordig gemiddeld ruim tachtig jaar. In Europa neemt de levensverwachting elk jaar met ongeveer drie maanden toe. Burgemeesters spelen het allang niet meer klaar om alle honderdjarigen persoonlijk met hun verjaardag te komen feliciteren.

Maar mensen worden niet alleen steeds ouder, ze blijven daarnaast langer energiek, fit en gezond, en zijn zodoende langer actief op de partnermarkt. Ook in de tweede levenshelft zoeken ze een relatie, beginnen ze een verhouding, binden ze zich opnieuw en gaan ze ook weer uit elkaar. Sportartsen en gerontologen constateren al geruime tijd dat de vijfenzeventigjarigen van nu zeker zo fit zijn als de vijfenzestigjarigen in de jaren zeventig waren.

Door die toename van prestatievermogen en energie worden mensen na hun vijfenveertigste allesbehalve kalmer. Ze voelen zich helemaal niet oud (vaak terecht), maar beschouwen zichzelf nog steeds als een mogelijke seks- en relatiepartner. 'Dat was nog lang niet alles' past als motto goed bij de houding van veel vijftigers en zestigers, voor wie nog zo veel mogelijk is dat ze vaak niet meer weten waar ze staan, waar ze naartoe moeten, wat nog bij hen past. Daardoor zijn ze soms danig in de war, niet alleen hormonaal. Voor veel mannen (en nog meer vrouwen) bestaat er geen groter compliment dan op je vierenvijftigste voor vijfenveertig te worden aangezien.

Dat in rijke landen mensen van begin vijftig vaak nog gezond, fit en aantrekkelijk zijn, leidt meestal niet tot een ontspannen instelling of deemoedige dankbaarheid, maar eerder tot een permanente toestand van gevoelsdronkenschap; een soort eeuwige jeugd. Dat wordt na verloop van tijd waarschijnlijk behoorlijk vervelend, maar dat besef komt meestal veel te laat, of helemaal niet. Ook vlak voor zijn pensioen wil hij nog altijd doorgaan voor een 'man in de bloei van zijn leven' en zij voor een vrouw die met elke volgende verjaardag negenendertig blijft.

De meervoudig onverzadigde generatie

'Veel te lang hier blijven zitten
Het wordt al donker, het licht verbleekt
Nu moet er eindelijk wat gebeuren
Omdat er anders iets in mij breekt
(...)
Op de eerste rangen roemt men
Gedienstig en als altijd de moraal
Maar mijn ego is me heilig
En hun welzijn mij egaal.'
– Konstantin Wecker, bard

Het is heel normaal dat bij iemand van halverwege de veertig de geest traag en het lijf papperig wordt. Maar 'normaal' betekent niet dat iedereen zich daar ook bij neer kan leggen. Integendeel, het verzet tegen die eeuwige natuurconstante is wijdverbreid en sommige mannen die vroeger niets anders wilden dan zichzelf zijn, willen opeens iets anders worden. Ze willen zichzelf opnieuw ontdekken, ze leren kitesurfen, vluchten in spiritualiteit of gaan op uitvoerige expedities.

Toch zijn er allerlei lichamelijke klachten die ondanks hardlooprondjes, trainingsapps en het langlopende abonnement op de sportschool steeds naderbij sluipen. Bloedverdunners, pijnstillers, erectiemiddelen en antidepressiva kun je nog stiekem innemen, maar de strijd tegen de leesbril verlies je in alle openbaarheid, de spataderen en de afgeknelde zenuw in de lendenstreek tekenen zich onmiskenbaar op het lichaam af. De anatomie kan onverbiddelijk zijn. Je wil het lange tijd niet toegeven, maar op een gegeven moment wordt het vermoeden toch zekerheid: alleen de anderen zijn nog jong.

Juist die gevoelige periode tussen begin veertig en eind vijftig vormt voor veel mensen een ware beproeving. Je doet nog steeds joviaal tegen de stagiaires op kantoor en je voelt je nog jong, maar tegelijkertijd moet je in je relatie zien te accepteren dat de mentale en lichamelijke veranderingen zich bij jou en je partner niet even snel voltrekken.

Het motto 'ieder in zijn eigen tempo' is bij hardloop- en wielrenrondjes gauw gezegd, maar in de relatie niet de gemakkelijkste opgave. Hoewel het mooi klinkt om elkaar nergens toe te dwingen en ieder de tijd te geven die hij nodig heeft, is het in de praktijk vooral voor een man moeilijk te accepteren dat zijn echtgenote nog altijd slank is terwijl zijn eigen buikomvang elk jaar toeneemt, als de jaarringen van een boom. Of dat hij tijdens een bergwandeling steeds vaker een rustpauze moet inlassen, die zij hem even meewarig als ongeduldig toestaat. Hij heeft elke paar weken last van zijn heup, rug of knie, zij rent nog een halve marathon en blijft daarbij ruim onder de drie uur.

Door die miskenning van de realiteit ontstaan in die kwetsbare fase gemakkelijk conflicten. Het 'ik' dat voor het gevoel nog jeugdig is, en het mentaal trager geworden schepsel met het verslapte bindweefsel dat je in de spiegel aankijkt, zijn volstrekt niet meer met elkaar in overeenstemming te brengen. Au, dat kan pijn doen.

En dat is nog niet alles. Ook in het werk wordt het er niet gemakkelijker op. Filosoof Dieter Thomä van de universiteit van St. Gallen heeft inzichtelijk aangetoond waarom mensen ook op middelbare leeftijd nog 'voortdurend in tweestrijd en onder druk' staan. Hij geeft een voorbeeld van mensen met een creatief beroep. Van zulke medewerkers wordt in de moderne arbeidswereld verlangd dat ze zowel een aangepaste plichtsvervuller als een onconventionele dwarskop zijn, ook op hogere leeftijd.

Het liefst heeft de werkgever dus iemand die zich enerzijds zonder mokken schikt, braaf alle aanwijzingen van de baas opvolgt, richtlijnen als 'alternatiefloos' aanvaardt en opdrachten uitvoert.[32] Maar ondanks die onberispelijke plichtsvervulling moet de voorbeeldige medewerker ook origineel en uniek zijn en altijd een goed idee achter de hand hebben. Hij moet voor creatief vuurwerk zorgen en de traditie met verve tegen de vleug in strijken.[33] 'Het individu slooft zich voor die twee tegenstrijdige principes tegelijkertijd uit, en dat wordt een marteling,' zegt Thomä. 'Daarbij geldt: als ik het ene doe, handel ik in strijd met het andere.'

Ook na twintig dienstjaren wordt van veel werknemers verwacht dat ze zichzelf steeds opnieuw uitvinden. Stabiliteit bestaat niet. Wie op zijn zevenenveertigste afdelingshoofd is, kan niet meer zeker zijn van zijn positie. De spagaat om ondanks de grijze slapen toch nog de jeugdige vernieuwer te willen of te moeten zijn, komt op een gegeven moment alleen nog onbedoeld komisch over, bijvoorbeeld als de achtenvijftigjarige trendy wil zijn en net als in een hipsterstart-up alleen nog staande vergaderingen houdt met zijn team. Omdat de kloof tussen de tegenstrijdige eisen steeds groter wordt, bestaat op den duur het gevaar van een emotionele verrekking.

De eis tot voortdurende verandering en de dwang tot originaliteit zijn ook allang tot alle andere levensgebieden doorgedrongen. Als je de permanente oproep tot vernieuwing en verandering van aanpak (*think different!*) van het werk overdraagt op je vrije tijd en je vaste relatie, ontstaat het risico op hevig overspronggedrag en een overhaaste scheiding, waarnaast de aankoop van een cabrio of de Harley-bevlieging van de generatie van je vader een gezapig bootreisje lijkt waarop je accijnsvrije zelfverwerkelijking kon kopen.

Het opgeven van je jarenlange partner is dan even vanzelfsprekend als de compleet veranderde workflow op kantoor, de nieuwe mogelijkheden van een app of die toffe tool voor videoconferenties die iedereen nu gebruikt. Tenslotte moet je ook na je vijftigste nog iets nieuws willen uitproberen. Iedereen heeft zich de kreten uit managementboeken al eigen gemaakt: Levenslang leren! Stilstand is achteruitgang! Alleen als je verandert blijf je elkaar trouw! Dat soort dingen. Waarom zou je dan ook je relatie niet regelmatig updaten? Alleen vatten sommige grijs gemêleerde innovatieliefhebbers het principe verkeerd op: veel relaties kunnen inderdaad wel een oppepper gebruiken, maar daar wordt niet per definitie een nieuwe start met vervangend personeel mee bedoeld.

Bepaald gedrag van mensen van middelbare leeftijd laat zich ook lezen als een kroniek van de dagelijkse zelfvernedering. Dat begint met grandioze zelfmiskenning, bijvoorbeeld als een man van rond de vijftig snel zijn buik intrekt en de koene blik van vroeger uitprobeert, omdat hij zich aangesproken voelt wanneer de achtentwintigjarige klassenlerares van zijn kinderen op de ouderavond om een 'sterke man voor het schoolfeest' vraagt en (niet te geloven) even later ook nog haar mobiele nummer op het bord schrijft: kan niet missen, die heeft het tegen mij! Opeens vindt hij in zijn overvolle agenda toch nog een gaatje om een paar dagen als 'mannelijke begeleider' mee te gaan met het schoolreisje naar de speeltuin.[34]

Soms gaat dat alles gepaard met veel decorumverlies: je ziet er nu eenmaal niet elegant uit in functioneel, ademend ondergoed, zeker niet als je de veertig bent gepasseerd. Mannen die aan ergonomisch gevormde flessen lurken en kakelbonte fietskleding dragen met dikke vullingen voor hun edele delen en zitvlak, vormen het evolutionaire bewijs dat sommige zoogdieren zich graag belachelijk maken. De 'excentrische positionaliteit' (Helmuth Plessner) van de mens verschaft hem, in tegenstelling tot andere dieren, niet alleen de mogelijkheid tot zelfreflectie maar ook tot zelfvernedering.[35]

Het is overigens niets nieuws dat mensen van middelbare leeftijd, en met name mannen, vechten tegen energie- en krachtverlies. 'Als een man beseft dat de periode waarin zijn potentie het hoogst is, niet de belangrijkste van de wereldgeschiedenis is, is dat al heel wat,' schreef Kurt Tucholsky bijna honderd jaar geleden al kort en bondig over de zelfinschatting van zijn seksegenoten. Daar is tot op heden niet veel in veranderd.

Relatief nieuw in de strijd tegen de voortschrijdende ouderdom van jezelf en de relatie, is het gebrek aan soevereiniteit, humor en berusting. Tot ver in de jaren tachtig zag je alleen een bepaald soort vijftiger in een trainingspak, en bovendien uitsluitend op het voetbalveld; het was de beroepskleding van autoritaire trainers. Inmiddels willen ook leidinggevenden, artsen, ingenieurs en advocaten iets 'voor hun gezondheid doen'.

Iedereen wil sportief zijn, ook wie nooit sportief is geweest. Dat gebod geldt in het Westen vrijwel overal en zeker voor mensen van middelbare leeftijd. 'Ik loop nog hard, wielrennen is iets voor zestigjarigen,' zei de afgetrainde achtenvijftigjarige lachend. Dus rent de hoogleraar elk jaar een halve marathon, volgt de kaakchirurg in zijn vrije tijd een karatecursus en fietst de softwareknutselaar elke zomer de Alpen over met een carbon racefiets die niet veel meer weegt dan een sigarenkistje (dat vroeger, samen met een goedgevulde wijnkelder, symbool stond voor een met waardigheid gerijpte man). In plaats van goed opgeslagen flessen rode wijn en Cubaanse sigaren uit de humidor zijn kostbare fietsframes en hardlooprondjes met een kilometergemiddelde van vijf minuten nu het middel om je te onderscheiden. Sinds de distinctietheorie van Pierre Bourdieu, die in 1979 in het Frans verscheen, zijn de fetisjen van de prestatiemaatschappij wel een beetje veranderd.[36]

Na afloop worden de nieuwste recordtijden vergeleken, stappen geteld en getrackte routes geüpload naar een van de vele vergelijkingsportals, terwijl het bezwete sportondergoed nog niet eens droog is. En toch erkende Goethes 'man van vijftig jaar' na kortstondig verzet al dat zijn jeugd niet tot in de eeuwigheid te verlengen was.

Om misverstanden te voorkomen: het is zeker niet zo dat de inspanningen van veertigers en vijftigers belachelijk overkomen omdat die mensen ondanks versleten kraakbeen en verkorte pezen nog altijd graag wandelen, hardlopen en fietsen, of flirten en versieren. Dat is leuk en bovendien heel gezond. Maar als iemand zich met alle mogelijke middelen tegen het onvermijdelijke verzet, leidt dat vaak tot momenten van een tragikomische schoonheid.

Mannen hebben daar het grootste talent voor, maar vrouwen in die kwetsbare leeftijdsgroep kunnen er ook wat van. De vraag 'vind je me nog aantrekkelijk?' staat soms op hun voorhoofd gegrift. En hoewel ze zich minder vaak in functionele kleding steken, dragen ze wel graag een flatteuze outfit of maken ze gebruik van de diensten van medische renovatiebedrijven.

Vaak kun je je nauwelijks nog voorstellen dat vrouwen van boven de vijftig er in het verleden meestal anders (ouder) uitzagen en in medische studieboeken uit de jaren zeventig zelfs nog als 'bejaarde vrouwen' werden gebrandmerkt, die al snel risico liepen op een 'weduwenbochel'. In relatief korte tijd is het beeld van vrouwen in die leeftijdscategorie, die tot in de jaren tachtig nog uitsluitend uit grootmoeders of zonderlinge, ongetrouwde tantes leek te bestaan, radicaal veranderd.

In die tijd trof je in dat cohort eigenlijk alleen het type moederlijke huisvrouw aan. In zuidelijke landen droegen oudere vrouwen bijna altijd zwarte kleding en donkere schorten, en was hun trage, licht gebogen gang kenmerkend voor het straatbeeld. Tegenwoordig zien vrouwen er vaak veel jonger uit.

Vrouwenbladen en de reclamewereld hebben de rijpere vrouw tussen begin veertig en halverwege de zeventig allang als nieuwe doelgroep ontdekt, en in die leeftijdsgroep zijn er nog genoeg modellen en filmsterren die de gewone vrouw laten zien hoe ongelooflijk sexy ze er ook na de overgang nog kan uitzien. Dat dat lang niet iedereen gegeven is maar een heleboel moeite, geld of de juiste genen vereist, valt meestal niet aan de adviseurs af te zien, maar is wel goed voor de omzet van de kleding-, cosmetica- en geneesmiddelenindustrie.

De nieuwe vruchtbaarheid

'Als je oude vrienden inruilt voor nieuwe,
krijg je voor vruchten bloemen terug.'
– Friedrich Freiherr von Logau

Jezelf ijverig opkalefateren na je vijftigste kan tamelijk vermoeiend zijn en niet alleen veel geld maar ook veel tijd verslinden. Bovendien leidt het steeds minder vaak tot het gewenste resultaat, ook al zeggen vrouwen graag: 'Ik doe het voor mezelf.'

Dat is natuurlijk onzin, want de mens is een sociaal dier en als iemand zich 'alleen voor zichzelf' mooier maakt en daaruit al bevrediging zegt te halen, weet hij heel goed dat die zelfzorg ook indruk maakt, en móét maken, op anderen. De pauw zet zijn veren ook niet 'alleen voor zichzelf' op.

Wie het hele jeugdigheidstheater op gevorderde leeftijd beu is of moet concluderen dat de cosmetische verbeteringen steeds uitzichtlozer worden, kan zichzelf ook op een andere manier ontplooien. Sommige vrouwen gaan wecken en inmaken, waarbij ze alle mogelijke groenten en fruit verwerken.

De moeders, tantes en oma's uit de oorlogstijd zouden daarover waarschijnlijk het hoofd hebben geschud. Zij oogstten, weckten en persten niet uit liefde voor het landelijke leven, maar om te overleven. Tegenwoordig behalen tijdschriften met tips voor het aanleggen van een rustieke levensmiddelenvoorraad en de beste recepten voor kweepeergelei elk kwartaal weer hogere oplagen.

De erotische en lichamelijke rusteloosheid in die leeftijdsgroep is niet alleen een uiterlijk verschijnsel, dat is alleen maar het meest opvallende symptoom. De emotionele of zelfs psychische dakloosheid op middelbare leeftijd is zo mogelijk nog veel ernstiger. En degenen die altijd een hoge zelfdunk hadden of beroepshalve eigenlijk overal boven zouden moeten staan, worden daarbij niet ontzien.

Leidinggevenden stralen lang niet altijd meer een kalm overwicht uit, maar dromen over een reis naar Vancouver Island, nemen een sabbatical en maken hun weltschmerz kenbaar aan de baas. Mensen met een goed inkomen voelen vaak pas een vreemd onbehagen als de vijf voor de nul staat, en gaan dan op zoek naar zingeving. Ze doen aan e-maildetox, wandelen naar Santiago de Compostella of sluiten zichzelf een paar weken op in een zwijgende kloosterorde. Dit kan toch nog niet alles geweest zijn?

Uit biopsychologisch oogpunt is er voor mensen van eind veertig echter geen reden meer tot klagen. In Duitsland voert de midlifecrisis de mens namelijk behoorlijk vroeg, gemiddeld al op de prille leeftijd van vierenveertig jaar, hun diepste psychische dal in, zoals diverse onderzoeken hebben uitgewezen.[37] Het risico dat je moeite hebt met richtingbepaling, ontevreden bent of zelfs depressief wordt, is nooit zo groot als in die periode. Maar daarna gaat het in theorie (en bij veel mensen ook daadwerkelijk) alweer beter met de stemming en het welbevinden. Als je gezond blijft en je baan niet kwijtraakt, heb je grote kans dat je je voor je zestigste weer even kiplekker en monter voelt als op je vijfentwintigste of dertigste.

Omdat steeds meer mensen een uitgebreide opleiding volgen en de loopbaan vanaf het precaire tijdelijke contract tot aan de vaste leidinggevende functie lang en moeizaam kan zijn, blijft er voor je vijftigste vaak geen tijd over om even stil te staan en aan zelfreflectie te doen. Tot op dat moment ging alles heel snel en vaak ook één kant op, namelijk bergopwaarts. Soms was er niet eens tijd om een adempauze in te lassen, te leren omgaan met nederlagen of fasen door te maken waarin je niet meteen de volgende stap naar boven of in elk geval naar voren moest zetten.

De pijnlijke, maar soms ook geruststellende, gewaarwording dat je op een gegeven moment niet meer bergopwaarts gaat en de koers zowel in werk als privéleven allang vastligt, komt op latere leeftijd en wordt totaal onverwachts een zekerheid. Dan kan de landing onzacht uitvallen. En het inzicht dat het voor de meeste veranderingen nu misschien echt te laat is, kan des te harder aankomen.

Zoals jongeren als een dwaallicht heen en weer bewegen omdat ze niet uit de voeten kunnen met hun zelfbeeld en geen heldere voorstelling hebben van het volwassen worden, bevindt de ouder wordende generatie babyboomers zich in een onzeker makend proces waarin ze zoeken naar een geschikte vorm van ouder worden, of dat nu op hun vijftigste of hun zeventigste is. Die ouderenpuberteit kenmerkt zich niet door puistjes, maar door rimpels en vetrolletjes. En ze kan veel langer duren, want de Stones-generatie moet haar eigen vorm van oud-zijn en ouder-worden nog vinden, niet alleen voor zichzelf maar met name ook in de relatie.

Ik geef de problemen van mensen van middelbare leeftijd hier zo uitvoerig weer omdat ze laten zien welke veranderingsfasen de meeste mensen (alleen, maar ook samen) met het vorderen der jaren te wachten staan. Bovendien blijven partners gedurende die ontwikkelingsfasen beslist niet hetzelfde. Het komt maar weinig voor dat ze allebei dezelfde stappen zetten. Sommigen gaan razendsnel, anderen blijven onderweg steken of doen zelfs stapjes terug. En dat kan een probleem worden.

Sommige mensen willen zich constant blijven ontwikkelen en voelen een innerlijke onrust als het niet snel genoeg gaat. Anderen willen juist dat alles zo blijft als aan het begin van hun relatie. De partner moet bij voorkeur niet meer veranderen. Sommige mannen van rond de vijftig ergeren zich groen en geel als hun vrouw op die leeftijd nog pianolessen neemt, in haar eentje een reis naar La Gomera wil maken en opeens interesse toont voor die levenskunstenaar uit de buurt.

Voor veel mensen is de vraag hoe het na het spitsuur van het leven verdergaat, van cruciaal belang. Alles gebeurt immers steeds later. De tweede puberteit komt pas op je vijftigste of zelfs daarna, het pensioen op je zevenenzestigste en binnenkort misschien pas op je tweeënzeventigste. In de verschillende hoofdstukken laat ik daarom met behulp van extreme, vreemde en bijzondere gebeurtenissen en voorbeelden zien wat op welke leeftijd nog allemaal mogelijk is, en wat mensen zoal bedenken als hun relatie in gevaar is of in gezamenlijkheid moet groeien.

De babyboomers: gevangen in het eigen narcisme

'Op het eerste gezicht lijkt het of die mensen verliefd zijn op zichzelf; maar eigenlijk kunnen ze zichzelf niet uitstaan en compenseren ze met zowel hun narcisme als hun egocentrisme een fundamenteel gebrek aan eigenliefde. Freud heeft opgemerkt dat de narcist zijn liefde van de ander afkeert en op de eigen persoon richt. Het eerste deel van die bewering klopt, het tweede is een onjuiste conclusie. Hij houdt noch van de ander noch van zichzelf.'
– Erich Fromm

De babyboomgeneratie is waarschijnlijk de eerste die heeft geleerd om diepgaand over haar eigen gevoelens te praten. Terwijl de eerdere oorlogsgeneratie dat nauwelijks kon, kunnen de generaties die in de jaren vijftig, zestig en zeventig geboren zijn, er haast niet meer mee ophouden.

Vergeleken met hun ouders en grootouders, die vaak vreselijke dingen als oorlog, vlucht en verbanning hadden meegemaakt, maar opgesloten zaten in emotionele zwijgzaamheid, is dat waarschijnlijk een voordeel. In staat zijn om je psychische behoeften te verwoorden is vaak nuttig om crises te boven te komen. Maar nu de babyboomers ouder worden en hun partnerrelaties op de testbank komen, maken hun neiging tot overgevoeligheid en hun egocentrisme het leven toch niet per se gemakkelijker.

In een in 2019 gepubliceerd onderzoek onder bijna zevenhonderdvijftig deelnemers van dertien tot zevenenzeventig jaar, wordt gesuggereerd dat de mensen die zijn geboren tussen 1950 en 1970 doorgaans te gevoelig zijn, en daarnaast koppig en erg overtuigd van zichzelf.[38] Over het algemeen gelden die kenmerken als symptomen van narcisme. In tegenstelling tot eerdere generaties is egocentrisme bij mensen van vijfenveertig tot vijfenzeventig jaar blijkbaar nogal uitgesproken. Waarschijnlijk hadden eerdere generaties dringender zaken aan hun hoofd, zoals oorlog, honger en verbanning; en ook de millennials, die vaak als volkomen apolitiek en niet-geëngageerd worden weggezet, zijn veel minder met zichzelf bezig.

Geheel in lijn met die constatering heeft sinds 2019 een korte typering van de babyboomers opgang gemaakt: '*Ok, boomer*'. Met die uitspraak drukken jongeren op spottende wijze uit dat ze van mening zijn dat vergrijsde ex-hippies vaak de neiging hebben om in zelfmedelijden te zwelgen, en dat ze hun adviezen vooral irritant vinden. Dat sommige leden van de Stones-generatie beledigd reageerden op die in eerste instantie via de sociale media verspreide meme, en zich respectloos behandeld voelden of zelfs een nieuwe vorm van leeftijdsdiscriminatie bespeurden, vormde eerder een bevestiging dan een weerlegging van de onderzoeksresultaten.

William Chopik, een van de twee auteurs van het artikel, stelt dat babyboomers regelmatig een 'hogere mate van hypergevoeligheid laten zien, en bovendien meer inbeelding hebben en eigenzinniger zijn' en 'anderen graag hun mening opdringen'.

De mars door de instituties, de maatschappelijke en seksuele bevrijding, de ontdekking van het gevoel: het heeft er wellicht op cruciale wijze toe bijgedragen dat babyboomers relatief veel met zichzelf bezig zijn en zich snel gekrenkt voelen wanneer het leven en de relatie niet zo lopen als ze zich hadden voorgesteld.

De ouderdom helpt, normaal gesproken

'Ik heb in een zeer betrouwbare bron gelezen dat de hersencellen die verantwoordelijk zijn voor zorgen en angst op latere leeftijd afsterven. Helaas sterven ook veel andere hersencellen af, maar goed. In elk geval leidt het verlies van de angstcellen ertoe dat je een veel rustiger leven leidt dan eerst (...). Ik denk dat dat met mij is gebeurd. Dat en het geheugenverlies, dat ik eerder al heb aanbevolen als manier om het leven aan te kunnen.'

– Leonard Cohen[39]

Jero is wat ouder, zevenenzestig al. Samen met Adriana, die bijna net zo oud is, heeft hij in de winter van 2019/2020 een Spaanse datingshow voor singles gewonnen. Het publiek koos hen beiden als het 'perfecte paar'. Geen van de andere stellen die elkaar in het tv-programma hadden gevonden, lieten hun prille verliefdheid zo overtuigend zien. Ze waren de onbetwiste winnaars van de publieksstemming.

Dat zou de moeite van het vermelden niet waard zijn als er niet iets bijzonders aan de hand was. Maar kort nadat Jero en Adriana de door de televisiezender aangeboden cruise hadden gewonnen, bleek dat ze elkaar niet pas in de tv-show hadden leren kennen. De twee waren al jarenlang getrouwd. Met elkaar.

Wat een mooi signaal: het kan dus, zelfs na een vrij lang huwelijk. Ook dan kunnen stellen een verliefde indruk maken, alsof ze elkaar nog maar pas hebben leren kennen en hun leven uit romantische hartstocht in plaats van alledaagse sleur bestaat. Hebben ze echt gesjoemeld? Natuurlijk gaven ze zich ten onrechte uit voor singles. Maar voor de camera fluisterde Jero tegen zijn Adriana: 'Ik voel me zo goed bij jou. Alsof we al jaren samen zijn.' Dat klonk heel overtuigend en was ook oprecht (en grappig, als je de achtergrond kent). Een buurvrouw bracht het bedrog aan het licht en verklikte de twee. Waarschijnlijk is zij al lang ongelukkig getrouwd.

Dit voorbeeld laat zien wat er ook na een lange relatie nog mogelijk is. De Stones-generatie is wat narcistischer, overgevoeliger en egocentrischer dan eerdere generaties, dat schijnt inmiddels wetenschappelijk te zijn aangetoond. Maar meestal worden expliciete eigenschappen in de loop der tijd minder nadrukkelijk. Dat is heel goed nieuws, want het stelt ouder wordende partnerrelaties mooie tijden in het vooruitzicht. Uit een onderzoek naar langgetrouwde stellen bleek dat negatieve gevoelens met het klimmen der jaren afnemen, terwijl positieve juist sterker worden.[40] Dat geldt in het algemeen, maar ook in de wederzijdse waarneming van de partners.

Voor hun studie vergeleken de onderzoekers twee groepen. De echtparen in de ene groep waren tussen de veertig en de vijftig jaar oud en al minstens vijftien jaar met elkaar getrouwd. De tweede groep bestond uit oudere stellen van tussen de zestig en de zeventig, die al op minstens vijfendertig gezamenlijke jaren konden terugkijken. De wetenschappers wilden weten hoe de mening over de eigen relatie in ruim dertien jaar was veranderd.

Hoe ouder de stellen werden, hoe minder strijdlustig de beide partners zich toonden. Ondanks een groot aantal nadrukkelijk aanwezige gebreken en eigenaardigheden, waren er al met al toch minder spanningen in de relatie, en minder angsten. Ook namen de klachten over de ander af. Bovendien trokken de partners zich niet zo vaak terug als er toch eens een conflict was.

Wat overheerste waren wederzijdse waardering en soms zelfs enthousiasme voor elkaar. Ook humor speelde op hogere leeftijd weer een grotere rol, waarbij het overigens in het midden bleef of het niet om een soort galgenhumor ging en beiden steeds weer moesten gniffelen omdat ze nu misschien tot het bittere eind tot elkaar veroordeeld waren.

Belangrijk om te onthouden is dat met het klimmen der jaren zowel mannen als vrouwen minder overgevoelig en minder egocentrisch worden, en in zijn algemeenheid uiteindelijk meer berusting vinden. Meestal zijn de kinderen volwassen en voor zichzelf verantwoordelijk. Ook in het werk zijn alle wissels allang omgezet, als je na je zeventigste tenminste niet zo ijdel bent om je te kandideren als president van Amerika. Persoonlijke tegenslagen en ervaring met nederlagen dragen er bovendien toe bij dat het narcisme doorgaans na het veertigste levensjaar al wat af begint te nemen.

De beste voorwaarden dus om gerijpt en kalm van je relatie te genieten en blij te zijn met wat je met en aan elkaar hebt. En toch zijn steeds meer oudere koppels ontevreden en onbevredigd, en liggen ze met zichzelf en hun partner overhoop.

Over het nut van oude liefde

'Ik geloof niet dat getrouwde mannen langer leven dan singles.
Ze ervaren het alleen maar zo.'
– Anoniem

Ook al geven veel kibbelende stellen het niet graag toe: een relatie doet beide partners goed. Zelfs als twee huwelijkspartners zich nog altijd over elkaar opwinden, geldt de regel: samen zijn is als balsem voor de gezondheid. Het huwelijk, of in elk geval de vaste relatie, zou gratis op recept moeten worden voorgeschreven; dat zou veel zorgkosten besparen en de levensverwachting in westerse landen in één klap met meerdere jaren verhogen.

Iedereen begrijpt dat het mentaal minder inspannend is om bij jezelf en bij elkaar te blijven dan te beginnen aan de achtbaanrit van scheiding, omgangsregelingen voor de kinderen, ruzie met de vriendenkring, twijfel op twijfel, tranen (wie krijgt de hond?) en een treurig nieuw begin in ongemeubileerde kamers. Maar er bestaan inmiddels ook verschillende onderzoeken die aantonen waarom en hoe het lichaam onder die golf aan emoties lijdt. De nieuwe angsten en onzekerheden over een ongewisse toekomst vergen veel van de zenuwen, terwijl de oude ruzies en conflicten met de nu nog partner meestal niet afgelopen zijn.

Dat kan een weerslag hebben op het hele organisme. Enerzijds neemt het acute lijden in de maanden rond een relatiebreuk toe. Maar zeker zo bedreigend zijn de chronische belasting en het verhoogde stressniveau als een langdurige relatie stukloopt en het eindeloos duurt om van elkaar los te komen. Die belasting werkt een permanente ontstekingsreactie in het lichaam in de hand, waardoor de bloedvaten worden aangevallen en alle organen risico lopen op beschadiging. Daar word je op den duur ziek van. Het tegendeel gebeurt in liefdesrelaties. Die houden je gezond.

Lange liefde houdt je gezond

'De liefde is een milde geestesziekte
die door het huwelijk vaak snel kan worden genezen.'
– Sacha Guitry

'In 1908 trouwde ik en daarna leefde ik heerlijk en gelukkig.'
– Winston Churchill

Eenzaam, gekwetst en ziekelijk bovendien, dat is beslist geen goede combinatie. Als je sociaal geïsoleerd bent, ervaar je ziekteverschijnselen namelijk heviger dan wanneer je mensen om je heen hebt. Hoewel je je ook binnen een relatie alleen kunt voelen, zal een gevoel van eenzaamheid niet zo snel opkomen als de relatie nog redelijk sterk is. Talloze onderzoeksresultaten wijzen inmiddels uit hoe belangrijk het is om je geborgen, onderdeel van een gemeenschap, en niet verloren te voelen.

Eenzaamheid heeft veel schaduwzijden. Wie het gevoel heeft geïsoleerd te zijn en buiten de gemeenschap te staan, lijdt niet alleen mentaal. Ook het lichamelijk welbevinden loopt aanzienlijke schade op. Psychologen aan Rice University hebben ontdekt dat zelfs een simpele verkoudheid dan veel erger lijkt.[41]

‘We wisten al langer dat iemand die zich eenzaam voelt meer kans loopt op diverse chronische ziekten en vroegtijdig overlijden,’ zegt Angie LeRoy, die bij het onderzoek betrokken was. ‘Maar we wilden ook graag weten welke uitwerking dat gevoel heeft op een aandoening die we allemaal kennen en waarvoor we allemaal bevattelijk zijn.’

Daarom deed het team van psycholoog Chris Fagundes een origineel onderzoek onder vrijwilligers: honderdnegenenvijftig volwassenen gaven aan hoeveel persoonlijke contacten en sociale interacties ze hadden. Daarnaast werd in uitvoerige evaluaties beschreven hoe eenzaam ze zich voelden. Het ging daarbij om hun subjectieve beleving, niet om het aantal daadwerkelijke contacten. Vervolgens werden de proefpersonen door middel van neusdruppels met verkoudheidsvirussen geïnfecteerd. Ten slotte gingen ze gedurende vijf dagen in quarantaine in een hotelkamer.

Na korte tijd ontwikkelde 75 procent van alle deelnemers inderdaad een verkoudheid. Wie vooraf op grond van de psychologische testresultaten als bijzonder eenzaam was aangemerkt, had meer last van symptomen als hoesten, snotteren en heesheid. Minder contacten en het gevoel geïsoleerd te zijn leidden ertoe dat de klachten als ernstiger werden ervaren. Maar de eenzame mensen raakten niet gemakkelijker besmet.

Het gevoel van eenzaamheid kwam ook voor bij de mensen die weliswaar verschillende kennissen hadden, maar toch niet echt het gevoel hadden dat ze geborgen waren en deel uitmaakten van een gemeenschap. Ook het aantal ‘vrienden’ en ‘volgers’ op sociale media zegt niets over de mate van eenzaamheid die mensen werkelijk ervaren. ‘We hebben gekeken naar de kwaliteit van de contacten, niet de kwantiteit. Ook in een bomvolle ruimte kun je je heel eenzaam voelen,’ zegt LeRoy. ‘Wat telt is de subjectieve waarneming.’

De psychologen willen dat artsen meer oog krijgen voor het

feit dat ook de psychische gesteldheid van patiënten altijd een rol speelt als ze naar de praktijk of het ziekenhuis komen. Dat geldt voor alle ziekten, niet alleen voor verkoudheid. En doorgaans voelen singles en gescheiden of verweduwde mensen zich vaker eenzaam. 'Daarom hebben we in ons onderzoek een doelbewuste acute stressprikkel opgenomen die betrekking heeft op een bepaalde gesteldheid, namelijk eenzaamheid,' zegt psycholoog Fagunes. En zelfs bij een onbeduidende kwaal als verkoudheid zijn opmerkelijke verschillen te constateren.

In eerdere onderzoeken hadden wetenschappers al aangetoond dat eenzame mensen ook sterker op pijnprikkels reageren. Hun pijngrens is door het ervaren isolement veranderd, ze zijn letterlijk kwetsbaarder, zodat ze de sociale uitsluiting haast fysiek voelen. 'Uitsluiting doet fysiek pijn,' zegt Naomi Eisenberger van de University of California in Los Angeles. Als iemand door anderen wordt afgewezen, worden zijn zenuwbanen ontvankelijker voor pijn; de wetenschapper spreekt dan ook van 'sociale pijn'.[42]

Andere onderzoeken leveren aanvullende aanwijzingen dat eenzaamheid de bevattelijkheid voor allerlei kwalen kan vergroten. Dat geldt voor hoesten, snotteren en heesheid, maar evenzeer voor aderverkalking, wat tot een vroegtijdig hartinfarct of een beroerte kan leiden. Zoals meer dan eens is aangetoond, neemt zelfs het weerstandsvermogen af als mensen zich in de steek gelaten voelen.[43]

Als vrouwen in hun relatie geen geborgenheid ervaren en zich onvoldoende begrepen voelen, lopen ze vaker een infectieziekte op, variërend van een onbeduidende verkoudheid tot bronchitis of zelfs een blaasontsteking. In dat laatste geval moeten ze veel vaker naar het toilet en verliezen ze steeds urine. Artsen met oog voor psychosomatiek vatten die symptomen op als een metafoor. De ziel huilt, zeggen ze over dat soort klachten.

Wat stress in het lichaam aanricht

'Het leven is kort. Niet zozeer vanwege de korte tijd die het duurt, maar omdat er van die korte tijd haast niets overblijft om van te genieten.'
– Jean-Jacques Rousseau

Stress is, ongeacht de oorzaak, vooral een zaak van de zenuwen, maar brengt wel het hele organisme schade toe. Artsen weten dat hartklachten vroeger optreden, bloedvaten sneller dichtslibben en de functie van vrijwel elk orgaan kan worden verstoord en aangetast als een mens langdurig onder hoogspanning staat. Hoe psychische belasting het lichaam precies schaadt, komen we daarentegen slechts stukje bij beetje te weten. Ik wil met een korte uitleg inzichtelijk maken waarom stress niet alleen vermoeiend is, maar met name negatieve stress ('distress') ook zo gevaarlijk is.

Artsen van Harvard hebben bijvoorbeeld aangetoond hoe chronische stress de hersenen beïnvloedt en vervolgens schade toebrengt aan hart en bloedvaten.[44] Daarvoor hadden ze bijna driehonderd volwassenen van middelbare leeftijd in hun onderzoek opgenomen. Deelnemers die veel last hadden van stress vertoonden een verhoogde zenuwactiviteit in een diep in de hersenen gelegen structuur die in vakjargon 'amygdala' heet, maar ook wel amandelkern wordt genoemd. Bovendien waren de aderen van die proefpersonen ernstiger verhard en lieten ze minder bloed door.

De amandelkern maakt deel uit van de emotionele hersenen. Daar worden gevoelens als angst, woede en ergernis verwerkt. Als een mens onder zware stress staat en zich overbelast voelt, worden vandaaruit signalen gestuurd naar het beenmerg en andere lichaamsgebieden, waar de afweerkrachten moeten worden gemobiliseerd. Dan wordt opdracht gegeven om meer witte bloedlichaampjes en ontstekingsstoffen aan te maken, zodat het lichaam zich tegen de diffuse bedreiging kan wapenen.

Op die manier worden in het lichaam chronische ontstekingen opgewekt zonder dat daarvoor een van buitenaf binnengedrongen ziektekiem of een algemene infectie zoals de griep nodig is. Dat proces, dat in vakjargon 'inflammatie' heet, dient eigenlijk als afweer tegen infectieziekten, maar vormt voor het lichaam een voortdurende en alomtegenwoordige agressiehaard. Elk orgaan, elk weefsel en met name elke bloedvatwand kan op die manier worden aangevallen en ontstoken raken. De vaatwand wordt dan stijver en dikker. Als gevolg daarvan wordt de ader nauwer en ontstaat er op middellange termijn risico op aandoeningen als angina pectoris, hartinfarct of beroerte.

Met scans van de hersenen en andere lichaamsgebieden hebben de onderzoekers van Harvard aangetoond dat de verhoogde zenuwactiviteit in de amandelkern gepaard ging met een verhoogde concentratie van substanties die ontstekingen in stand houden. De transmitters binnen het immuunsysteem noemen we cytokinen. In vervolgonderzoeken bleek dat de bloedvaten van de deelnemers ernstiger beschadigd waren en het risico op een infarct met circa 60 procent was toegenomen als de amandelkern voortdurend zijn zenuwsignalen afvuurde.

Zoals een arts zijn patiënten nu altijd vraagt naar typische risicofactoren voor het hart en de bloedsomloop, zou hij in de toekomst ook naar chronische belasting en andere stressfactoren moeten informeren, aldus de onderzoekers. Als de psychische belasting afneemt, voelen mensen zich uiteindelijk niet alleen beter, maar wordt ook hun gezondheid beschermd.

In eerdere onderzoeken hebben artsen uit Engeland al ruimschoots aangetoond dat psychische belasting en negatieve gevoelens de kans op een infarct en beroerte bijna even sterk verhogen als roken, en zelfs schadelijker zijn dan klassieke risico's als hoge bloeddruk, een verhoogd cholesterolgehalte en diabetes.

Daar is in de dagelijkse praktijk en in medische standaardprocedures nog lang niet voldoende aandacht voor, terwijl steeds meer mensen klagen over stress, hetzij door hoge werkdruk, arbeidsonzekerheid of problematische levensomstandigheden. En we mogen beslist niet onderschatten hoezeer ontevredenheid het dagelijks leven met een partner kan belasten, en hoe verwoestend een scheiding kan zijn.

Een huwelijk is goed voor het hart

'Terwijl men de geest steeds meer voedt en de hoofden verlicht, laat men het hart niet zelden verkillen.'

– Gottfried Keller

Ongeloof en twijfel horen bij het ritueel. Als een wetenschappelijk onderzoek de gezondheidsvoordelen van het huwelijk weer eens bevestigt, is de sceptische reactie altijd voorspelbaar: onmogelijk, dat gedwongen samenzijn kan nooit gezond zijn. De ruzies, de jarenlange oefening in ontgoocheling, het dagelijks gekibbel!

Toch is het voor lichaam en geest blijkbaar altijd nog beter om elkaar regelmatig aan te vliegen, in woede uit te barsten of het vertrouwen in elkaar te verliezen, dan niemand te hebben om uit te schelden en je over op te winden. Cardiologen uit Atlanta hebben aangetoond dat dat met name geldt voor hartpatiënten.[45] Geen wonder dat we juist het hart beschouwen als de zetel van de liefde, en kennelijk ook van de gebrouilleerde liefde.

De hartspecialisten onderzochten meer dan zesduizend patiënten die met een verdenking van sterk vernauwde coronaire bloedvaten naar het ziekenhuis kwamen en daar een dotterbehandeling moesten ondergaan. Vergeleken met de getrouwde mensen ging het de proefpersonen die gescheiden of verweduwd waren, niet meer bij elkaar woonden of nooit getrouwd waren geweest, in de navolgende jaren beduidend slechter.

Ten opzichte van de gehuwden liepen de ongehuwden 52 procent meer risico om aan een hartinfarct te overlijden. De kans voor weduwen en weduwnaars was 71 procent hoger; voor gescheiden mensen en eeuwige vrijgezellen was deze altijd nog 40 procent hoger. 'Ik was toch verrast hoe groot de invloed van een huwelijk op de hartgezondheid van de patiënten was,' zegt Arshed Quyyumi, die aan het onderzoek meewerkte. 'De sociale ondersteuning die je in het huwelijk ervaart, en verschillende andere voordelen van een relatie, zijn voor mensen met hartaandoeningen erg belangrijk.'

In talloze onderzoeken zijn diverse gezondheidsvoordelen van het huwelijk naar voren gebracht. De regel is: wie getrouwd is, leeft langer. Bovendien worden door het voortdurend samenzijn het immuunsysteem versterkt, stress beter verwerkt en pijngevoelens verminderd. Simpele verkoudheden, maar ook blaasontstekingen en ernstigere aandoeningen zoals zweren in de twaalfvingerige darm, komen bij echtparen ook wat minder voor.

En als er toch sprake is van ziekte, is het verloop meestal milder en kost het niet zo veel tijd om te genezen. Cardiologen hebben jaren geleden al aangetoond dat bypass-bloedvaten van getrouwde patiënten niet zo snel weer dichtslibben als in de controlegroep van mensen zonder partner. Mensen die getrouwd zijn hebben dus niet zo vaak een tweede operatie nodig.

Maar artsen benadrukken ook keer op keer dat het niet alleen aan de intimiteit en sociale verbondenheid ligt dat echtparen gezonder zijn en langer leven. Getrouwde mensen zorgen kennelijk ook beter voor zichzelf en zoeken bij klachten eerder een arts op, of worden door hun partner overgehaald om eindelijk eens naar de dokter te gaan. Dat verbetert de prognose en ook de levensverwachting. En de groep echtparen die de relatie zodanig verziekt dat het tot een lagere levensverwachting leidt, is waarschijnlijk zo klein dat ze statistisch gezien geen gewicht in de schaal legt.

Samen eten

'Doe iets goeds voor je lichaam,
zodat de ziel blij is erin te wonen.'
– Winston Churchill

Maaltijden met het gezin zijn geen pretje. En toch beweren veel wetenschappers dat het voor alle gezinsleden beter is om samen te eten. Blijkbaar wordt op die manier het meevoelende samenleven geoefend, verandert het eten van louter voedingsopname in genot, en gedraagt iedereen zich vriendelijker.

Wie samen met anderen eet, zo luidt het credo van het wetenschappelijk onderzoek, voorkomt bovendien overgewicht en andere eetstoornissen, oefent zich in sociaal gedrag, en wordt dus simpelweg verdraagzamer en gezonder. Maar je vraagt je af of dat echt kan kloppen als je bekend bent met de dagelijkse stress aan tafel in veel gezinnen, of die zelfs moet meemaken. De dochter is chagrijnig, de zoon hangt in zijn stoel, speelt met zijn mobiel en wil elke dag alleen maar pasta eten. De vader luistert allang niet meer en de moeder wordt stilletjes wanhopig.

Toch heeft iedereen baat bij gezamenlijke maaltijden, al is het gezin nog zo ontwricht, aldus wetenschappers uit Canada en van Harvard.[46] Ook onder moeilijke omstandigheden kun je positieve effecten vaststellen van gezamenlijke maaltijden. Dat geldt in elk geval in sociaal en psychologisch opzicht, maar ook wat het eten zelf betreft. Het is gevarieerder en er komt meer groente en fruit op tafel, zoals verschillende onderzoeken hebben uitgewezen. Daarbij drinken jongeren en jongvolwassenen minder gezoete frisdranken en eten ze niet zo vaak fastfood. Zodoende hebben de gezinsleden minder vaak last van overgewicht.

'Samen aan tafel gaan heeft iets magisch,' zegt Kathryn Walton van Harvard, die aan het onderzoek heeft meegewerkt. 'Om te beginnen komt iedereen naar beneden en vergeet zijn dagelijkse beslommeringen; je kunt praten en problemen oplossen, en ondertussen brengen de ouders hun kroost goed eetgedrag bij.' Jess Haines van de University of Guelph vult aan dat dat helemaal niet duur hoeft te zijn. 'Om te profiteren van de vele voordelen van samen eten hoef je echt geen feestmaal te bereiden,' zegt de voedingswetenschapper. 'Zelfs als je alleen diepvrieseten ontdooit en er een salade bij maakt, heb je al een enigszins voedzame maaltijd.'

In het gezondheidsonderzoek rijst vaak de vraag of algemene wijsheden ook gelden als de omstandigheden lastig zijn. Hoewel uit verschillende onderzoeken blijkt dat het huwelijk gezonder is dan het vrijgezellenbestaan, vragen veel gefrustreerde echtparen zich toch af of dat ook werkelijk op hen van toepassing is, omdat hun troosteloze samenleven beheerst wordt door misverstanden en conflicten. Maar samenwonen met anderen is kennelijk van onschatbare waarde. Het is vrijwel onmogelijk dat stellen en gezinnen zo beroerd met elkaar omgaan dat het afbreuk doet aan alle positieve aspecten van samen leven (en samen eten).

Het eten met kinderen mag dan lastig zijn, vooral tijdens de puberteit, maar als ze eenmaal ouder zijn bewijzen gezamenlijke maaltijden toch opnieuw hun nut.

De prijs van de relatiebreuk

'Als mensen ons verlaten of kwetsen, spreiden de hemel,
de aarde en de kleine bloeiende boom
nog altijd hun armen en nemen de gewonde op.'
– Jean Paul

Wie definitief afscheid neemt van zijn partner en de relatie beëindigt, betaalt daarvoor een ongelooflijk hoge prijs. Het gaat niet alleen om financieel nadeel, of om de emotionele schade voor de kinderen en de beste vrienden van het koppel, die meestal voor een van beide partijen moeten kiezen of in een zwaar loyaliteitsconflict terechtkomen. Nee, scheidingen en relatiebreuken hebben ernstige bijwerkingen voor de gezondheid, en hun ontwrichtende kracht benadert die van een sterfgeval in de naaste familie.

Juist voor oudere mensen is het na een scheiding niet gemakkelijk om weer een sociale omgeving te vinden waarin ze zich veilig en geborgen voelen. Eenzaamheid en isolement liggen op de loer. De lijst van mogelijke gezondheidsnadelen is lang en gaat van een verhoogd risico op een hartinfarct, een beroerte en diabetes naar dementie en slechte cholesterolwaarden. Bovendien hebben eenzame mensen de neiging om meer te roken en vaker alcohol te drinken. Ook doen ze minder aan sport.

Veel wetenschappers noemen eenzaamheid zelfs een 'ramp' voor de gezondheid. Dat vermoeden bestond allang, ook voordat het in medische onderzoeken werd aangetoond; geen wonder dat eenzame opsluiting of isolement in gevangenissen wereldwijd als een zeer zware straf of zelfs martelmethode wordt beschouwd; gevangenen die helemaal op zichzelf zijn aangewezen lopen gevaar het verstand te verliezen en gaan in korte tijd lichamelijk hard achteruit. Veel alleenstaande mensen wacht eenzelfde lot als ze sociaal geïsoleerd zijn.

Een van de eerste aanwijzingen voor dat verband hebben onderzoekers al in 1979 gepubliceerd. In het Californische Alameda onderzochten ze de persoonlijke contacten en sociale netwerken van bijna zevenduizend vrijwilligers, die ze ruim negen jaar observeerden.[47] Wie in de regio nauwelijks vrienden had, geen partner, en evenmin deel uitmaakte van de gemeenschap, liep duidelijk een verhoogd risico op vroegtijdig overlijden.

Bij mannen was die kans 2,3 keer zo groot, bij vrouwen zelfs 2,8 keer. Kennelijk was het voor hen nog schadelijker om geen steun te ondervinden van nauwe contacten met anderen. Nog een verrassende uitkomst was dat die risico's losstonden van de vraag of iemand rookte of dronk, zichzelf ongezond vond, te zwaar was of nauwelijks aan lichaamsbeweging deed. De gevaren van het gebrek aan contacten waren dus minstens even groot als de gevolgen van dergelijke ongezonde gewoonten die iedereen probeert te vermijden. Sindsdien zijn met het onderzoek talrijke bewijzen verzameld die aantonen hoe schadelijk het is om geen mensen om je heen te hebben, en geïsoleerd en buitengesloten te zijn.

In 2010 werden in een grote metastudie de tot dan toe verzamelde data van meer dan driehonderdduizend volwassenen samengevoegd. Een team onder leiding van psycholoog Julianne Holt-Lunstad beschreef het verband heel concreet: hoe eenzamer iemand is, des te groter het gevaar voor de gezondheid.[48]

Zodoende kan eenzaamheid even schadelijk zijn voor het welbevinden als het roken van vijftien sigaretten per dag. De doorslaggevende malus van de eenzaamheid bestaat er kennelijk in dat het individu zich buitengesloten voelt van een grote groep of gemeenschap: alle anderen zijn samen, alleen hij hoort er niet bij. Zoals een kind moet huilen omdat het niet mee mag spelen.

Het is boeiend om te kijken welke kennis over gedwongen eenzaamheid de wetenschap op enig moment zal opdoen uit de coronapandemie van 2020/2021. Misschien zijn de gevolgen op lange termijn helemaal niet zo erg als je zou vrezen. In deze periode van maatschappelijke, sociale en economische stilstand ging het tenslotte niet om de opzettelijke uitsluiting van individuele mensen. Hele landen, continenten zelfs, waren ertoe veroordeeld om meerdere weken in isolatie of in elk geval binnen de familiekring door te brengen. Omdat iedereen een tijdlang zo veel mogelijk op zichzelf moest zijn, kan zich zelfs een groepsgevoel tegenover het collectieve lot hebben ontwikkeld.

Maar niet alleen het gevoel dat je alleen of samen met een heleboel andere geïsoleerde mensen eenzaam bent, is bepalend voor het negatieve effect van uitsluiting. Het gaat ook om de beleving van de contacten die na een relatiebreuk of ander afscheid zijn overgebleven. Iedereen kent immers de situatie dat je je ook in gezelschap eenzaam en alleen voelt. Aan de andere kant kunnen vrienden die ver weg wonen en maar weinig bellen of op bezoek komen, je toch het gevoel geven dat je bij hen altijd geborgenheid en een luisterend oor vindt.

Verlaten en verkouden

Het eerder beschreven experiment waarvoor vrijwilligers in hotelkamers met een verkoudheidsvirus werden geïnfecteerd, behoort tot de mooiste en origineelste onderzoeken in de geschiedenis van de geneeskunde. Voor het onderzoek waren 334 vrijwilligers geworven, die zich misschien niet door maar wel voor de wetenschap lieten besmetten, en dat alleen voor gratis kost en inwoning.[49] Uit de evaluatie bleek dat vriendschappen en contacten bescherming bieden tegen verkoudheden. Bij de deelnemers die nauwelijks sociale contacten hadden, verspreidde de griepinfectie zich veel sneller en traden ernstigere symptomen op.

Een vergelijkbare studie toonde enkele jaren later aan dat het niet zozeer aankomt op het werkelijk aantal contacten, vrienden en sociale betrekkingen, maar op de subjectieve beleving dat je eenzaam en verlaten bent. De mensen die dat gevoel hadden, klaagden ook meer over allerlei ongemakken en gezondheidsbeperkingen in samenhang met eenzaamheid.[50] Een ander onderzoek wees uit dat mensen die zich eenzaam en verlaten voelen, bij belasting eerder lichaamseigen ontstekingen ontwikkelen en in stand houden.[51]

Dergelijke ontstekingsprocessen worden door zowel leken als medici nog altijd onderschat, terwijl ze toch behoren tot de belangrijkste oorzaken van een scala aan ziekten en orgaanbeschadigingen. Veel cellen en transmitters van het immuunsysteem, zoals TNF-alfa of Interleukine-6, zijn bij mensen die zich eenzaam voelen hoog afgesteld en wakkeren chronische ontstekingen aan zonder dat een verwekker van buitenaf of andere indringer moet worden bestreden.

Als de belasting blijft bestaan, gaan de voortdurende ontstekingsprikkels nooit meer weg. Dat mechanisme geldt als een belangrijke oorzaak van atherosclerose, de verkalking en toenemende vernauwing van de bloedvaten. Bovendien zijn chronische ontstekingen schadelijk voor veel andere inwendige organen en tasten ze gezond weefsel aan.

Wat dat betreft zou het op puur egoïstische gronden (namelijk om gezondheidsredenen) al gunstig zijn om niet bij de eerste de beste gelegenheid uit elkaar te gaan, maar zo lang mogelijk samen te blijven. Het nut voor hart, hersenen, lever en nieren is enorm groot, reden waarom allang is aangetoond dat mensen die met een partner samenleven een aanzienlijk hogere levensverwachting hebben dan singles.

Dat geldt zelfs als dat samenleven niet wordt gekenmerkt door liefdevolle zorg en harmonie, maar door ruzies en ergernissen. Vermoedelijk komt daar het beeld vandaan van het kibbelende stel dat niet met elkaar, maar zeker ook niet zonder elkaar kan: als je de ander tijdens een ruzie uitscheldt, stuur je hem niet uitsluitend hatelijke boodschappen. Ook de felste kemphaan heeft immers een tegenstander op wie hij het gemunt heeft en die hij keer op keer het signaal geeft: je bent niet alleen, ik heb je nodig, al is het alleen maar om je steeds weer uit te schelden.

De lange liefde en haar vijanden

Toxische twijfel in een relatie

In een relatie zou eigenlijk niets taboe moeten zijn. We beschouwen het als een grote verworvenheid om over alles te kunnen praten en ook over pijnlijke onderwerpen van gedachten te kunnen wisselen. Incidentele twijfels zijn normaal, maar er zijn een paar vragen die je beter niet voortdurend kunt stellen. Niet aan jezelf, niet aan de ander, en ook niet aan de relatie. Als je ze toch niet kunt onderdrukken, duidt dat op een zekere mate van achteruitgang. Daarom vermeld ik hier de lastigste vragen en twijfels, bij wijze van alarmsignalen. Als deze vragen steeds opnieuw opduiken, is het tijd om tot actie over te gaan, hoe eerder hoe beter. Anders wordt het niets met de lange liefde.

Taboevraag: Hou ik eigenlijk nog wel van deze man of vrouw?

'Hou ik nog van hem? Als je je dat afvraagt,
twijfel je waarschijnlijk al langer aan de relatie.
Met onze test kom je erachter...'
– GoFeminin, online-portal voor vrouwen

Een heel gevoelig onderwerp. Zodra deze gedachte met een bepaalde indringendheid opkomt, moeten onmiddellijk alle alarmbellen afgaan. Groot gevaar! Want de liefde (en dat heeft ze gemeen met geluk of gezondheid) speelt zich af in een toestand van zelfvergetelheid, zonder dat ze steeds doorgelicht, betwijfeld of afgewogen moet worden.

De filosoof Hans-Georg Gadamer heeft dat prachtig beschreven. Op het moment dat je twijfelt en je afvraagt of je eigenlijk nog wel van de ander houdt, doe je dat al heel even niet meer en ben je de liefde al een beetje uit het oog verloren.

De liefde is poreus geworden, ze wordt in twijfel getrokken, bekritiseerd, doorgelicht en afgewogen. Maar liefde laat zich niet opeisen en is al evenmin door hard werken te bereiken, ze is er gewoon, en dat moet je zo houden. Als berekening steeds opnieuw het denken over de relatie bepaalt, zijn overgave en onbaatzuchtige toewijding in gevaar.

Taboevraag: Zou iemand anders geen betere partner zijn geweest?

'Heb je een donkere dunne,
dan verlang je naar een grote dikke...'
– Kurt Tucholsky

Als je gaat vergelijken, heb je al verloren. Natuurlijk zijn er altijd mensen die verrukkelijker, indrukwekkender of alleen maar innemender zijn dan je partner. Soms gaat het alleen om uiterlijk. En natuurlijk voel je je altijd juist aangetrokken tot dat wat je zelf niet hebt en je eigen partner simpelweg niet kan bieden.

De middeleeuwse parabel van de ezel van Buridan geeft een treffende beschrijving van de kwelling van het kiezen, en laat zien dat het niet goed afloopt als je te lang aarzelt tussen twee mogelijkheden. Het verhaal gaat over een kieskeurige ezel die precies midden tussen twee hooibalen staat. Ze zijn niet alleen even groot maar zien er ook even lekker uit, voor een ezel tenminste.

De ezel weegt eerst zorgvuldig de voordelen van de ene hooibaal af en daarna die van de andere. Dat duurt en duurt, hij kan maar niet beslissen. Telkens weer aarzelt hij tussen de twee aantrekkelijke opties. Op het laatst weet de ezel nog steeds niet tot welke hooibaal hij zich het meest aangetrokken voelt en verhongert op jammerlijke wijze.

Als je aan het begin al vol twijfels zit omdat er nog minstens een miljoen andere mannen of vrouwen zijn, zul je een relatie waarschijnlijk niet lang volhouden en evenmin de perfecte man of vrouw vinden. Naarmate de eigenaardigheden van de partner steeds meer in gebreken veranderen en een groeiend conflictpotentieel vormen, doet de kwestie van een mogelijke andere geliefde zich vaker voor. De kersen in de tuin van de buren zijn altijd zoeter, sappiger en steviger. En wat je kent wordt al snel gewoon.

Als je gaat vergelijken, kan de eigen partner alleen maar slechter uitvallen omdat je zijn zwakke punten en eigenaardigheden beter en langer kent dan die van wie ook. Daarom moet je daar simpelweg niet aan beginnen. Dergelijke vergelijkingen gaan altijd mank en zijn bovendien behoorlijk gemeen tegenover je partner. Van jouzelf vragen ze vooral een heleboel energie. En uiteindelijk dreig je toch alleen maar emotioneel te verhongeren.

Taboevraag: Heb ik niet veel gemist?

'Vrouwen willen meer nog dan mannen het onderste uit de kan, de perfecte partner.'

– Arne Kahlke, voormalige baas van de datingplatforms Parship en Elitepartner

De veronderstelling 'dat was met een andere partner niet gebeurd!' is de zekerste weg naar ellende. Veel mensen beginnen tussen hun veertigste en zestigste te tobben en proberen een soort tussenbalans op te maken. Als je toevallig toch al in een slechte bui bent en het gevoel hebt dat je zowel lichamelijk als in je werk over je hoogtepunt heen bent, kun je gemakkelijk tot een fatalistisch eindoordeel komen: het was allemaal niks, ik heb een hoop gemist, en nu is er niets meer aan te veranderen.

Meestal hebben dergelijke twijfels niets met de partner en zijn eventuele fouten of tekortkomingen te maken. Het gaat veel meer om jezelf, om het gevoel dat je op meerdere vlakken tegelijk de verkeerde beslissing hebt genomen en er nu niets meer aan kunt doen. Dat andere potentiële partners in zo'n situatie aantrekkelijker lijken is begrijpelijk: je ziet alleen hun vriendelijke glimlach, hun geweldige figuur, hun beste kant. De problemen die je ook met hen al snel zou hebben, laten ze niet zien.

Taboevraag: Is dit eigenlijk wel de juiste?

'Ons zoeken kan geen einde vinden.
Ons doel bevindt zich in de andere wereld.'
– Michel de Montaigne

To-dolijstjes zijn in, kosten-batenanalyses ook. Toch zou je ze voor de liefde niet moeten gebruiken. Aan de andere kant spelen diverse afwegingen natuurlijk wel degelijk een rol voor een relatie. Mensen stellen zichzelf, meestal onbewust, ten minste twee vragen als het om hun huidige of mogelijk toekomstige relatie gaat: a) welke voordelen kan ik van de relatie verwachten en b) wat zou een andere relatie mij opleveren?

Wetenschap is zelden romantisch, helaas. Hoewel die twee vragen niet naar hevige verliefdheid klinken, hebben ze toch een lange evolutionaire traditie. Tenslotte gaat het bij de partnerkeuze niet alleen om de acute erotische aantrekkingskracht, maar ook om de vraag of je iemand zoekt met wie je kinderen zou willen krijgen, verzorgen en grootbrengen. Dat is wat anders dan de economische kijk op een relatie waarbij je je gevoelswereld wilt optimaliseren en de liefde als één lange zelfbelevingstrip opvat.

De mens is in dit opzicht een merkwaardige uitzondering, want hij zou zijn biologische, instinctieve voorkeuren graag negeren en zijn partnerkeuze liever romantisch verantwoorden in plaats van haar volledig over te laten aan de biologische gesteldheid of aan vervelende afwegingen van voor- en nadelen.[52] Maar in wezen draait het bij de partnerkeuze blijkbaar om drie fundamentele zaken:[53] a) hoeveel intimiteit, hartelijkheid en vertrouwen kan ik van een partner verwachten?, b) is de potentiële partner aantrekkelijk, vitaal, gezond en fit? c) welke status en welke economische middelen heeft de partner te bieden?

Afhankelijk van de genoemde factoren doen zich minstens drie verschillende paarconstructies voor:

A. Als iemand vooral waarde hecht aan intimiteit, vriendelijkheid en knusse huiselijkheid heeft hij meer kans om een coöperatieve en begripvolle partner te vinden die zijn rol als ouder waarschijnlijk met toewijding zal vervullen zodra er kinderen zijn. Ook in andere opzichten kun je op zulke partners bouwen.

B. Vindt iemand met name aantrekkelijkheid, vitaliteit en gezondheid belangrijk, dan betekent dat meestal dat hij wordt aangetrokken tot een partner die aanzienlijk jonger, vitaal en vruchtbaar is. Deze prioriteiten vind je het vaakst bij mannen die op zoek zijn naar een vrouw. De voorkeur voor ronde vormen en een symmetrisch, blozend gezicht schrijven we meestal toe aan de evolutionaire erfenis, omdat die eigenschappen niet alleen gezondheid, maar ook vruchtbaarheid in het vooruitzicht stellen.

C. Ligt de nadruk op status en welvaart, dan is de verwachting dat met de keuze van de juiste partner ook klassengrenzen kunnen worden overschreden en een beter maatschappelijk niveau kan worden bereikt. Dat patroon heeft van oudsher vaker de voorkeur van vrouwen dan mannen. Hoewel ze het niet graag toegeven, is deze voorkeur ook doorslaggevend voor sommige vrouwen die zichzelf modern vinden. Dat geldt tot op de dag van vandaag, en is voor veel landen aangetoond.[54]

De genoemde voorkeuren stemmen niet overeen met overwonnen sekse-clichés maar duiken al decennialang steeds weer op in onderzoeken, die de werking ervan bevestigen. Hoewel achter die keuzecriteria meestal geen bewuste berekening schuilgaat, hebben dergelijke voorkeuren en patronen toch een ongelooflijk grote invloed op onze partnerkeuze.[55]

In de praktijk betekent dat ook dat je voor jezelf helder moet zien te krijgen wat je in eerste instantie in een partner hebt gezocht. Als je vooral viel op de charmante branieschopper, dan is het geen verrassing dat je in het dagelijks leven met de kinderen niet veel hulp van hem krijgt. En het type 'sympathieke kerel', altijd behulpzaam en vol begrip, is misschien niet de wilde, exotische verleider bij wie je ook na jaren nog slappe knieën krijgt.

Taboevraag: Wie doet het meest?

'Vergelijken betekent het einde van het geluk en het begin van de ontevredenheid.'
– Søren Kierkegaard

Afrekenen is gevaarlijk. In de liefde kom je eigenlijk alleen op het idee als je je al langere tijd ernstig benadeeld voelt. Aan het begin van een relatie denk je er niet over na. Maar mettertijd zijn er, als je toch bezig bent, opeens genoeg redenen te vinden om je onrechtvaardig behandeld te voelen.

De aanleidingen zijn divers. Tot de klassiekers behoren het huishouden of de boodschappen. Wie kookt hoe vaak, wie maakt niet alleen het boodschappenlijstje maar ook de vakantieplanning, en wie zorgt voor de kleding van de kinderen? Wie houdt het huis op orde, doet kleine klussen, denkt eraan dat de winterbanden moeten worden opgehaald? En hoe zit het met de belastingaangifte?

Verbazingwekkend veel stellen die zichzelf modern noemen, vervallen in het traditionele rollenpatroon als het om kinderen en huishouden gaat. Zolang er nog geen kinderen zijn, willen ze alles verdelen en eerlijk beslissen wie wat doet. Dat weten ze zeker, dat beloven ze elkaar soms zelfs plechtig. Maar dan komt het kroost en wordt alles opeens anders. Haar valt het onverhoopt toch behoorlijk zwaar om weer aan het werk te gaan nu de kinderen nog zo klein zijn. En hij krijgt het gewoon niet voor elkaar om tegen zijn baas te zeggen dat hij minder uren wil en behoefte heeft aan een paar dagen thuiswerken. In plaats daarvan blijft hij steeds vaker lang op kantoor. En dan is de rolverdeling duidelijk: precies zoals bij vader en moeder.

Behalve het klassieke rollenpatroon bestaat binnen veel relaties ook een impliciete ruilhandel. Verborgen deals, zou je kunnen zeggen. Soms vraag je je immers af hoe die lieftallige vrouw ooit voor die rotzak heeft kunnen kiezen, of hoe de charmante knapperd zich met dat vervelende kreng kon inlaten.

Hoewel de redenen en achtergronden van dergelijke verschillen ook voor de betreffende koppels vaak niet helemaal helder zijn, is er toch een solide evenwicht ontstaan. Want de man die overkomt als een rotzak is misschien graag bereid tot compromissen en vindt in geval van een conflict altijd passende oplossingen, of het vervelende kreng is wat je vroeger 'patent' noemde, zodat beiden weten wat ze aan elkaar hebben en de grote verschillen op de koop toe nemen.

Gevaren voor de lange liefde

Wie is de verzorger en wie de kostwinner?

'Afgezien van zijn functie als kostwinner
hecht de vrouw geen waarde aan de man.'
– Esther Vilar

Dat twee mensen als koppel samenleven wil helemaal niet zeggen dat ze al hun tijd samen doorbrengen. De uitdrukking 'voortdurend op elkaars lip zitten' geeft duidelijk aan hoe benauwend permanente nabijheid kan zijn. Dat gaat in het begin een tijdje goed, maar daarna dreigt zelfs de vurigste liefde te bekoelen.

De resultaten van een grote analyse van Harvard-socioloog Alexandra Killewald sluiten mooi aan bij deze constatering. Ze heeft onderzoek gedaan onder meer dan 6300 stellen en naar oorzaken voor een latere scheiding gezocht. Het risico op een relatiebreuk neemt volgens dat onderzoek wezenlijk toe als de man geen volledige baan heeft en voortdurend thuis rondhangt.[56]

Of de vrouw een betaalde baan heeft, is daarentegen niet zo belangrijk voor de prognose van de relatie, evenmin als de hoogte van het gezamenlijk inkomen. 'Terwijl vrouwen niet de klassieke rol van huisvrouw op zich hoeven te nemen om een stabiele relatie te hebben, neemt het scheidingsrisico voor mannen toe als ze niet voldoen aan het stereotype van de kostwinner met een fulltimebaan,' zegt Killewald.

De socioloog heeft jongere stellen vergeleken met koppels die al voor 1975 waren getrouwd. Voor de jongere stellen vormden financiële aspecten geen doorslaggevende reden voor een scheiding. Het ging veel meer om de verdeling van de huishoudelijke taken en het verwachtingspatroon betreffende werk, vooral ten aanzien van de man, van wie nog altijd wordt verwacht dat hij voor het geld zorgt. Vrouwen nemen ook tegenwoordig nog 70 procent van de huishoudelijke taken voor hun rekening, maar willen wel dat hun man ook een bijdrage levert.

De oudere onderzoeksgroep, de mensen die voor 1975 waren getrouwd, liet een ander beeld zien. Daar nam het risico op een scheiding toe naarmate de vrouw minder voldeed aan het stereotype van de huisvrouw. Hoe meer huishoudelijke taken de vrouw voor haar rekening nam, hoe kleiner de kans op een scheiding.

Dat het scheidingspercentage in de tweede helft van de twintigste eeuw aanmerkelijk is gestegen, schrijven veel mensen toe aan het feit dat sinds de jaren zestig en zeventig steeds meer vrouwen betaald werk wilden doen. Zodoende hoefden ze vanwege hun eigen financiële reserves niet meer bij hun partner te blijven als de relatie verslechterd was. Maar dat klopt blijkbaar niet.

'Veel mensen denken dat de toename van het aantal werkende vrouwen de basis van het huwelijk heeft aangetast,' zegt Killewald. 'Maar dat blijkt helemaal niet uit onze bevindingen.' Nog een onjuiste conclusie: in de gezinspolitiek gaat het bijna altijd om vrouwen, om deeltijd- en ouderschapsmodellen en de mogelijkheid om werk en gezin te combineren. 'Terwijl traditionele seksedenkbeelden ook invloed hebben op het leven van mannen.' De rol van de vrouw als echte huismus mag dan versleten zijn, die van de man als kostwinner is actueler dan ooit.

De meedogenloze blik

'Wat doet u,' vroeg men meneer K., 'als u van iemand houdt?'
'Ik maak een ontwerp van hem,' zei meneer K.,
'en zorg ervoor dat hij erop gaat lijken.'
'Wie? Het ontwerp?'
'Nee,' zei meneer K., 'die iemand.'
– Bertolt Brecht, Vertellingen over meneer K.

'Wij gaan nietsontziend met elkaar om,' zeggen Christian en Sabine tegen en over elkaar. Hoewel ze naar elkaar glimlachen terwijl ze zich verheugen over die geslaagde analyse van hun relatie, ziet het er toch een beetje uit alsof ze naar elkaar loeren. Ze zijn allebei negenenvijftig jaar oud en al bijna dertig jaar getrouwd. In eerste instantie klinkt hun uitspraak heel eerlijk, lekker duidelijk en oprecht. Het is immers prima als partners alles tegen elkaar kunnen zeggen en hun huwelijk geen taboes kent.

Anderzijds zou hun oordeel over hun onderlinge omgang ook een teken van toenemende verruwing kunnen zijn. Ze hebben zich aan elkaar gescherpt in een jarenlange loopgravenoorlog en kennelijk is het niet eens meer de moeite waard om de ander in het dagelijks leven vriendelijk te bejegenen en zijn gevoelens te ontzien. Dat zou kunnen betekenen dat in deze relatie de grote liefdeloosheid de overhand heeft gekregen. Het wil in ieder geval zeggen dat het lastig is geworden om aardig tegen elkaar te zijn of de ander een plezier te doen. Dit stel komt blijkbaar niet meer op het idee om in de fouten en grillen van de ander een originele en zelfs sympathieke eigenheid te zien.

Er zit veel tussen nietsontziend en vergoelijkend. Na een paar jaar is het volslagen normaal dat je elke middelmatige ervaring met de ander niet meer vergoelijkt en hem of haar niet uitsluitend ziet als droompartner en door een roze bril.

Nietsontziend de zwakke kanten en nederlagen van de ander opdelven en daar misschien zelfs plezier aan beleven, is het andere uiterste en vooral denigrerend. Er bestaat een tussenweg, en het is belangrijk dat je die weet te vinden.

Welke kant de relatie op gaat, is afhankelijk van de kijk op elkaar. Is die welwillend, vol begrip en liefdevolle zorg? Of vooral destructief en kwetsend, waarbij elke tekortkoming van de partner als bewijs wordt aangehaald dat hij helaas toch niet de juiste is, maar dat het moment om af te haken allang gepasseerd is?

Oké, als zij elke avond voor het slapengaan met een klik haar nieuwe bitje tegen tandenknarsen in doet, of hij in de slaapkamer met volle overgave de dikke eeltlaag van de bal van zijn voet raspt, is het niet eenvoudig om in wilde hartstocht te ontbranden en alleen het positieve te blijven zien. Het tonen van wederzijds respect hoort net zozeer bij een geslaagd huwelijk als je inspannen om de fijne kanten van de ander te zien.

In zijn roman *De correcties* uit 2001 beschrijft de Amerikaanse auteur Jonathan Franzen op een fantastische manier hoe vreselijk het kan zijn om geleidelijk aan afscheid te moeten nemen van steeds meer illusies en idealen. Dat geldt voor dromen over het werk, die begraven moeten worden, en voor dromen over de partner. Tegelijkertijd toont Franzen aan de hand van de fictieve familie Lamber dat een minder strenge kijk op de ander kan helpen om het eigen leven en uiteraard ook de relatie positiever te beoordelen.

Dat wordt bijzonder mooi en met subtiele ironie beschreven als de patriarch van de familie tijdens een cruise overboord slaat, zijn echtgenote de val toevallig ziet gebeuren omdat zij een paar etages lager juist uit het raam van de hut kijkt, en zich erover verbaast dat die oude, zware man toch nog zo elegant kan vallen.

Ofschoon de verbluffend elegante val als een positieve eigenschap van de man wordt geregistreerd, is de diepere betekenis van de scène natuurlijk wel boosaardig. Maar toch geeft Franzen hier goed weer hoe de meedogenloze blik eerst in een genadige en dan mogelijk zelfs in een liefdevolle kan veranderen.

Relatietherapeut David Wilchfort beveelt in zijn korte tutorials een oefening aan die nog korter duurt dan het dagelijkse tandenpoetsen. Je hoeft maar één keer heel even, ongeveer een minuut, terug te denken aan een positief moment uit de afgelopen vierentwintig uur met je partner. Niet aan de ergernissen, de ruzie of het agressieve zwijgen, wat in die periode misschien ook allemaal is voorgevallen, maar uitsluitend aan een positief ogenblik. Zestig seconden zijn daarvoor waarschijnlijk voldoende, maar langer is natuurlijk niet verboden. Zelfs als je die aanbeveling maar een week of een maand ter harte neemt, merk je al wat een schat de ander voor je is.

Zonden in de relatie

'Zolang je zelf aan het woord bent, kom je niets te weten.'
– Marie von Ebner-Eschenbach

De Amerikaanse psycholoog John Gottman heeft vier of vijf zonden beschreven die op den duur een huwelijk of relatie vrijwel zeker ondermijnen en uiteindelijk verwoesten. Hij noemt ze de 'ruiters van de Apocalyps'; ik kom hier later uitgebreid op terug. De vorm varieert, maar als het proces eenmaal op gang is gekomen en zijn eigen dynamiek heeft ontwikkeld, lijkt het onvermijdelijk dat het stel op enig moment uit elkaar gaat.

Ook binnen de diverse fasen zijn er verschillende gradaties: zo kan de *kritiek*, de eerste ruiter, via aanvankelijke beschuldigingen en verwijten op een gegeven moment een hoogtepunt bereiken, waarbij de partner op elk gebied en onverbiddelijk wordt neergesabeld. Zijn hele wezen wordt dan afgewezen, niet alleen een opzichzelfstaand 'vergrijp'.

De *verdediging*, de tweede ruiter, kan gepaard gaan met een permanent defensieve houding. Daarbij wordt het eventueel eigen aandeel in moeilijke situaties ontkend en kritiek bruusk van de hand gewezen, zodat toenadering haast niet meer mogelijk is en het conflict almaar doorsuddert zonder te worden opgelost.

De *minachting* voor de partner, de derde ruiter, kan talloze vormen aannemen. Ze kan betrekking hebben op iemands uiterlijk en gedrag, maar ook op zijn baan of ambities bij het sporten. Minachting is met name erg kwetsend als ze hoofdzakelijk gericht is op de zwakke punten en onzekerheden van de partner.

De vierde ruiter, *je terugtrekken* uit de communicatie, oftewel een muur optrekken, zwijgen en je afkeren, is meestal het domein van de man, die dat gedrag soms vervolmaakt op speciale plekken die hij gebruikt voor zijn kleine ontsnappingen (hobbykelder, kroeg). Vrouwen zijn daarentegen meer bedreven in het vitten op hun partner en beschikken soms over een onuitputtelijk reservoir aan verwijten en insinuaties.

Geen wonder dat Gottman in de beschreven fasen van relatieontwrichting, met de ruiters van de Apocalyps als representanten, veel negatieve interacties in ongelukkige en instabiele relaties heeft waargenomen. Als 'tegengif' bedacht hij de 'Gottman-ratio', die inhoudt dat de verhouding tussen positieve en negatieve uitspraken en handelingen minstens 5:1 moet zijn om een stabiele relatie mogelijk te maken.

Als iemand zich een negatieve uitspraak laat ontvallen, moet hij volgens Gottman vijf vriendelijke of anderszins positieve dingen doen of zeggen om de onbalans gelijk te trekken. Begin dus maar gauw met complimenten en vriendelijke opmerkingen. De meeste mensen halen die verhouding van 5:1 in hun relatie waarschijnlijk niet.

Verraderlijke taal, oude patronen

'Harmonie tussen twee mensen gaat nooit vanzelf,
ze moet eindeloos veroverd worden.'
– Simone de Beauvoir

Uit het vocabulaire van een stel kun je feilloos afleiden dat de verdraagzaamheid binnen de relatie opraakt en de liefdevolle blik op de partner binnenkort weleens kan omslaan. Als ze met elkaar in gesprek zijn verraadt hun woordkeuze een heleboel. Begrippen als 'altijd', 'voortdurend', 'nooit' of 'geen enkele keer' zijn duidelijke waarschuwingssignalen. Want na de verbale generalisering dreigt al snel de totale aanval.

Wat voorheen als aantrekkelijk gold, wordt eerst een hebbelijkheid, dan een tekortkoming en uiteindelijk een ergernis (en onoverkomelijke hindernis), of het nu gaat om iemands manier van praten, lopen, eten of gewoon staan. 'Ze liet zich bijtijds van hem scheiden omdat hij moppen altijd een cruciale fractie te langzaam vertelde,' voert Kurt Tucholsky als scheidingsreden van een stel aan, een kwinkslag die prachtig illustreert dat op een gegeven moment een kleinigheid al genoeg is om je vreselijk aan je partner te ergeren.

Wat kan daartegen helpen en de relatie, of in elk geval het eerstvolgende familiefeest, redden? 'Het is van belang om bij jezelf te beginnen en de herhalingsdwang te doorbreken,' zegt Peter Henningsen, hoofd Psychosomatiek aan de Technische Universität München. 'Dat betekent bijvoorbeeld dat je een situatie die altijd spanning oplevert, luchtiger probeert te maken door kalm te blijven of een grapje te maken.'

Hoe krijg je dat voor elkaar? Vaak is er sprake van een geritualiseerd gespreksverloop, een gevoelig onderwerp of bepaald gedrag dat tot escalatie leidt. Als het gesprek (ondanks alle inspanningen om de lastige onderwerpen dit keer te omzeilen) weer eens afstevent op een frontale botsing, is het goed om je bewust te worden van de gebruikelijke patronen van woord, weerwoord, toenemende opwinding en ruzie, en je in te stellen op de aanstaande rituele verwijten en beledigingen.

Voor veel ruzies zou elk van beide partners vooraf al een draaiboek kunnen schrijven. Je weet wie wat wanneer gaat zeggen en welke verwijten er gegarandeerd zullen komen. Wanneer je voelt dat je daar in wordt gezogen, zou het hoe dan ook een stap in de goede richting zijn als je bij jezelf de neiging onderdrukt om een nare opmerking te maken. Zo doorbreek je de vicieuze cirkel.

Een maatschappij waarin mensen voor vrijwel niets zo bang zijn als voor overgewicht en dementie, zou wat dit aangaat niet alleen meer mildheid kunnen gebruiken, maar ook een grote portie conflictalzheimer. Juist mensen die haast vergeten zijn dat ze elkaar graag mogen, zouden af en toe tegen zichzelf moeten zeggen: ik herinner me niet meer waarom we daarnet ruzie hebben gemaakt en waarom ik me zo erger.

De eerste waarschuwingssignalen niet negeren

'Een ruzie tussen echte vrienden, echte geliefden, heeft helemaal niets te betekenen. Gevaarlijk zijn alleen de ruzies tussen mensen die elkaar niet goed begrijpen.'
– Marie von Ebner-Eschenbach

Ruzie en veelvuldige discussies zijn niet per definitie een teken dat een relatie op korte termijn zal stuklopen. Vaak is juist het tegendeel het geval, mits een stel ook tijdens een conflict een paar beleefdheidsregels in acht neemt, ze geen van beiden de intentie hebben om de ander emotioneel kapot te maken, en de wederzijdse waardering overeind blijft. Iemand die ruziemaakt laat dan vooral zien dat de partner hem niet koud laat, maar dat hij nog altijd zijn leven met hem wil delen en de relatie graag wil voortzetten (alleen op een betere manier dan voorheen).

De waarschuwingslampjes moeten juist wel gaan branden als de partners zich niet meer aan elkaar ergeren en ruziemaken, maar verstommen en zich bij elk dreigend conflict terugtrekken. Onverschilligheid en de ander doodzwijgen kondigen de sluipende dood aan van een relatie, niet ruzies waarbij het er soms heftig aan toe gaat.

Er bestaan wel andere aanwijzingen dat een partnerrelatie in onrustiger vaarwater komt, bijvoorbeeld als je je er niet meer op verheugt om tijd met je partner door te brengen. Je kijkt niet meer reikhalzend uit naar gezamenlijke bezigheden in de vrije tijd of op vakantie, maar beschouwt die als routine of handelt ze alleen nog plichtmatig af.

Korte terugblik: aan het begin van de relatie konden de gezamenlijke uitstapjes, de fietstochten, het gezellige avondeten, het geflikflooi in de bioscoop en vooral de vakantie niet lang genoeg duren. Elk vrij moment in de agenda werd eraan gespendeerd. Maar als het inmiddels aanlokkelijker is om 's avonds met de vriendenclub of de vriendinnengroep op stap te gaan of zelfs vakantie te vieren, is dat een onmiskenbaar teken dat het tijd is voor een oppepper.

Een andere belangrijke graadmeter voor de toestand van de relatie is de manier waarop de partners met elkaar omgaan. Tijdens een ruzie kan het er weleens fel aan toegaan, en wat iemand in grote woede zegt kun je maar beter snel weer vergeten. Maar als de algehele toon ruwer wordt, is dat een alarmerend signaal. Als de partners zich steeds vaker kleine beledigingen, hatelijke opmerkingen of andere gemene dingen laten 'ontvallen', wijst dat erop dat waardering is veranderd in afwijzing en dat er grote problemen bestaan in de relatie.

Ook als een van beiden zich in zichzelf terugtrekt kan dat betekenen dat de relatie ernstig is aangetast. Soms kan het verstandig zijn om iets 'het ene oor in en het andere uit' te laten gaan en niet meteen op elk punt van kritiek of elke prikkel te reageren. Er zijn dagen waarop je gewoon te moe bent voor ruzie. Maar als het een gewoonte wordt en de instelling 'laat hem/haar maar praten' gaat overheersen, is dat geen goed teken. De Zwitserse psychotherapeut Verena Kast noemt zo'n afwijzende houding 'passieve agressie'. Dat is een rake omschrijving, want hoewel er geen onvertogen woord valt (soms zelfs helemaal geen woord) komt er toch heel wat geweld bij kijken.

We weten allang dat de meeste mensen het vervelender vinden om géén reactie op hun opmerkingen of gedrag te krijgen, dan te voelen dat de ander boos is of zich ergert. De mens is een sociaal dier en vindt niets zo erg dan dat alles wat hij zegt, denkt of doet geen enkele weerklank vindt en de partner volkomen koud laat. Als iemand zich in zichzelf terugtrekt is dat dus niet alleen irritant, maar ook ontzettend kwetsend. Bovendien kan het de voorbode zijn van een naderend afscheid.

Als een of beide partners tegenover hun intiemste vrienden regelmatig klagen over de middelmatige toestand van de relatie, is dat ook een indicatie dat de twee dringend iets moeten ondernemen. Het is niet ongewoon om je bij je beste vriend of vriendin te beklagen dat de relatie niet helemaal lekker loopt, maar als dergelijke gesprekken steeds vaker voorkomen en je met je vrienden alleen nog over dit onderwerp praat, moet je gaan oppassen. Dat betekent waarschijnlijk dat de problemen inmiddels al het andere overschaduwen, dat spanning en ruzie algauw elk gesprek beheersen en dat gesprekken over het leven van alledag en andere onderwerpen haast niet meer mogelijk zijn.

Een incidentele ruzie hoort beslist bij een goed functionerende relatie, zoals ik hiervoor heb beschreven althans. Maar als het bijna dagelijks tot felle conflicten komt en de misverstanden gaan overheersen, is dat een slecht teken. Dat betekent waarschijnlijk dat de wil om de ander vriendelijk en begripvol te bejegenen bij beide partners fors is afgenomen of helemaal niet meer bestaat.

Ze hebben nu allebei een heel kort lontje en een onbenullige aanleiding is vaak al voldoende om de bom te doen barsten. De onbevooroordeelde nieuwsgierigheid naar de ander, hoe het met hem gaat, wat hij denkt en voelt, en hoe hij tegen de wereld aankijkt, heeft plaatsgemaakt voor een door en door negatief verwachtingspatroon: je rekent erop, aast er bijna op, dat de partner iets verkeerds zal doen of zeggen.

Ook het verloop van een ruzie kan veelzeggend zijn. Je kunt je partner prima duidelijk maken dat je met hem over het een of ander van mening verschilt, en tegelijkertijd benadrukken dat je hem desondanks respecteert en uiteraard boven alles liefhebt.

'Schat, nu moet ik je voor deze ene keer toch tegenspreken.' Zo zou een gesprek kunnen beginnen waarin conflictonderwerpen niet worden gemeden, maar waaruit toch waardering spreekt. Als je daarentegen met algemene frasen gaat strooien ('jij begrijpt nooit wat ik bedoel', 'jij moet altijd gelijk krijgen') en voornamelijk kleinerende opmerkingen maakt, bestaat er nauwelijks kans op een rustig en constructief gesprek dat tot een oplossing leidt.

Nog erger wordt het als in het conflict de destructieve factoren overheersen en de partner voelt dat hij hoofdzakelijk met haat en verachting wordt bejegend. Het enige doel is dan nog om de ander te kwetsen, kapot te maken en bovendien van die overwinning te genieten. Die negatieve resonantie blijkt niet alleen uit kleinerende woorden en andere gemene opmerkingen. Gebaren en mimiek, een minachtende handbeweging of een verachtende blik kunnen zeker zo kwetsend zijn als een scheldpartij.

Hoe groot is het gevaar dat je uit elkaar gaat?

'In het huwelijk moet je een onophoudelijk gevecht voeren tegen een monster dat alles verslindt: de gewoonte.'
– Honoré de Balzac

Er zijn milde tekenen, maar ook onmiskenbare aanwijzingen die erop duiden dat een relatie binnenkort over haar houdbaarheidsdatum heen is. Om die te herkennen en een soort risico-index op te stellen, is het nuttig om eerst een paar vragen te beantwoorden. Dat kan iedere partner voor zich doen, maar samen is beter, want dan wordt duidelijk wat de ander vooral mist en welke zaken de twee zeker moeten aanpakken. Een van die vragen kan bijvoorbeeld zijn: 'Hoe vaak laat ik mijn partner zien dat ik haar graag mag?' Een andere kan gaan over het aantal geheimen dat beiden met elkaar delen. Of hoe vaak ze op een destructieve manier ruziemaken en dan schijnbaar in een verbitterd, onoplosbaar conflict blijven hangen.

Uit de mate waarin de antwoorden van de partners uiteenlopen, kun je perfect afleiden of de relatie in acuut gevaar is. Als zij bijvoorbeeld meer intimiteit wil terwijl het hem juist allemaal al te klef is, biedt dat geen hoopgevend perspectief. Klaagt hij over verveling en wil hij meer ondernemen, terwijl zij het dagelijks leven te druk vindt en hunkert naar meer huiselijke avondjes op de bank, is dat ook een veeg teken.

Als het oordeel en de instelling van de twee partners al te verschillend zijn, is het dus oppassen geblazen. Dan lopen de verwachtingen zozeer uiteen dat de relatie er al op korte termijn aan kan bezwijken. Overeenkomstige ideeën over wat het leven samen al dan niet zou moeten bieden, hoe de dagelijkse gang van zaken, maar ook de vrije tijd, eruit moet zien, werken juist als goed houdende relatielijm.

Overigens betekent dat niet dat de twee precies dezelfde interesses moeten hebben, zich met dezelfde hobby's moeten bezighouden en op dezelfde partij moeten stemmen. Het is zelfs raadzaam dat ze elk hun eigen territorium hebben en elkaar daar voldoende ruimte voor geven. Moeilijk wordt het pas als er te grote verschillen zijn in fundamentele zaken als intimiteit, eensgezindheid en het dagelijks leven.

Een andere aanwijzing voor de mate van gevaar waarin de relatie verkeert, is al vroeg te herkennen. Het gaat om de aandacht voor de ander, juist in het schijnbaar banale dagelijkse samenleven. Vrijwilligers lieten zich voor een wetenschappelijk onderzoek filmen; ze vergaten al snel dat een camera hun gezamenlijke momenten vastlegde.[57] Als iemand overdag had gewerkt, 's avonds thuiskwam en dan ongeïnteresseerd reageerde op de verhalen van de partner, de ander niet aankeek, niet echt luisterde of de ander snel onderbrak om de eigen gedachten te ventileren, was de prognose voor de relatie niet goed.

Als de partners aandachtig, emotioneel betrokken en respectvol op elkaar reageerden, hield hun relatie veel langer stand. Iets vergelijkbaars geldt ook voor de manier waarop beiden de relatie zien en erover praten. Mensen die zich tegenover anderen positief uitlaten over hun relatie en er de mooie kanten van benadrukken, blijven langer bij elkaar dan stellen die vooral de negatieve kanten belichten.

Interessant was bovendien dat de stellen na afloop van het

onderzoek de videobeelden van hun dagelijks leven konden bekijken. Sommigen waren ontzet toen ze zagen dat ze zo liefdeloos met elkaar omgingen en langs elkaar heen leefden. Ze waren zich niet bewust geweest van hun onverschillige en deels respectloze omgang met elkaar en beloofden meteen beterschap. Zij hadden een grotere kans om lang bij elkaar te blijven dan degenen die ook na het zien van het beeldmateriaal van mening waren dat ze op een normale manier met elkaar praatten, en daar niets abnormaals in konden ontdekken.

Wat te doen als de kijk op de partner almaar somberder wordt?

'Het is beter gehaat te worden om wat je bent,
dan geliefd te zijn om wat je niet bent.'
– André Gide

Liefde is een heerlijke illusie, een theater van dromen, ook al is dat begrip eigenlijk voorbehouden aan het voetbalstadion.[58] Alhoewel, misschien is de liefde voor voetbal voor veel mannen ook prima te vergelijken met die voor een vrouw... Maar terwijl de trouw van een echte supporter aan zijn club onverwoestbaar is, meestal een leven lang duurt en zelfs degradaties doorstaat omdat het nu eenmaal een erekwestie is om je club ook in slechte tijden te steunen, neemt de liefde voor een ander mens soms af. In plaats van vriendelijkheid krijgen kritiek en gemopper dan de overhand.

In dat soort periodes is het belangrijk om alle overeenkomsten in herinnering te roepen; niet wat je scheidt, maar wat je verbindt. Het gaat erom datgene te herkennen wat in het begin zo boeiend en verleidelijk aan de ander was, en dat ook tegen elkaar te zeggen. De meeste stellen vinden dat moeilijk als ze al lang samen zijn. Ze vinden het blijkbaar pijnlijk. Maar pas als je het uitspreekt, merk je hoeveel je nog aan elkaar hebt.

Als je daar hulpmiddelen bij nodig hebt (in geval van een gebroken been zou je ook meteen je toevlucht nemen tot gips en krukken, dus waarom zou je af en toe ook niet naar de relatiekrukken grijpen?) kun je bijvoorbeeld te rade gaan bij lees- of doeboeken, waarin vragen worden gesteld als 'Is er iets wat je met mij voor het eerst van je leven deed?' of 'Ben je trots op mij? Waarom?' of 'Welke van onze dagelijkse rituelen vind je heel fijn?' of 'Wat was je eerste indruk van mij?'

Met de vragen in dergelijke boeken gaat het niet anders dan wanneer je samen nog eens terugdenkt aan bijzondere momenten of aan wat je in het begin zo uniek vond aan je partner. Het resultaat ligt voor de hand maar is tegelijkertijd verbluffend: de donkere of bozige gevoelens van het moment verdwijnen en al snel valt je weer in hoe fantastisch de ander eigenlijk is.

Als familie ziekmakend is: de last van je afkomst

'Aan je voorouders kun je niets veranderen, maar je kunt wel mede bepalen hoe je nakomelingen worden.'
– François de la Rochefoucauld

Als de vrouw voortdurend zit te vitten of de man altijd loopt te schelden, is dat niet gezond. In onderzoeken wordt vaak beweerd dat getrouwde mensen of mensen met een duurzame relatie langer leven dan singles. Dat is ook een van de grondstellingen van dit boek. Maar dat gaat alleen op als ze elkaar niet voortdurend op de zenuwen werken. Als het leven een relatiehel wordt, gaan bijna alle positieve gezondheidseffecten verloren.

Terwijl relatieboeken en wetenschappelijk onderzoek naar stellen hoofdzakelijk over het heilzame effect (of de verdomde sleur) van partnerrelaties gaan, is er vaak te weinig aandacht voor een andere sterke band. Toch hebben Amerikaanse artsen en psychologen kunnen bewijzen dat ruzie in de familie de gezondheid even zwaar kan belasten als spanningen met de intieme partner.

Relatiedeskundige Sarah Woods heeft samen met haar team aangetoond dat het gezin waarin je bent opgegroeid, dus je ouders, broers en zussen, vermoeiender kan zijn dan de partner.[59] En vermoeiend betekent nu eenmaal ook vaak schadelijk voor de gezondheid. 'Het emotionele klimaat in het gezin heeft veel invloed op de gezondheid en kan bijdragen aan het ontstaan en verergeren van chronische aandoeningen, zodat er al op middelbare leeftijd sprake kan zijn van chronische hoofdpijn of zelfs een beroerte,' zegt Woods, die zich aan University of Texas met gezinsgeneeskunde bezighoudt. 'Spanning door de familie had in ons onderzoek een sterker effect dan stress met de partner.'

De wetenschappers met wie Woods samenwerkte, observeerden bijna twintig jaar lang ongeveer drieduizend volwassenen, overwegend veertigers, die ze bovendien met regelmatige tussenpozen interviewden. In die periode verzamelden ze informatie over de gezondheid van de deelnemers en legden ze vast of en hoe vaak rugpijn, maagklachten, hoofdpijn en andere aandoeningen optraden of zelfs chronisch werden. Bovendien kregen de deelnemers geregeld vragen voorgeschoteld over de betrekkingen binnen de familie en de relatie tot de partner. ('Hoe vaak krijgt u van familieleden, met uitzondering van uw partner, kritiek te horen?', 'Kunt u op uw familie rekenen als u een probleem hebt?')

'Na tien jaar was de gezondheidstoestand van de deelnemers die zich gesteund voelden door hun familie beduidend beter,' zegt psycholoog Jacob Priest, die aan het onderzoek meewerkte. 'De emotionele betrekking tot de partner speelde op de lange duur verrassend genoeg een veel kleinere rol.' Een mogelijke verklaring voor hun bevindingen is volgens de onderzoekers dat je een partnerrelatie kunt beëindigen als je het samen niet meer uithoudt. Van je ouders, broers en zussen kun je niet scheiden, die relatie blijft een leven lang bestaan. Als de sfeer in de familie is verpest, houdt het spervuur aan kritiek, verwijten en aanvallen langer aan dan dat een partner dergelijke dingen volhoudt.

Artsen weten al geruime tijd dat negatieve gevoelens en voortdurende beschuldigingen een chronische stressreactie tot gevolg hebben. Die veroorzaakt weer duurzame ontstekingsreacties in het lichaam, die het hele organisme verzwakken. Als gevolg daarvan raken bloedvaten sneller verstopt, worden botten brozer en daalt de pijngrens. Alle organen kunnen worden aangetast. 'Een permanent slechte sfeer in de familie is schadelijk; juist chronische aandoeningen worden dan ernstiger,' zegt Woods. 'Omgekeerd spoor ik patiënten dan ook aan om de familieleden bij wie ze steun vinden en die zodoende bijdragen aan hun welbevinden, mee te brengen naar het spreekuur.'

Broers en zussen als rolmodel voor de partnerkeuze

'Broers en zussen kunnen een hulpmiddel zijn, maar ook een risico vormen. Veel mensen trouwen onbewust met een evenbeeld van hun grote broer of kleine zus, maar de partner weet daar niets van en voldoet ook helemaal niet aan de verwachting. En dan gaat het mis.'
– Karl Heinz Brisch, relatiedeskundige

Eén keer sloot zijn oudere broer hem de hele nacht op in een kast, een andere keer mengde hij rattengif door zijn eten. In de winter spoorde hij hem aan om het ijs op te gaan, hoewel dat te dun was. De jongere broer zakte erdoor, vond onder water slechts met moeite het gat waaruit hij zich in veiligheid kon brengen, en kroop totaal uitgeput en onderkoeld op de kant. Tijdens dat dramatische voorval stond de oudere broer onbewogen op de oever, 'nog net zo als tevoren, achterover gebogen, handen in de zakken'. Toch stak hij de verzwakte jongere broer een hand toe toen die probeerde op te staan.

Daniel Kehlmann schetst in zijn bestseller *Het meten van de wereld* de gemene streken waaraan Alexander von Humboldt door zijn twee jaar oudere broer Wilhelm op jonge leeftijd werd blootgesteld en die bepaald niet eenvoudig te overleven waren, voordat hij later als volwassene een geroemd avonturier en ontdekker werd.

Kaïn en Abel, Jacob en Esau, Romulus en Remus: van broers (en zussen) gaan sinds het begin van de grote verhalen der mensheid onzalige, maar ook veel vruchtbare impulsen uit. Tenslotte is de relatie tussen broers en zussen meestal de langste sociale betrekking die een mens heeft. Ze duurt langer dan de meeste huwelijken of andere partnerschappen, in het werk dan wel privé. Alleen ontstaat die band ongevraagd, meestal ook ongewild, en kun je hem zelfs na een ruzie of breuk niet helemaal doorsnijden; van je broers en zussen kun je niet scheiden.

De gedachte aan de vroege vorming en de voorbeeldrol van de ouders komt al snel op als er irritaties zijn over het eigen gedragspatroon of de partnerkeuze. In vergelijkbare situaties komen psychologische leken en professionals echter zelden op het idee om bij het verklaren van de relatieproblemen de ervaringen met broers en zussen in aanmerking te nemen. 'Je bent net je moeder,' roepen uitgeputte stellen elkaar vaak toe. 'Je zoekt in mij alleen maar je grote broer,' werpen ze elkaar daarentegen zelden voor de voeten.

Toch vormt de positie die iemand binnen het gezin heeft

aangeleerd en in zijn jeugd heeft geoefend, vaak de achtergrond voor latere conflicten op het werk of in de partnerrelatie. Het maakt beslist verschil of een eerstgeborene er als vanzelfsprekend van uitgaat dat hij in zijn baan of in zijn huwelijk een dominante rol inneemt, of dat iemand als vierde of vijfde kind van het gezin gewend is om zich te schikken en dat dus volstrekt normaal vindt.

Het kan al even vanzelfsprekend zijn dat het middelste kind ook op volwassen leeftijd moeite heeft om de passende positie te vinden tussen het gevestigde alfadier in de groep of op kantoor en de veeleisende nieuwe medewerker, die plotseling de hele dynamiek binnen het team overhoopgooit.

Hoewel de onderlinge verhouding tussen broers en zussen genegenheid en zorgzaamheid kan uitstralen en daarmee levenslange zekerheid kan bieden, kan ze ook een voortdurende bron van conflict en rivaliteit zijn, of zelfs een slecht voorbeeld dat tot vroeg drugsgebruik of ander wangedrag leidt. Volgens diverse onderzoeken is 35 procent van de ondervraagden in zijn jeugd immers door een broer of zus aangevallen, en raakte 13 procent daarbij zelfs gewond.

Relatieonderzoeker Karl Heinz Brisch bericht over twee kinderen uit hetzelfde gezin die inmiddels allebei boven de zeventig waren en elkaar na lange tijd terugzagen. In een mum van tijd hadden ze het oude conflictpatroon weer te pakken en kregen zo'n hooglopende ruzie dat er klappen vielen.

Dat ook broers en zussen als vroege leermeesters voor de intieme partnerrelatie kunnen dienen, heeft de Weense relatietherapeut Susanne Pointner onderzocht.[60] De positie tussen de broers en zussen en de perceptie daarvan, weerspiegelt vaak latere verwachtingen en gedragspatronen. 'Als je binnen het gezin voortdurend werd gekleineerd, heb je in de partnerrelatie misschien de neiging om wraak te nemen of ben je bang om je te binden,' zegt Pointner. 'Als je ouders je de hemel in prezen, kun je daarentegen makkelijk een narcistisch profiel ontwikkelen.'

Als een vrouw op zoek is naar een man die op haar aanbeden grote broer moet lijken, is het verwachtingspatroon waarschijnlijk groot. Ze zoekt, misschien onbewust, de perfecte vervulling, en hij weet van louter inspanning niet meer wat hij nu weer fout heeft gedaan omdat hij immers nooit kan beantwoorden aan het geïdealiseerde beeld van broer en zus uit de kindertijd. Vaak weten de nieuwe partners evenmin dat ze een verborgen script moeten volgen en op iemand anders moeten lijken, bijvoorbeeld op de grote broer of het kleine zusje.

Het is die nutteloze en miskende eigen inbreng van een of beide partners die relaties zo moeilijk kan maken. 'Als we verliefd worden op een partner, ruikt het vaak naar de stal,' zegt Pointner. 'Waar het om gaat is: wie triggert de thema's waarmee ik ben opgegroeid, wie weerspiegelt wat ik al ken? Dat voelt dan vaak heel vertrouwd, zij het niet altijd aangenaam.' Dat kunnen nukken onder het eten zijn, de reactie op verwijten of het gedrag in de groep.

Ook bij de netelige vraag of en hoe vaak stellen die al lang bij elkaar zijn nog seks hebben, speelt de ervaring met broers en zussen een rol. De antwoorden zijn vaak ontgoochelend. 'Er zijn onvoorstelbaar veel "goed functionerende" stellen die geen seks met elkaar hebben,' stelt Pointner vast. 'Dan overheerst vaak de broederlijke of zusterlijke liefde en de vertrouwdheid, terwijl voor seks het overwinnen van grenzen nodig is, de illusie van het wilde, het erotische, en het vreemde.' Soms lukt het alleen als in de relatie weer afscheid wordt genomen van de 'innerlijke broer of zus'. Een overmaat aan vertrouwde patronen, 'ken ik al', 'weet ik allang', zijn voor de liefde eerder dodelijk.

Afgezien van de individuele betrekkingen is de broer-zusrelatie vaak overschat en met symboliek overladen. Uit evolutionair oogpunt zijn broers en zussen vooral heel verschillend en veelsoortig om ervoor te zorgen dat ten minste een van hen op de biotoop stuit die het overleven zeker stelt en zodoende het voortbestaan van de soort garandeert.

En in politiek opzicht geldt de visie van de geslachtsmatig onterecht zo genoemde broederlijkheid zelfs als een ideale samenlevingsvorm, met de groeten van 'liberté, fraternité, egalité'. Maar is dat werkelijk zo'n mooi streven, maatschappelijke verhoudingen zoals ze tussen broers en zussen gebruikelijk zijn? Over de ambivalente energie die uitgaat van relaties tussen broers en zussen, heeft Marie Luise Kaschnitz al geschreven: 'Maar nooit sterft de woeste kracht,/ van de oude rivaliteit,/ en geen andere vermag/ zo een verbitterd woord, zo een harde slag.'

Uiteindelijk kunnen broers en zussen je al vroeg laten merken wat rivaliteit, jaloezie, agressie en haat betekenen. En ondanks alle vertrouwdheid moet je vooral ook de concurrentie niet onderschatten: het kleine zusje komt er nog wel achter wat haar te wachten staat als ze haar oudere broer inhaalt en op een gegeven moment meer begrijpt en sneller leert dan hij. In ruil daarvoor laat hij haar niet op zijn step en duwt hij haar bij de eerste de beste gelegenheid van het klimrek.

'Als in partnerrelaties en in teams onder collega's groepsgevechten en verdeeldheid ontstaan, zit daar vaak een re-enscenering van de dynamiek tussen broers en zussen achter,' zegt Karl Heinz Brisch. 'Vaak wordt devaluatie aangewakkerd als er bijvoorbeeld een nieuwe, jonge medewerkster in het team komt, zonder dat de collega's is gevraagd of ze het daarmee eens zijn.' Zoals niemand ooit aan een eerstgeborene heeft gevraagd of hij nog een broertje of zusje zou willen.

Ondanks die wetenschappelijke bevindingen zou het interessant zijn om te weten hoe Cornelia, de jongere zus van Goethe, haar superslimme broer heeft ervaren. In *Verdichting en waarheid* zegt Goethe dat hij Frans en Italiaans als het ware terloops heeft geleerd doordat hij door de openstaande deur of op de trap af en toe een paar fragmenten opving, terwijl zijn zus veel meer moeite moest doen om die talen onder de knie te krijgen tijdens de lessen met de huisleraar.

Broers en zussen kunnen gemeen zijn tegen elkaar, maar elkaar ook veel bieden. Kurt Tucholsky heeft die veelsoortige eigenschappen herkend toen hij schreef: 'Indianen zijn op oorlogspad of roken de vredespijp. Broers en zussen kunnen het allebei.'

Op afscheidstournee gaan

'Alleen gedurende de minuten van het weerzien en het afscheid weten mensen welke overvloed aan liefde zich in hun hart schuilhield, en alleen dan durven ze de liefde een trillende tong en een overvloeiend oog te bieden.'
– Jean Paul

Zoals we hebben gezien hebben mensen in de fase van de eerste verliefdheid alleen oog voor de positieve kanten van de partner. Alles is geweldig, fantastisch, overdonderend gewoon. Maar zodra de relatie wat langer duurt of op haar einde loopt, krijgen de grijstinten of zelfs de minder mooie beelden en herinneringen de overhand. Het vervreemdingsproces komt op gang. Opeens gaat het niet meer om zo veel mogelijk nabijheid, maar om afstand, om distantiëring. De partner wordt slechter gemaakt dan hij is, er blijft nauwelijks een spaan van hem heel, en dat was het dan.

Dat doet zich heel nadrukkelijk voor in de periode kort na een relatiebreuk. De relatie wordt volkomen anders uitgelegd, zwartgemaakt. Wat was het toch een vreselijke tijd! Hoe kon je je ooit met zo iemand inlaten en zelfs een relatie met hem hebben! Conclusie: eigenlijk was de ander je aandacht nooit waard, laat staan je liefde. Verspilde tijd, gauw afhaken maar.

Die wijze van verwerken, kort nadat beiden er een punt achter hebben gezet, klinkt als een overhaast afkeren. Tenslotte kun je best toegeven dat je ooit heel enthousiast was over de ander. Je kunt haar echter evengoed opvatten als een soort beschermingsreactie van het psychologische immuunsysteem. Het is immers ook van belang om de overhoopgehaalde gevoelshuishouding weer op orde te krijgen.

Negatieve ervaringen, zoals een stukgelopen relatie, kun je kennelijk beter verwerken als je er een gegronde reden voor vindt, ook al moet je je ex-partner daarvoor omlaaghalen. Blijkbaar is het nodig om redenen te vinden en voor jezelf te verantwoorden dat een breuk (met zo iemand althans!) de enige juiste beslissing was.[61]

Hoewel dat heel negatief klinkt, is het op de langere termijn waarschijnlijk wel van nut. Psychologen hebben dat zelfs 'de lichte kant van sombere gedachten' genoemd.[62] Diverse onderzoeken wijzen uit dat mensen beter met de beëindiging van een relatie kunnen omgaan en tevredener zijn in een nieuwe partnerrelatie als ze zich rondom de relatiebreuk nadrukkelijk van hun ex afkeren.[63] Na enige tijd valt de terugblik op die gezamenlijke periode dan helemaal niet meer zo vernietigend uit.

Maatschappijwetenschappers van Carleton University in Canada vroegen jongvolwassenen aan het begin van hun relatie en enige tijd later hoe tevreden ze waren. De mensen die nog bij hun partner waren, beoordeelden de relatie niet meer zo positief als in het begin. Maar als het stel in de tussentijd uit elkaar was gegaan, viel het oordeel over de ex drie keer zo negatief uit als bij de deelnemers die het nog wel met elkaar uithielden.

Groot alarm dus, als de partnerrelatie nog wel bestaat maar de kijk op de ander steeds meedogenlozer wordt en de negatieve kanten gaan overheersen. Nu eens wordt het uiterlijk afgekraakt, dan weer kunnen de eigenaardigheden en het gedrag van de ander geen genade vinden. Als de een de ander vaker beledigt dan complimenteert, is de relatie ernstig in gevaar en is het tijd om zo snel mogelijk een ander perspectief te kiezen, of alsnog uit elkaar te gaan.

Relatiegif: verraad in plaats van loyaliteit

'Je bent niet zoals ik had gedacht, zegt de teleurgestelde man of vrouw. Je maakt je een voorstelling. Dat is het liefdeloze, het verraad.'
– Max Frisch

Er zijn een paar ingrediënten die de sfeer in een relatie gegarandeerd vergiftigen. Onverschilligheid, liefdeloosheid en gebrek aan aandacht horen daar zeker bij. Je bent er allang niet meer voor elkaar. De een vertrouwt de ander totaal niet meer. In plaats van lieve woordjes hagelt het alleen nog scheldwoorden, verwijten en rotopmerkingen. Maar we moeten het hier ook hebben over een ander gif, dat bijzonder pijnlijk is als het wordt toegediend.

Ik heb het over verraad. Het begint met een kleinigheid. In de vriendenkring maakt iemand zich vrolijk over zijn eigen vrouw en zelf lach je mee over jouw partner, of je lacht haar zelfs uit. Er loopt maar een dunne scheidslijn tussen iemand voor schut zetten en gewoon een beetje lol maken met zijn allen, wat natuurlijk ook wel eens ten koste gaat van een van de aanwezigen. Wat is grappig en wat niet meer?

Als de zwakke kanten van de ander aan de kaak worden gesteld en gevoelige onderwerpen worden aangesneden waar de ander duidelijk erg onzeker van wordt, is de hatelijkheid niet ver weg. De partner krijgt steeds meer het gevoel dat hij niet echt op de ander kan vertrouwen en in plaats van een trouwe kameraad een twijfelachtig geval aan zijn zijde heeft, dat hem onzeker maakt in plaats van te troosten.

Natuurlijk hoef je ook weer niet alle onzin van je partner te slikken. Kritiek mag best. Daar bestaan geen duidelijke grenzen en regels voor, en vaak gaat het ook niet om wát er wordt gezegd, maar hóé het wordt gezegd. Door kleine gebaren, een bepaalde mimiek, of het gevoel dat er iets van minachting in het spel is, kan iets wat voor anderen alleen maar een beetje dollen is al snel kwetsend worden. En zoals altijd geldt bij dit soort krenkingen: het zijn niet de anderen die bepalen hoeveel pijn iets doet ('dat was toch niet zo erg?'), de gradatie van lichamelijke en emotionele pijn kan ieder voor zich alleen bepalen.[64] Wat voor de één een speldenprik is, is voor de ander al het begin van duivelse slechtheid.

In 2003 vonden hersenonderzoekers voor het eerst aanwijzingen dat lichamelijke pijn en emotionele pijn (bijvoorbeeld als gevolg van afwijzing en krenking) in hetzelfde hersengebied worden verwerkt en hetzelfde kunnen aanvoelen. 'Sociale en fysieke pijn overlappen elkaar,' zegt Naomi Eisenberger van University of California in Los Angeles. 'Als je buitengesloten en eenzaam bent, ben je vaak gevoeliger voor pijn.' Sindsdien bestaan er talrijke inzichten over de invloed van iemands emotionele toestand op zijn beleving van fysieke pijnprikkels.

Als iemand door zijn beste vriend verraden is, zeggen we weleens dat hij 'in de rug aangevallen' is. Dat is geen taalkundig toeval, maar wijst op de korte afstand tussen de zenuwverbindingen voor fysieke en psychische kwellingen in de hersenen. De neuronale omgeving in het limbisch systeem veroorzaakt meerdere wisselwerkingen tussen lichaam en geest, in beide richtingen. De pijn die je voelt als je bent verraden door degene die je het meest dierbaar is, kan daarom dubbel zo zeer doen.

Klaar, over, uit: als er niets anders op zit dan uit elkaar te gaan

Soms kan het niet anders. Ondanks talrijke pogingen en wederzijdse inspanningen heeft de liefde geen kans meer en moeten de partners gescheiden wegen gaan. Hoewel ik in dit boek duidelijk maak dat er ook in schijnbaar hopeloze situaties vaak nog mogelijkheden zijn om conflicten op te lossen en de neerwaartse spiraal te doorbreken, geldt voor sommige stellen dat ze het eindpunt hebben bereikt en beter niet meer bij elkaar kunnen blijven.

De vorige hoofdstukken bevatten veel aanwijzingen voor het herkennen van acuut gevaar voor de relatie. Maar er bestaat geen formule waarmee je betrouwbaar kunt berekenen wanneer je aan de bel moet trekken. Je kunt wel enkele kentekenen verzamelen die op het spoedig mislukken van een relatie duiden, maar het belang van elk daarvan is individueel bepaald. Het moment waarop de rode streep definitief wordt overschreden is voor iedereen anders.

Lichamelijk geweld is altijd een reden om onmiddellijk tegenmaatregelen te nemen en hulp van buitenaf te zoeken, van de politie bijvoorbeeld. Maar ook hatelijke opmerkingen, krenkingen en andere emotionele verwondingen (dus geestelijk geweld) hebben in relaties niets te zoeken. Daartoe behoren ook pogingen tot manipuleren en bezitterig gedrag waarbij de een probeert om de ander onder de duim te houden en op autoritaire wijze te bepalen wat de partner wel en niet mag. Angst en dreigingsgevoelens zijn dan sterker dan genegenheid en verbondenheid.

Als de welwillendheid verdwijnt en het leven samen zich niet meer kenmerkt door consideratie en vriendelijkheid, maar door minachting en afgunst, is ook het respect voor elkaar allang verloren gegaan. Dat kan leiden tot gemeen, destructief gedrag, wat geen mens lang volhoudt zonder lichamelijke of emotionele schade op te lopen. Dat moet ook niemand volhouden, en daarom is het een overduidelijk signaal om uit elkaar te gaan, vooral als pogingen om de situatie te verbeteren al meerdere malen zijn mislukt.

In een partnerrelatie moet je je niet voor alles hoeven te verontschuldigen of verantwoorden, maar als de bereidheid tot verzoening niet meer voelbaar is, verdwijnt zienderogen de basis voor verdraagzaamheid. Conflicten en ruzies blijven dan smeulen, de partners bespieden elkaar en halen telkens vol wrok datgene uit de mottenballen waarmee ze elkaar al eerder hebben gekwetst en gekrenkt. In plaats van ‘laten we erover ophouden’ en ‘zand erover’, drammen ze onverbiddelijk door. De een wil de ander begrijpen noch vergeven, maar is uit op de totale capitulatie of zelfs vernedering van de partner.

Als er sprake is van een of meerdere van bovengenoemde zaken wordt een relatie eerder een hel dan een hemel op aarde. Er zijn altijd wel momenten waarop je het allemaal niet meer ziet zitten en het bijltje erbij neer wilt gooien, maar als dat gevoel steeds terugkomt, ook als je wat afstand hebt genomen, is het de hoogste tijd om er snel een punt achter te zetten. De relatie is dan allang niet meer opwindend en verrijkend, maar alleen nog een belasting. Dan kan het echt een opluchting zijn om uit elkaar te gaan.

Hoe houd je oude liefde fris?

'Wie goed kijkt naar lang houdbare huwelijken,
zal zien dat ze voldoen aan een noodzakelijke,
zij het niet toereikende voorwaarde: de partners vallen elkaar
niet voortdurend lastig. Ze hebben geleerd elkaar met rust
te laten. Op die manier kun je zulke veranderlijke gevoelens
als liefde en trouw jarenlang volhouden.'
– Hans Magnus Enzensberger

Volhouden en elkaar voldoende met rust laten zijn zeker niet de slechtste adviezen voor een lange relatie. Daarnaast zijn grootmoedigheid en welwillendheid belangrijke ingrediënten om het allemaal te laten slagen. En verder zijn er nog verschillende andere hulpmiddelen die ertoe bijdragen dat het huwelijk geen ramp wordt.

Helaas bestaat er voor elk voortreffelijk recept ook een tegenmiddel, dat weliswaar niet even vaak, maar toch steeds weer geldt. Om een relatie in stand te houden en ervoor te zorgen dat de partners het vertrouwen in elkaar niet verliezen maar samen gelukkig worden, komt het aan op het juiste mengsel. Waarschijnlijk is het onmogelijk om het over alle hierna genoemde punten volledig eens te worden. Maar wie een aantal van de aanbevelingen ter harte neemt, kan er tamelijk zeker van zijn dat het wel goed zal komen en dat de relatie stabieler is dan je steeds weer wordt ingefluisterd door die voortdurende zelftwijfel.

Succesvol ouder worden

'Had mijn leven zich vermeerderd of alleen maar aangevuld?'
– Tony Webster, hoofdpersoon uit de roman Alsof het voorbij is *van Julian Barnes*

Veroudering is onvermijdelijk en begint al vroeg. Eigenlijk al bij je geboorte. En hoewel je een leven lang, maar in elk geval vanaf het begin van de volwassenheid, de tijd hebt om eraan te wennen, lukt dat niet iedereen. Mensen willen wel oud worden maar niet oud zijn, en zijn haast verontwaardigd als ze zich opeens oud voelen en het allemaal niet langer bergopwaarts gaat.

Meestal zijn het persoonlijke klappen als ziekte, afnemende productiviteit of de dood van de ouders die op een gegeven moment steeds vaker voorkomen en onmiskenbaar aantonen dat het klimmen der jaren helaas ook gepaard gaat met vervelende beperkingen en ingrijpende verliezen. Kleinere verliezen en narcistische krenkingen, zoals het nauwelijks meer te verbeteren persoonlijk record van het hardlooprondje, zijn nog wel te verdragen, maar andere doen echt pijn.

Om inzichtelijk te maken hoe je op een goede manier kunt omgaan met de tegenslagen en afnemende kracht die met het klimmen der jaren onvermijdelijk op de loer liggen, hebben wetenschappers het concept 'succesvol ouder worden' ontwikkeld.[65] Als iemand daarin slaagt, gaat het hem niet alleen goed op medisch gebied, in de breedste zin van het woord, dus wat gezondheid, zelfstandigheid en behoud van mobiliteit betreft; bij succesvol ouder worden spelen vooral ook een heleboel 'zachte' factoren een rol, zoals tevredenheid, evenwichtigheid, gevoel voor humor en geestelijk weerstandsvermogen. En soms gaat het er alleen maar om dat je als oudere nog een taak of betekenis vindt in je leven.

De sociologen Lisa Carver en Diane Buchanan hebben terecht opgemerkt dat een hogere leeftijd niet automatisch betekent dat je niet gelukkig kunt zijn, ook al wordt je prestatievermogen minder of krijg je een chronische ziekte. Hoewel oudere mensen vaak een beperking hebben of aan verschillende ziekten lijden, zijn ze veelal toch erg tevreden met hun situatie en zelfs dankbaar dat ze nog aan het leven kunnen deelnemen.[66] Gezondheid is dus kennelijk ook op hogere leeftijd lang niet alles.

Een belangrijk element van succesvol ouder worden is de tevredenheid met de partner en daarmee ook met het seksleven. Een enquête onder getrouwde vrouwen in de leeftijd van zestig tot vijfenzeventig jaar toonde aan dat zij vaak behoorlijk tevreden waren met de manier waarop hun seksleven zich in de laatste jaren had ontwikkeld. De mannen in die leeftijdscategorie waren daarentegen vooral tevreden als hun vrouw een in hun ogen harmonische verhouding tot de eigen seksualiteit had gekregen en er weer meer zin in had.[67] Dat sloot dan mooi aan bij de behoeften van die mannen.

'Er bestaat kennelijk een nauw verband tussen een bevredigend seksleven en succesvol ouder worden,' schrijven de onderzoekers. 'Ook van belang zijn zeggenschap over het eigen leven, betekenis vinden in het dagelijks leven en nog iets tot stand kunnen brengen. En dat heeft vaak verrassend weinig te maken met het al dan niet hebben van ziekten of beperkingen.'

Psychologen kennen dat verschijnsel onder de naam 'zelfeffectiviteit'. Het betekent enerzijds dat je nog kunt handelen, nog iets kunt ondernemen en misschien zelfs kunt beïnvloeden. Anderzijds wordt er ook mee bedoeld dat je nooit zo'n passief, weerloos slachtoffer bent als veel mensen menen te zijn, maar een situatie ook altijd de baas kunt worden of met andere ogen naar een vervelende omstandigheid kunt kijken.

Voor stellen kan dat alleen maar betekenen dat ze, juist naarmate de relatie ouder wordt, moeten proberen om ieder voor zich (maar liefst ook samen) iets te vinden wat het leven zin geeft, iets bijdraagt aan de gemeenschap of gewoon leuk is. Dat kan een vrijwillige bezigheid zijn als burenhulp, maar ook iets als bonsais kweken of een volkstuin beheren. Bovendien word je er gelukkig van als je je samen telkens weer kunt verheugen over je eigen lichaam en dat van je partner.

Het passende ritme vinden

'Dwazen stormen binnen waar engelen zich niet wagen.'
– Alexander Pope

'De tragiek van ons huwelijk is dat ik een ochtendzanger ben en mijn man een nachtuil is.'
– Loki Schmidt

Natuurlijk kan het heel vervelend zijn: hij wil graag uitslapen en geniet ervan om tot tien of elf uur in bed te blijven liggen als er geen verplichtingen zijn. Alleen heeft hij last van haar onrust. Zij loopt immers al sinds half zes druk door het huis.

Zij kan 's ochtends niet meer lang slapen, doet dan de administratie en ruimt het een en ander op. Wat heeft ze zich vroeger geërgerd omdat hij nooit eens iets eerder zijn bed uit te krijgen was. Lange fietstochten waarvoor je nu eenmaal op tijd moest vertrekken, zwemmen in de ochtendnevel, wandelingen in het morgenlicht, dat kon je met hem allemaal niet doen. Wat ze daardoor niet allemaal hebben gemist!

Natuurlijk kun je rekening houden met elkaar; met genoeg respect en liefde is alles mogelijk. Aan de andere kant hebben

Spaanse wetenschappers aangetoond dat het wel degelijk invloed heeft op een relatie als een van de twee een uitgesproken ochtendmens is en de ander juist een avondmens.[68] Uit hun onderzoek bleek dat partners gelukkiger waren als ze een voorkeur hadden voor hetzelfde dagritme, dus allebei vroege vogels waren of in het weekend pas tegen de middag uit de veren kwamen.

Als de favoriete tijden erg uiteenliepen, kon dat voor beide partners juist een bron van ergernis zijn. Met name mannen stoorden zich daaraan en vonden hun relatie minder gelukkig. Vrouwen waren daarentegen vooral ontevreden als ze met hun eigen dagritme overhooplagen en zelf bijvoorbeeld ook liever wilden uitslapen dan al voor zonsopgang in de weer zijn en met hun bedrijvigheid de huisgenoten uit hun slaap rukken.

Als je iets voor je relatie wilt doen, zou je dus kunnen proberen om je dagritme gelijk te schakelen. Het hoeft niet meteen om een verandering van baan te gaan, maar het zou je veel onuitgeslapen ruzies kunnen besparen als je voor hem langer in bed zou blijven of voor haar af en toe de wekker wat vroeger zou zetten (of omgekeerd).

Als geboortegrond een probleem wordt

'Als we niet weten naar welke haven we koers zetten,
is geen enkele wind gunstig.'
– Seneca

Mensen hebben vaak moeite om de weg terug naar huis te vinden. De eerste grote vertelling uit de literatuurgeschiedenis gaat al over niets anders. De heldhaftige Odysseus had er tien lange jaren voor nodig en moest een heleboel idiote dingen doen voor het hem eindelijk lukte. Hij moest zich aan een schaap vastklampen en was in zijn oren laten stoppen, dat soort zaken. En toen hij uiteindelijk thuiskwam, was hij geestelijk nog altijd niet in evenwicht en richtte hij om te beginnen een gruwelijk bloedbad aan. Evengoed is het natuurlijk één groot liefdesverhaal: ondanks de betoverende Circe wil Odysseus niets anders dan eindelijk naar huis gaan, naar de vrouw met wie hij al heel lang is getrouwd.

Toch is de spanning tussen 'thuis' en de wereld 'buiten' een groot onderwerp, ook voor partners. In de wereldliteratuur wemelt het van de verhalen over rusteloze mensen (meestal mannen) die dringend van huis moesten en pas nadat ze allerlei avonturen hadden beleefd, gevechten hadden doorstaan of walgelijke monsters hadden verslagen, terug mochten naar waar ze vandaan kwamen, en dus eigenlijk net zo goed gewoon thuis hadden kunnen blijven.

Maar ook na hun terugkeer voelden ze zich zelden echt lekker. Doorgaans hield het onwennige gevoel nog behoorlijk lang aan. En omdat zo veel mensen (voornamelijk mannen) zichzelf in die belevenissen herkennen, is de avonturenroman een erg populair genre geworden binnen de literatuurgeschiedenis. Geen geluk zonder avonturen, kennelijk.

Mooi is bijvoorbeeld het verhaal over de apotheker Isidor, die Max Frisch in zijn roman *Stiller* heeft vereeuwigd. Isidor is in wezen een vriendelijke vent, maar hij kan er niet tegen dat zijn vrouw hem steeds vraagt waar hij is geweest. Dat maakt hem razend vanbinnen, dus neemt hij op een dag onverwacht de benen. Na zeven jaar, die hij grotendeels in het vreemdelingenlegioen doorbrengt, keert hij terug, bebaard, mager, met een tropenhelm onder de arm en een revolver aan zijn riem. Zijn echtgenote is jarig, er is koffie en taart.

Isidor, die toch al nooit veel sprak, is tijdens zijn afwezigheid nog zwijgzamer geworden. Maar dan vraagt zijn vrouw:

'Isidor! Waar ben je toch al die tijd geweest?' De man zwijgt, grijpt zijn tropenhelm, schiet driemaal in de verjaardagstaart, maakt rechtsomkeert en gaat er weer vandoor.

Een jaar later, weer op de verjaardag van zijn vrouw, komt Isidor opnieuw terug. Op de vraag van zijn vrouw 'Isidor, waar ben je nu weer geweest?' gaat hij ook ditmaal niet in. In plaats daarvan loopt hij, zonder te schieten, de tuinpoort uit om nooit meer terug te keren. De juiste manier om je na een lange afwezigheid weer aan te passen aan thuis is dus niet zo makkelijk te vinden.

Voor veel volwassenen is het daarom heel lastig om na een jarenlange leertijd in een vreemde streek weer thuis te komen. Als ze nog maar net meerderjarig zijn (of nog niet eens) kan de afstand tot de ouders en de geboorteplaats hun niet groot genoeg zijn. Dat blijft vaak zo gedurende de periode van opleiding en studie. Afgezien van incidentele bezoekjes laten veel mensen zich op die leeftijd nauwelijks bij hun ouders zien.

Naarmate iemand ouder wordt, worden het verlangen en de nostalgie steeds sterker. Opeens is de in voorgaande jaren afgeslagen uitnodiging voor een klassenreünie toch erg aantrekkelijk. Sommigen nemen zelfs contact op met leraren van vroeger. Anderen gaan naar discoavonden en proberen de allang vergeten dansen (discofoxtrot) op de liedjes van hun jeugd uit de jaren zeventig of tachtig nog eens uit.

Rond de kerstdagen spelen ze memory met de ouders van hun schoolvrienden. En bij wijze van pelgrimstocht lopen ze nog eens over de veld- en boswegen waar ze op hun zeventiende of achttiende tijdens urenlange nachtelijke wandelingen diepzinnige gesprekken voerden over de zoektocht naar de ware liefde. Sommigen gaan met Kerstmis zelfs weer eens naar de kinderdienst in de kerk van hun jeugd.

Als je partner wordt meegezogen in zo'n nostalgische heimweefase of er zelfs langere tijd in blijft hangen, is het goed om mild te blijven en je er niet op ontactische wijze tegenaan te bemoeien. Goed, er zijn alarmerende signalen: als de echtgenoot het braakliggende veld wil kopen waarop hij vijftig jaar geleden vanuit zijn kinderkamer uitkeek, omdat hem dat nog steeds doet denken aan zijn niet vervulde dromen over de wijde wereld ('ik ben nog nooit in New York geweest') moeten de echtgenote of de volwassen kinderen zo snel mogelijk ingrijpen en voorzichtigheidshalve contact opnemen met de klantenservice van de bank.

In alle overige gevallen geldt: laat hem maar, maak je geen zorgen, het gaat vaak alleen om de nostalgie, om de melancholische mogelijkheid, niet om de reële verwezenlijking. Hij trekt wel weer bij.

Over eventuele verhuisplannen naar het huis van de kinderjaren moet overigens wel goed worden nagedacht. Tenslotte bestaat het gevaar van schrijnende terugvallen in kinderlijke gedragspatronen of zelfs de enscenering van het eigen verleden, dat rijp is voor het museum. Elke kamer zit vol herinneringen, soms heel reële, zoals de lelijke presse-papier in de vorm van een stuwdam uit Kaprun. Maar in elk geval met onstoffelijke memorabilia, die herinneringen, angsten en euforische periodes uit de kindertijd weer tot leven kunnen wekken. Als partner wil je dat soort flashbacks niet in alle hevigheid meemaken.

Of, en zo ja wanneer, dergelijke nostalgische periodes zich voordoen, is spijtig genoeg moeilijk te voorspellen. Over het algemeen leidt de niet meer te ontkennen aftakeling van de ouders of hun overlijden tot een herbezinning op de werkelijke betekenis van geboortegrond en kinderjaren. Opeens moet de herinnering koste wat kost bewaard blijven. Voor sommige mensen is terugdenken aan de gezellige momenten van vroeger dan niet meer genoeg, ze hebben er ook stoffelijke ondersteuning bij nodig, of dat nu in de vorm van huizen, lappen grond of meubelen is. Dat kan in de papieren lopen, of op zijn minst gepaard gaan met grote verhuis- of opruimklussen.

Relatieproblemen ontstaan over het algemeen als een van beiden opeens vol weemoed terugdenkt aan de prachtige, lang vervlogen jaren en die op een of andere manier wil terughalen, al is het met totaal ongeschikte middelen. Dan wordt bijvoorbeeld de kelder niet meer opgeruimd, omdat daar nog de brokstukken liggen van de modelspoorbaan, waarvoor de allang overleden vader en zijn al even dode vriend destijds liefdevol een 'berglandschap' van gips hebben gemaakt.

Of de vrouw van begin zestig voelt een onbedwingbare drang om een groter huis te huren en daar precies zulke feesten te geven als haar ouders vroeger deden, of het 'open huis' te houden waar zij vijftig jaar geleden bij zwoeren: 'Wij hadden altijd vrienden over de vloer', geeft ze als reden.

Alles goed en wel, maar op je twaalfde snoepen van de prikkertjes of de verboden bowl voor de volwassenen en daar een groot geluksgevoel bij ervaren, is toch echt wat anders dan op je vijftigste een nieuwe vrienden- en kennissenkring willen opbouwen, terwijl leeftijdgenoten allang gezellige huismussen zijn geworden en liever Netflix kijken. Het is niet zo eenvoudig om het gevoel van toen terug te halen. En als er wel zulke feesten zijn, is het toch nooit hetzelfde als vroeger.

Bij dit onderwerp hoort ook de omgang met het ouderlijk huis, dat je dertig jaar geleden hebt verlaten maar waarvan je toch geen afscheid kunt nemen. Een lastig onderwerp, een breed terrein. Want zowel de aarzeling als de haast om de afgelegen stulp van de hand te doen, kan een relatie nogal onder druk zetten. Wat kun je inbrengen tegen die ene, beslissende zin: 'Het is waar ik geboren ben, ik ben er nog erg aan gehecht'?

Nieuwe doelen stellen

'Hebberigheid op latere leeftijd is een dwaasheid.
Vergroot je ook je reisproviand als je je doel nadert?'
– Cicero

'Fijn dat mijn man en ik samen kunnen ontbijten
nu we gepensioneerd zijn.
Alleen wel jammer dat hij na afloop blijft zitten.'
– Anoniem

'Alles wat ik oppak mislukt,' zegt een van de mannen met een mengeling van zelfmedelijden en koppigheid. 'O, kennelijk is iemand hier nog depressiever dan ik,' antwoordt de ander. En de derde, die al wat kaal begint te worden maar wel een elektrische gitaar heeft gekocht en dolgraag een rockster zou willen zijn, moet van zijn puberdochter het even ware als vernietigende oordeel horen: 'Pap, je bent David Bowie niet.'

Het is niet makkelijk om een man van vage middelbare leeftijd te zijn, ergens tussen de vijfenveertig en vierenvijftig. Wat een groep gefrustreerde kerels nog kan motiveren en in beweging kan krijgen kun je zien in de film *Le grand bain* (2018) van Gilles Lellouche. Een aantal door het leven geteisterde figuren vormt min of meer toevallig een trainingsgroep die bij elkaar komt om (geen grap) aan synchroonzwemmen te doen. Geen van hen heeft een buik als een wasbord. Ze hebben eerder een buik als een wasbeer.

De tijd dat ze nog rank en slank aan de kant van het zwembad stonden is allang voorbij. Inmiddels bolt hun buik over hun veel te krappe zwembroek en hebben ze stuk voor stuk het gevoel overbodig te zijn. Maar de wanhopige losers van middelbare leeftijd hebben zichzelf een ambitieus doel gesteld: meedoen aan het wereldkampioenschap synchroonzwemmen.

Geleidelijk aan krijg je de indruk dat het helemaal geen losers zijn. Het leven heeft het niet altijd goed met hen voorgehad, maar desondanks zie je een paar sympathieke, eigenzinnige kerels die zich na veel twijfel en tegenslag vermannen en meedoen aan een wedstrijd in een sport waarvoor ze op het eerste gezicht zo geschikt lijken als een gnoe voor een rekstokoefening.

Juist dat is een kernboodschap voor alle stellen die wat ouder, een tikje gefrustreerd en een beetje voller rond de heupen zijn geworden, en bereid zijn om elke opborrelende motivatie zelf al in de kiem te smoren voordat anderen het doen. Verspilde moeite, het heeft toch geen zin meer, wat moet dat allemaal nog. Anderen (en zeker de eigen kinderen) vinden het misschien pijnlijk als een gezette vijftigplusser met synchroonzwemmen begint. Of met karate, blokfluit of atletiek. Dat geldt ook voor de vijftigjarige vrouw die opeens haar lang verzwegen liefde voor turnen, judo of free climbing wil uitleven.

Laat die puberkinderen maar lachen om het rustige hardlooptempo van hun verwekker. Laat de partner maar zwijmelen over de afgetrainde kennis van eind vijftig die de marathon nog uitloopt binnen een fantastische drieënhalf uur, terwijl je het zelf na drieënhalve kilometer al opgeeft. In beide gevallen geldt: laat je niet vooral niet ontmoedigen, maar ga door. Het belangrijkste is dat je het doet.

Het is van onschatbare waarde om een bestaansreden of een

nieuw doel voor jezelf en je partner te vinden. Als je een taak hebt, krijgt je leven meer betekenis en groeit je gevoel van eigenwaarde, vooral als je iets in groepsverband onderneemt, of het nu een gezamenlijk project is, hulp aan anderen of gewoon een gedeelde hobby. Het helpt enorm als er een uitdaging mee gemoeid is, als het doel dus niet zomaar te bereiken is maar enige inspanning vereist en in het begin ook even de serieuze mogelijkheid van mislukking in zich draagt.

Je inzetten voor jezelf of de goede zaak staat los van de vraag hoe gezond je bent en of je lichamelijke beperkingen hebt, en beschermt tegelijkertijd tegen cognitieve achteruitgang. Onderzoek heeft uitgewezen dat mensen die op latere leeftijd een taak hebben of een diepere zin in hun leven vinden, geestelijk langer fit blijven en minder snel dementie krijgen.[69]

Want juist daarin ligt de uitdaging in een lange relatie. Je denkt precies te weten wat de ander kan en vooral ook niet kan. Je acht hem helemaal niet in staat tot nieuwe initiatieven. Maar waar het om gaat, is dat iemand ergens aan durft te beginnen, dat hij zichzelf niet te serieus neemt maar tegelijkertijd wel met waardigheid de eerste pogingen doet, en zich ondanks aanvankelijke mislukkingen niet uit het veld laat slaan.

Daarom moet de partner dergelijke initiatieven steunen en ze niet belachelijk maken. Het is van grote waarde om trots en blij te zijn omdat je meedoet aan een nieuw sportclubje of een ander initiatief, om er succesvol in te zijn (ongeacht op welk niveau) en jezelf te hebben overwonnen. Dat verrijkt de relatie. En het maakt iemand ook nog eens verrassend aantrekkelijk. Aantrekkelijker dan een buik als een wasbord ooit kan zijn.

Stoppen, aftreden

'Oude dwazen zijn dwazer dan jonge.'
– François de La Rochefoucauld

Een vaak onderschatte maar grote uitdaging voor oudere stellen doet zich voor als een van beiden, meestal de man, niet kan stoppen met werken. Of het nu gaat om een baan of een vrijwilligersfunctie in de gemeenteraad of bij de sportclub, veel mensen verpesten hun levenswerk of maken zich belachelijk omdat ze niet kunnen accepteren dat ze plaats moeten maken voor jongeren. Vooral mannen lijken dan op een grijze pauw die geen zelfkritiek kent en zich koestert in de glorie van zijn allang verstofte successen.

Niet alle zilverruggen ontwikkelen dezelfde dictatoriale neigingen als Robert Mugabe, die Zimbabwe decennialang steeds verder de afgrond in dreef met mensenrechtenschendingen, politiegeweld en spilzucht; maar de koppige ouderen in onze omgeving schoppen het meestal wel tot kleine despoten en grote stijfkoppen, tot gedrag dat de organisatie schaadt en tot een verbijsterende mate van schaamteloosheid.

Joseph Blatter werd als voorzitter van de FIFA pas vervangen toen hij bijna tachtig was. Hij veroorzaakte regelmatig schandalen en affaires, zodat de Wereldvoetbalbond synoniem werd aan corruptie en vriendjespolitiek of, naar keuze, een frauduleus lachertje. Ondanks talloze pogingen lukte het maar niet om de Zwitserse functionaris uit zijn functie te zetten. Pas in 2016 kondigde hij zijn verlate vertrek aan. Het zal nog een hele tijd duren voor de reputatie van de FIFA is hersteld van de chronische mishandeling door haar eigen kopstukken.

Anton Schlecker, die in 1944 werd geboren en gediplomeerd slager was, heeft van een drogisterij eerst een multinationaal miljardenbedrijf en vervolgens een van de grootste faillissementsgevallen in de geschiedenis gemaakt. Een ramp voor de duizenden medewerkers. De man die eens hoog op de lijst van rijkste Duitsers prijkte, moest van de bewindvoerder (het proces begon in 2012) horen dat hij met een 'mengsel van naïviteit en weerzin tegen advies' de zaak in de soep had gedraaid en ondanks veelvuldige waarschuwingen te lang aan een 'achterhaald winkelconcept' had vastgehouden. Met andere woorden: de ouwe nam van niemand iets aan.

De voorbeelden uit de politiek en het bedrijfsleven zijn even talrijk als lachwekkend. Je zou bijna medelijden krijgen. Oude mannen kunnen of willen soms niet opstappen. Ondanks alle waarschuwingen blijven ze halsstarrig dezelfde koers volgen, ook al zijn zij de enigen die het nog de juiste vinden. Ze helpen hun bedrijf naar de knoppen, of verliezen de verkiezingen na een kanselierschap van zestien jaar en onbetwistbare historische verdiensten met betrekking tot de Duitse hereniging, zoals Helmut Kohl in 1998, die in politiek opzicht uiteindelijk alleen nog zichzelf vertrouwde.

In het klein, in de langdurige relatie, doet datzelfde gedragspatroon zich voor als een partner hardnekkig volhoudt: 'Zo hebben we het altijd gedaan', en niet tegen verandering kan. Dergelijke inflexibele, stijfkoppige mensen moeten een partner hebben die hun koppigheid en gebrek aan inschikkelijkheid verdraagt. Zo niet, dan loopt de relatie stuk.

De ironie wil overigens dat het met name de ouder geworden protestgeneratie van 1968 is die maar niet loslaat en zo hinderlijk op haar stoel blijft plakken. De mensen die destijds de val van de autoriteiten eisten en iedereen verdacht vonden die boven de vijftig en nog in functie was, willen zich ook op hun zeventigste of tachtigste nog ontplooien, maar wel in vaste dienst of in ieder geval door het establishment financieel ondersteund blijven. Ze hebben al jong geleerd om de lucratiefste functies en banen in de wacht te slepen. En ook als hoogbejaarden vinden ze zichzelf nog onvervangbaar.

Je kunt je afvragen waarom veel ouderen zo moeilijk kunnen stoppen met werken. Vooral de patriarchen hebben grote moeite om het veld te ruimen voor hun opvolgers. Waarom is het zo lastig om met pensioen te gaan? Komt het door het verlangen naar machtsbehoud? Het gevoel onvervangbaar te zijn? De angst om zonder werk niet voldoende bevrediging te vinden? Voor de oude patriarchen zelf is de situatie helder: het is een kruis! De eigen kinderen zijn verwend en in het bedrijf zijn alleen maar domme nietsnutten op komst. Concurrentie van buitenaf is niet in zicht, daar overheersen de hielenlikkers, intriganten en carrièrejagers. Allemaal doorsnee, niemand van formaat. Wat kun je anders dan goed- of kwaadschiks doorgaan? Je hebt immers wel een verantwoordelijkheid.

Dit verschijnsel zien we ook bij medisch specialisten en dictators. Als je tientallen jaren omringd wordt door gunstelingen en mensen die afhankelijk van je zijn, hoor je op een gegeven moment geen kritiek meer omdat niemand in je omgeving nog kritiek durft te uiten. De baas ziet zijn gezin bijna nooit of neemt hun bezwaren niet serieus, onruststokers op het werk zijn ontslagen of gedegradeerd. Dat leidt tot pijnlijke autobiografieën van medisch specialisten of de ondergang van socialistische staten.

De legendarische chirurg Ferdinand Sauerbruch opereerde ondanks zijn voortschrijdende dementie op zijn zeventigste nog in een privékliniek of op de keukentafel bij hem thuis omdat hij de patiënt zijn gouden handen niet wilde ontzeggen. Wie anders kon het zo goed als hij? Een groteske zelfoverschatting.

Een persoonlijke rondvraag in de academische wereld levert vergelijkbare uitkomsten op: iedereen vindt het prima dat oudere mensen doorwerken. Laat ze toch, het heeft ook zijn voordelen. Maar wacht even, de ondervraagden lopen zelf ook allemaal tegen de zestig of hebben de pensioengrens al overschreden. 'De levensverwachting is toegenomen, maar de fitheid op hogere leeftijd nog veel meer,' zegt de medicus bijvoorbeeld. 'Toch blijven de verwachtingen over wanneer iemand met pensioen moet hetzelfde.' Dat wil zeggen dat mensen die niet zo vroeg willen stoppen als verwacht, ten dele gelijk hebben. 'De maatschappelijke normen en de biologische realiteit stroken niet meer met elkaar.'

Bovendien hebben anderen er ook altijd belang bij om oudere mensen in hun functie te laten, vermoedt de arts. Ze zijn namelijk betrouwbaar. 'De afhankelijke omgeving bevestigt iemand in het idee dat hij onvervangbaar is, en de familie vindt het ook niet altijd een onverdeeld genoegen dat de vader of echtgenoot gefrustreerd thuis komt te zitten,' zegt hij.

Volgens de geesteswetenschapper blijkt de omstandigheid dat patriarchen moeilijk kunnen aftreden al uit hun naam: de vaderheerschappij is nu eenmaal per definitie in handen van de ouderen. 'Wie staat zijn macht nu graag af?' vraagt hij. 'Voor de meesten is het geen last om de baas te zijn, maar een drug: macht is lekker, en hoewel de potentie misschien niet meer zo geweldig is, kunnen ze op het werk nog altijd de grote macho uithangen.'

De middelmatige nakomelingen die hen in de verre toekomst moeten opvolgen, hebben ze zelf verwekt en opgeleid. Ze weten dus dat die niet zo veel waard zijn als zijzelf. En wat moeten ze met zichzelf beginnen als ze niet langer de baas zijn? Macht uitoefenen was immers een levensvervullende, bevredigende bezigheid. Het is spannend om te zien of het de matriarchen ook zo zal vergaan. Zullen Angela Merkel en

Christine Lagarde op een dag waardig kunnen terugtreden?

De psycholoog kan goede redenen aandragen waarom ouderen op tijd moeten uitkijken naar een opvolger. Toch doen ze dat vaak niet, om uiteenlopende redenen. 'Als iemand uitmuntend functioneert en een toonbeeld is van rijpheid en wijsheid, is het soms ook helemaal niet zinvol dat hij zijn baan voortijdig opgeeft.' De verafgoding van jeugdigheid en starre opvolgingsregelingen die gelden vanaf een bepaalde leeftijd, zestig of vijfenzestig bijvoorbeeld, is daarom vaak overdreven, dat heeft niets te maken met de vraag of iemand zelf moeite heeft met loslaten.

Maar wat te doen als er geen geschikte opvolger is?

'Dat ligt dikwijls aan de ouderen zelf, omdat ze de capabele mensen niet hebben laten doorstromen,' zegt de psycholoog. 'Vaak hangt dat samen met hun mensbeeld. Leidinggevenden die oog hebben voor het potentieel van anderen, hebben competentere mensen om zich heen dan leidinggevenden die alleen overtuigd zijn van zichzelf onder het motto: ik heb mijn beste medewerker meegebracht, namelijk mezelf.'

Die mentaliteit gaat vaak gepaard met gevoelens van almacht: ze zijn hoe dan ook de grootste en de beste, en alles gaat naar de knoppen als zij hun functie niet meer uitoefenen. Prestige en waardering, nog versterkt doordat ze op het toneel in de schijnwerpers staan, doen de rest. Veel acteurs hebben dat gevoel ook nodig. Achter het streven naar duurzame macht, invloed en waardering schuilt vaak verliesangst, die samenhangt met een dreigend identiteitsverlies. Wie ben ik nog zonder baan en werk? Ben ik dan nog wel wat waard? Die manier van denken houdt dergelijke mensen vaak tegen om een nieuwe start te maken.

Aan de andere kant is het voor een organisatie vaak nadelig als rijpe, wijze, gezagsvolle mensen om leeftijdsredenen hun baan opgeven. Waarom zou een Nobelprijswinnaar op zijn tachtigste geen onderzoek meer kunnen doen? Waarom zouden intellectuelen hun ideeën niet meer naar voren mogen brengen? Waarom zouden kunstenaars en musici zich aan leeftijdsgrenzen moeten houden?

De musicus en bandleider James Last kreeg op zijn vijfentachtigste de vraag: waarom werkt u nog? Zijn antwoord luidde: ik werk niet, ik maak muziek. Dat geldt voor veel mensen: ik creëer nog, ik schrijf, ik componeer, of ik help mensen vooruit. Soms is het inderdaad zonde om tegen iemand van een bepaalde leeftijd te zeggen: nu mag je niet meer nadenken en werken. De kunst is om het juiste moment te herkennen. Wie moet op tijd terugtreden en wanneer kunnen we blij zijn dat mensen hun talenten blijven inzetten?

Misschien kunnen we wat leren van Karl Lagerfeld. Die excentrieke modekoning wilde niet eens vertellen hoe oud hij was. Volgens zijn geboorteaangifte en het doopregister van Hamburg werd hij op 10 september 1933 geboren, maar blijkbaar noemde hij 1938 als geboortejaar en soms ook 1935, zodat hij veel kroonjaren in het verkeerde jaar vierde. Toch deed dat geen afbreuk aan zijn populariteit, integendeel. Lagerfeld verklaarde dat hij onmiddellijk zou stoppen met werken als niemand zijn kleding meer wilde hebben. Dat gebeurde niet. De couturier overleed op 19 februari 2019 en was tot op het laatst drukbezet.

Die vraag, stoppen of doorgaan, is ook rechtstreeks van invloed op de langdurige relatie. Als een van de partners dwangmatig wil doorgaan, gaat de kans om samen iets nieuws uit te proberen vaak voorbij: de relatie sukkelt verder, tot op een gegeven moment de werkgever, de kiezer, het publiek zegt: nu is het mooi geweest. En dan is het te laat. Dan is er geen werk meer, en ook geen relatie.

Omgekeerd geldt dat een bevredigende bezigheid, zoals bij

James Last of Karl Lagerfeld, een langdurige relatie kan verrijken, net als in de jaren daarvoor.

Het is voor partners met veel ervaring misschien een lastig, maar oplosbaar vraagstuk, waar ze zich hoe dan ook in moeten verdiepen: wanneer is het gedaan met de huidige activiteiten, wat is het juiste moment voor de nieuwe levensfase, en hoe kunnen we daar samen een begin mee maken?

Lang samen en toch gelukkig

Strategieën voor de lange liefde

Begin met het verwenprogramma voor de oude liefde, nu!

'Wie voor de tweede keer verliefd wil worden op zijn partner, moet zich net zo gedragen als de eerste keer.'
– David Wilchfort, relatietherapeut

De stemming is weer eens om te huilen. Terwijl alles zo mooi had kunnen zijn: eindelijk weer eens uit de sleur, op de planning stond een avondje naar de film en daarna in alle rust uit eten. We zouden lekker tegen elkaar aan kruipen en van de film genieten, onder het eten tijd hebben voor elkaar, het samen gezellig hebben. Allemaal net als vroeger, toen de liefde nog pril en fris was.

Maar toen kwam er iets tussen. Een verkeerd woord, een geringschattend gebaar, een ironische opmerking. In elk geval doet de partner nu toch niet mee, die heeft geen zin meer. De avond die ons dichter bij elkaar had moeten brengen, is al mislukt voordat hij goed en wel begonnen is. Degene die alles zo goed had voorbereid, voor de bioscoopkaartjes had gezorgd en de tafel in het restaurant had gereserveerd, voelt zich voor het hoofd gestoten. Al snel borrelt het gevoel op dat het zinloos is om dergelijke dingen nog te plannen. Frustratie in plaats van *frutti di mare*. Weg is het goede humeur, het is immers niet de eerste keer dat de partner een gezamenlijk voornemen boycot.

Het ligt nu voor de hand dat beiden teleurgesteld of woedend reageren en na het aanvalssein in het offensief gaan, en zo gaat het helaas ook vaak. Dat is begrijpelijk, dit is er het uitgekiende moment voor. Maar het zou beter zijn om de wederzijdse agressie een halt toe te roepen en tot een verrassende verwenaanval over te gaan. Wat er eerder op de dag ook voor akeligs is voorgevallen, de partner wordt niet bedolven onder een nare scheldkanonnade, maar onder kleine attenties. En daar kan hij zich niet tegen verweren.

Het resultaat is verbluffend. Maar laat ik eerst even kort uitleggen hoe het in zijn werk gaat. Het idee is afkomstig van enkele psychologen en relatietherapeuten die onlinecoaching voor stellen aanbieden. Om te beginnen moet je het experiment minstens drie dagen volhouden; langer mag natuurlijk altijd. Het principe is dat je je partner drie dagen achter elkaar verwent en alleen maar leuke dingen voor hem doet. Het is de bedoeling om datgene weer aan te wakkeren wat je in het begin, toen je pas verliefd was, gewoon vanzelf deed: naar de ander omzien, kijken waar hij behoefte aan heeft en je eigen behoeften op de tweede plaats stellen.

Waar het om gaat zijn volle aandacht en een heleboel waardering, geen dure materiële geschenken, hoewel kleine cadeautjes natuurlijk 'toegestaan' zijn. En over dat begin gesproken: inmiddels zou het nog gemakkelijker moeten zijn om de ander een groot of klein plezier te doen en wensen te vervullen waarvan hij zelf niet eens wist dat hij ze had. Tenslotte kennen de partners elkaar al lang en weten ze beter dan aan het begin van hun relatie wat de ander leuk vindt.

Geen mens reageert zoals in de studieboeken staat beschreven, maar relatietherapeuten en wetenschappers hebben de ervaring dat de partner die verwend wordt op dag één vooral verrast zal zijn. Ook als hij het verwenpakket accepteert en blij is met alle attenties is de verwondering in eerste instantie groot.

Als het er op dag twee al even vriendelijk aan toegaat, groeit de scepsis tegenover de ongewone aardigheidjes misschien nog. 'Wat voert de partner in zijn schild?', 'Heeft hij mij iets te vertellen, of andere plannen waarop hij me op deze manier voorbereidt?' Afhankelijk van zijn persoonlijkheid kan de partner gemakkelijk geïrriteerd raken of zelfs tamelijk wantrouwig worden.

Meestal verdwijnt op dag drie eindelijk de argwaan en kan de partner de voorkomende en liefdevolle behandeling toelaten. Nu komt de ontspanning en kunnen beiden genieten van hun tijd samen.

Wie nu vreest dat de persoon die in de watten wordt gelegd, meteen aan die luxueuze toestand went en muteert tot een kleine pasja of prinses die het vanzelfsprekend vindt dat elke wens voortaan van zijn of haar lippen wordt gelezen, vergist zich. De verwende partner krijgt juist vrij snel de behoefte om iets terug te doen voor al die vriendelijkheid die hem de afgelopen dagen ten deel is gevallen. Waarschijnlijk kiest hij daar andere vormen van aandacht voor, misschien duurt het nog een paar dagen voordat het tot een liefdevolle 'revanche' komt, maar het mechanisme dat beide partners in een positievere stand zet, is in gang gezet. Wie had dat gedacht, terwijl de stemming drie dagen eerder nog tot het nulpunt was gedaald?

Ingewikkeld is zo'n verwenprogramma dus niet, maar het valt niet mee om er de moed voor op te brengen en juist als de sfeer in de relatie slecht is van jezelf een flinke dosis edelmoedigheid te verwachten. Toch kun je niets fout doen als je je aan twee regels houdt: vermijd gedurende die drie dagen de aloude conflictonderwerpen, en geef kritiek en bezwaren geen ruimte. Alleen vriendelijke woorden en gebaren zijn geoorloofd.

Liefde toelaten en herkennen wat je kunt veranderen

'Vrouwen die op tijd inzien dat je een man niet kunt opvoeden, besparen zich de halve narigheid van hun huwelijksleven.'
– Michèle Morgan

Om te voorkomen dat zich een negatief beeld vastzet van de partner en de relatie, of de ziel blijvende littekens oploopt, zijn verschillende strategieën mogelijk. Hieronder geef ik aan wat je meteen kunt doen om je psychisch niet te laten neerhalen en hoe je je op middellange termijn tegen de gevolgen van dat negatieve denken kunt beschermen.[70]

'Ook in goede tijden zou je moeten stilstaan bij de mogelijkheid dat iets een negatieve wending krijgt waardoor je in een crisis terechtkomt,' zegt Marcus Schiltenwolf van het academisch ziekenhuis in Heidelberg. 'In geval van een crisis moet je dan de dingen uitproberen die vroeger hebben geholpen. Als je zelf niet verder komt, is het helemaal niet erg om de hulp van anderen in te roepen.' Alleen moet je dan wel het perspectief op jezelf en anderen willen veranderen. 'Het leven is immers voortdurend aan verandering onderhevig, daar moeten we op voorbereid zijn,' zegt Schiltenwolf. 'Dat is met name van belang bij het ouder worden, omdat het lichaam over het algemeen sneller verandert dan de geest.'

Ingesleten standaardreacties die hun nut hebben bewezen en in het verleden goed gewerkt hebben, kunnen ook later nog uitkomst bieden, maar je moet ze wel toetsen op hun bruikbaarheid voor de actuele situatie.

Verder is bij vastgelopen partnerrelaties de even eenvoudige als beproefde regel van nut: 'Love it, change it, challenge it, or leave it'. 'Meestal is het beter om voor jezelf op te komen dan alles stilletjes te ondergaan,' zegt Harald Gündel, hoofd van de afdeling Psychosomatiek van het academisch ziekenhuis in Ulm. 'Daar wordt je op den duur lichamelijk en geestelijk ziek van, wat vermoedelijk mede wordt veroorzaakt door onderdrukte en vaak onbewuste agressieve gevoelens die ook in biologisch opzicht een negatief effect hebben.'

Wie zijn ergernis over de partner of de toestand van de relatie opkropt, vindt meestal geen innerlijke rust; het woedt en gist maar door vanbinnen. Dan is het beter om hulp te zoeken bij een professional en samen uit te zoeken wat de beste oplossing zou zijn.

Er is wel één uitzondering: sommige mensen die zich al snel het slachtoffer voelen van hun huwelijkspartner (of hun baas), hebben kennelijk iets wat anderen provoceert, zonder dat ze dat zelf merken of willen. Die 'projectieve identificatie' behelst onbewust gedrag dat anderen ertoe aanzet om hen (bijvoorbeeld in een nieuwe relatie) opnieuw te behandelen op de manier die ze hoe dan ook wilden vermijden. Er rust een bijna griezelige herhalingsdwang op hun ervaringen met andere mensen.

In dat geval kunnen groepstherapie of andere vormen van psychotherapie zinvol zijn, ook met behulp van kunst, muziek of lichaamstherapie. In de groep zie je regelmatig dat andere deelnemers zulk onbewust gedrag en verborgen boodschappen snel herkennen, en dus ook opmerken dat dergelijke personen algauw in de gehate slachtofferrol terechtkomen. Wanneer dat mechanisme wordt aangekaart, begrijpen de betreffende mensen geleidelijk aan vaak beter wat ze kunnen veranderen. Conflicten ontstaan bijna altijd in 'het tussen', in de interactie met anderen, of het nu de partner of een collega is. Meestal ligt de schuld niet bij één van de twee.

'Je moet onderscheid maken tussen omstandigheden die je wel en niet kunt veranderen,' zegt sociaalpsycholoog Dieter Frey van de Ludwig Maximilians-Universität in München. 'Kan ik op dit moment echt iets anders doen en ben ik degene die de beslissing in handen heeft?' In de partnerrelatie, de familie of het bedrijf ben je namelijk vaak een gevangene van jezelf en meen je dat de situatie onoplosbaar is omdat er zogenaamd geen alternatieven zijn.

Dan zou je als eerste het motto 'love it' moeten proberen. Dat wil zeggen: leg je erbij neer dat de ontwikkeling in je relatie stokt en probeer de positieve kanten te zien, ook al lijkt je partner nu een probleem. Je hoeft heus niet in één keer van gelatenheid naar euforie over te schakelen, maar het kan erg nuttig zijn om de zonnige kanten (opnieuw) te ontdekken. Daar hoort ook bij dat je af en toe een dikkere huid hebt en je niet alles persoonlijk aantrekt.

'Change it' is een loffelijk streven als iets niet goed aanvoelt en een permanente belasting wordt. Het eerste doel is doorgaans dat je je eigen gedrag verandert. 'Het is goed om bondgenoten te zoeken die je kunnen helpen om niet meer alles te accepteren,' zegt Frey. Daarbij gaat het beslist niet om verzet, rebellie of zelfs een relatiebreuk. Vaak is het een eerste stap naar verandering als je tegen je partner zegt: 'Ik wil niet meer dat onze gesprekken zo stroef gaan' of 'Laten we stoppen met deze ruzie en op een rustiger moment verder praten.'

Als je tot nu toe niet gewend was om je anders op te stellen tegenover je partner en je eigen ideeën vaker in de praktijk te brengen, kun je de hulp inroepen van goede vrienden, die de eerste stappen in zo'n veranderingsfase ondersteunen en je aanmoedigen. Als koppels ruziemaken of elkaar steeds opnieuw kwetsen, vinden veel mensen dat een zuivere privéaangelegenheid. 'Helaas kijken mensen vaak weg. Maar soms is het juist de kunst om in te grijpen, je solidair op te stellen en iemand te beschermen,' zegt Dieter Frey.

'Leave it' is de droom van veel gefrustreerde huwelijkspartners en van zeker zo veel ontevreden werknemers. Met één klap en één stoere laatste opmerking de partner verlaten of de arbeidsovereenkomst beëindigen. Gewoon alles achter je laten. De baas eindelijk eens laten zien dat je niet meer met je laat sollen. Het achterliggende motief is dat je jezelf wilt beschermen en niet langer wilt blootstellen aan een ongezonde omgeving. Jammer genoeg is die mogelijkheid niet voor iedereen weggelegd.

Natuurlijk is het gemakkelijker gezegd dan gedaan: vooral vrouwen blijven vaak bij hun man, ook al worden ze regelmatig geslagen of op een andere manier vernederd. Het alternatief, alleen zijn, voelt nog bedreigender; of ze zijn gewoon bang voor zijn reactie. Toch is het van essentieel belang om onrecht of hatelijkheden niet langer te accepteren en je ertegen te beschermen. De eerste stap kan zijn dat je het conflict uit de weg gaat zonder je volledig uit de relatie terug te trekken. Daarmee haal je voor dat moment de lont uit het kruitvat. Als dat niet voldoende is en de confrontatie telkens escaleert, blijft alleen de laatste stap over: je losmaken uit de relatie.

'Challenge it' is een oefening die een vooruitziende blik vereist en waarbij je tussendoor telkens afstand moet nemen. Kies voor dit instrument als er niet direct iets aan de omstandigheden te veranderen valt. Dan is het belangrijk om de ingewikkelde situatie als een uitdaging te beschouwen en toch in actie te komen. Je kunt bijvoorbeeld vrienden inschakelen tegen een driftige partner, of een relatietherapeut opzoeken. Het is van belang dat je bondgenoten zoekt om de moeilijke situatie in ieder geval wat draaglijker te maken.

Een andere mogelijke strategie is mentale zelfbescherming. Het kan nuttig zijn om te onderkennen dat de partner geen objectieve instantie is, maar iemand die gevangenzit in zijn eigen woede en beperkingen. Bovendien is het belangrijk om eventuele krenkingen of beledigingen in geen geval persoonlijk op te nemen. Dat lukt bijvoorbeeld door tegen jezelf te zeggen dat de gemene opmerkingen van de partner evenveel zeggen over hem als over jou.

Wat ook goed kan werken, is het contact met de vijandige partner per direct te vermijden of in ieder geval tot een minimum te beperken. Dat is niet altijd eenvoudig en mogelijk. Het is moeilijk je kalmte te bewaren, maar ook belangrijk, want op die manier kun je botsingen die alleen maar escalerend werken, gemakkelijker voorkomen. Het helpt in elk geval om op moeilijke momenten rustig te blijven. Vaak wordt ook de agressor dan snel weer wat kalmer. Laat de leeuw brullen maar ga niet in de slachtofferrol zitten.

Een persoon die anderen kwetst kun je ook beschouwen als iemand die zichzelf niet goed staande kan houden. Als ontvanger van dergelijke tirades moet je in geen geval de slachtofferrol aannemen en je laten gijzelen en zwartmaken. Het getuigt van meer karakter om ook in een gespannen situatie te laten merken dat je bereid bent om vrede te sluiten en niet verder te provoceren. Praten helpt pas wanneer de betrokkenen weer enigszins tot bedaren zijn gekomen en niet meer wild om zich heen slaan.

Niettemin is het belangrijk om actief te blijven en de pogingen van je partner om je te krenken niet te bagatelliseren. Accepteren moet je ze nooit, ook niet als het op een gegeven moment beter is om van verdere confrontaties af te zien. Je kunt dan het beste op een rustig tijdstip met de agressieve partner praten en hem duidelijk maken dat zijn kwetsende gedrag totaal onacceptabel is.

‘Een kleingeestig mens maakt je klein, alleen een groothartig mens laat je groot worden,’ zegt sociaalpsycholoog Frey over de wenselijke houding in conflicten. ‘In principe zijn het mensbeeld en de opstelling tegenover onze medemens bepalend.’ Als er in de relatie geen plaats is voor destructieve elementen, kun je weer dichter bij elkaar komen.

Niet alles pikken

‘Wie vecht, kan verliezen. Wie niet vecht, heeft al verloren.’
– Links-activistische spreuk uit de jaren zestig

Sommige mensen zijn heel zorgzaam tegenover hun collega’s maar oefenen in de privérelatie een terreurregime uit. Meestal hebben ze dan te weinig respect en waardering voor hun partner. Dat kan zich ook na jaren nog ontwikkelen. Als je telkens opnieuw wordt gekwetst, moet je duidelijk aangeven dat je zo’n behandeling niet pikt. Laat er bijvoorbeeld geen twijfel over bestaan dat je zult verhuizen en ook bereid bent tot een scheiding als het nog eens gebeurt. Als het al te pijnlijk is, trap je op de rem. Het kan immers niet zo zijn dat mensen met hun onbeheerste gedrag het leven van anderen tot een hel maken.

Soms is de vraag wat je kunt doen tegen een partner die door het lint gaat, schreeuwt, beledigt en zelfs lichamelijk geweld gebruikt. Achter dergelijke uitbarstingen gaat meestal een gevoel van onmacht schuil; dan verliest zo iemand zijn zelfbeheersing. Het kan daarom helpen om je partner even kort te laten merken dat je hem kunt begrijpen. Verder is het het beste om hem op zijn ongepaste gedrag aan te spreken en grenzen te stellen als de situatie eenmaal weer is bekoeld. Het heeft weinig zin om in alle opwinding ‘doe eens rustig’ te zeggen, dat wordt vaak zelfs als een extra provocatie opgevat.

Het is ook goed om als 'slachtoffer' zelfverzekerdheid uit te stralen en jezelf niet als slachtoffer te beschouwen, ook al trek je je in eerste instantie terug. Nodig de ander op een rustig moment uit voor een ongedwongen gesprek, dat is beter dan tegengas geven tijdens een hooglopende ruzie. Je kunt ook later nog consequenties aan het gedrag verbinden, dat hoeft echt niet in het heetst van de strijd te gebeuren.

Helaas moeten heethoofden eerst een aanzienlijke lijdensdruk ervaren voordat ze inzien dat ze hulp nodig hebben. Ze moeten dus in staat willen zijn om hun woede te beheersen en weer op een constructieve manier met andere mensen om te gaan. Daarbij spelen gedragstherapeutische uitgangspunten, en concentratie- en acceptatiestrategieën een rol. Therapie biedt een veilige omgeving, ze draait niet om schuld of verwijten, maar om hulp.

Als je je partner op zijn driftige gevoelens wijst, betekent dat ook dat je hem weliswaar accepteert als mens maar zijn kwetsende gedrag toch van de hand wijst. Wie opvliegend is moet zelfbeheersing leren, zijn partner daarentegen gelatenheid en kalmte. Normaal gesproken ga je open, eerlijk, beleefd, zorgzaam en op basis van gelijkwaardigheid met elkaar om. Maar mensen die emotioneel geweld gebruiken, strooien vaak met beledigingen, winden zich snel op en gaan over tot persoonlijke aanvallen. Als je met zo iemand samen bent, ben je regelmatig kwaad, word je soms wanhopig en kun je gemakkelijk gekwetst worden.

Op die momenten is het van belang om rustig te blijven, hoe moeilijk dat ook is. Meestal houdt de aanvaller na een paar minuten vanzelf weer op. Als hij op tegenspraak en verweer stoot, komt het juist snel tot escalatie. Omdat mensen die emotioneel geweld gebruiken meestal vinden dat ze in hun recht staan, is het belangrijk je uit de situatie terug te trekken en je niet te laten provoceren. Zeg tegen jezelf: het is zo voorbij, ik kan er nu niets aan doen, dit is niet mijn schuld. Door op die manier te reageren, ben je niet langer de onderliggende maar de bovenliggende partij.

Als je jezelf zo beheerst, betekent dat niet dat je laf bent. Het is eerder een teken van karakter om niet op agressie te reageren of terug te brullen. Wanneer een woedende partner eenmaal is uitgeraasd, kan een vriendelijk gesprek zelfs pijnlijk voor hem zijn. Het is dus geen kwestie van je onderdanig of deemoedig opstellen. Het gaat er vooral om de ander te laten zien dat je dergelijk gedrag niet accepteert. Reageer niet op onbeschoft gedrag, maar breng het conflict wel ter sprake.

Bedachtzaam omgaan met je eigen gevoelens

'Normaal leven we met een tot het minimum teruggebracht deel van onszelf, het leeuwendeel van onze eigenschappen wordt niet aangesproken, omdat het met gewoontes te maken heeft die weten wat er moet gebeuren zonder de rest nodig te hebben.'
– Marcel Proust

Wie door zijn partner gekwetst en gekrenkt is, doet er goed aan eerst zijn eigen verdriet op een rijtje te zetten en daar eens goed naar te kijken. Dat is gemakkelijk gezegd, maar veel mensen hebben niet geleerd om te herkennen waarom het niet goed met ze gaat en wat zou kunnen helpen. Ze zien bijvoorbeeld niet in dat anderen verantwoordelijk zijn voor hun onbehagen en pijn, en dat zij er zelf geen schuld aan hebben. Hun wellicht kleine aandeel en actuele toestand verliezen ze snel uit het oog.

Bedachtzaamheid kan soms al betekenen dat je je even inhoudt en stilstaat bij je eigen weggestopte emoties en behoeften. Als je dat voor elkaar krijgt en zelfcompassie ontwikkelt, schakel je pijnlijke inzichten en gevoelens weliswaar niet uit, maar voorkom je wel dat je je identificeert met de aanvallen en kritiek van je partner. Sterker nog, je verzet je ertegen. Zo zorg je ervoor dat je je niet alleen nog maar in je eigen problemen wentelt.[71]

Als je je daarentegen laat leiden door je negatieve gevoelens, alleen vaart op dat destructieve kompas en je elk verwijt aantrekt, wordt je eigen verdriet nog groter en voel je je minder waard.[72] Alsof degene die je emotioneel zo kwetst dat niet al voor zijn rekening neemt! Bovendien draai je dan alleen nog maar in rondjes en sta je nauwelijks open voor andere, positieve zienswijzen. Je maakt je eigen tekortkomingen groter dan ze zijn, en ziet jezelf als een gebrekkig wezen dat niet alleen fouten máákt maar zelf de fout ís. Je eigen verdriet en incidentele mislukkingen breng je, net als de puinhoop van je relatie, uitsluitend in verband met negatieve gedachten en gevoelens.

Zelfcompassie richt zich daarentegen op je beleving en ervaring, en geeft je om te beginnen de mogelijkheid om de situatie te herwaarderen, wat een belangrijke steun kan zijn. Niet zelfkritiek, maar bemoediging staat op de voorgrond. Hoe gezond dat is, wijzen diverse onderzoeken uit. Zo hebben mensen met meer zelfcompassie minder vaak last van angsten en depressies (die vaak ook minder hevig zijn).[73] Omgekeerd dragen zelfkritiek en voortdurende zelftwijfel juist bij aan angstgevoelens en depressies.

Als je erg streng oordeelt over jezelf, vaak zelfkritiek hebt en zelden tevreden bent over je prestaties, reageer je met extra veel angst en zelfverwijten op vernederingen van buitenaf, en ga je piekeren. Voor de relatiecrisis voel jij je alleen verantwoordelijk. Mensen met talent voor zelfcompassie kwellen zichzelf juist niet maar kijken vriendelijk en welwillend naar zichzelf, met inbegrip van al hun fouten.

Zelfcompassie vergroot niet alleen iemands veerkracht, zoals we het emotionele weerstandsvermogen en de bescherming tegen psychische beschadigingen noemen. Het is ook een weldaad voor het lichaam. Als vrijwilligers getraind worden om heel meelevend met zichzelf om te gaan, daalt de spiegel van het stresshormoon cortisol direct en stijgt hun hartslagvariabiliteit.[74]

Dat laatste betekent dat de polsslag, afhankelijk van zowel emotionele als lichamelijke belasting, de ene keer acuut sneller en dan weer langzamer wordt en in een brede marge varieert waarna hij weer terugkeert naar de oorspronkelijke rustfase. Dit aanpassingsvermogen van het hart wordt gezien als teken van een goede hartgezondheid en wijst erop dat de lichamelijke reactie op de eigen gevoelens nog intact is. Een beperkte hartslagvariabiliteit geeft daarentegen een ongunstige prognose en duidt erop dat de hartfunctie geleden kan hebben onder voortdurende ruzies en langdurige ergernissen.[75]

Als er minder cortisol vrijkomt, is dat goed voor het hele lichaam, omdat ook de stressreactie na beledigingen en scheldpartijen dan een milder verloop kent. Pols, bloeddruk en ademhaling gaan bij emotionele belasting bij ieder mens omhoog. Maar die stressreactie verflauwt ook weer snel, zodat bloedvaten, zenuwcellen en inwendige organen maar kort te lijden hebben van de nadelige invloeden. Ook ontwikkelen zich minder makkelijk chronische ontstekingsreacties, die zich recentelijk als zeer schadelijk hebben uitgewezen en de oorzaak van talloze aandoeningen kunnen zijn.

Het maakt een enorm verschil als een of beide partners goed in staat zijn tot zelfcompassie. Als vrijwilligers oefenden om met meer mededogen met zichzelf om te gaan en vriendelijk op fouten en gebreken te reageren, had dat wonderbaarlijke effecten op lichaam en geest. Depressieve gevoelens en angstaanvallen traden minder vaak op, het vermijdingsgedrag nam af en stressreacties vielen in alle gevallen mild uit.[76]

Zelfcompassie berust op het niet zo heel eenvoudig te bereiken inzicht dat je prima bent zoals je bent, met al je fouten en gebreken. Om jezelf te waarderen hoef je niet bijzonder succesvol te zijn en anderen zeker niet te overtroeven. Je moet alleen niet accepteren dat andere mensen je telkens weer omlaaghalen.

De 'ruiters van de Apocalyps' verjagen

'Er bestaat niets mooiers dan bemind te worden om wie je bent, of liever, ongeacht wie je bent.'
– Victor Hugo

Ook al is het leven samen in het begin nog zo betoverend, innig en bedwelmend, aan die zinderende verliefdheid komt helaas altijd een eind. Als een relatie op leeftijd raakt, betekent dat voor het paar: nu ligt de sleur op de loer, voortaan gaat het erom de lasten van de vlakte, om met Bertolt Brecht te spreken, te overwinnen zonder eraan onderdoor te gaan. Als de partners niet oppassen, ontstaat er iets wat totaal niet strookt met onze voorstelling van de liefde: routine.

Routine is echter prima als het om dierbaar geworden rituelen gaat. Zoals je je kinderen elke avond voor het slapengaan een verhaaltje voorleest, kun je als stel ook gewoontes ontwikkelen die zelfs na jaren nog aangeven: jij bent belangrijk voor me, ik denk aan je, ik doe dit graag voor je. Of hij haar nu elke ochtend koffie op bed brengt, zij zijn overhemden strijkt, hij haar voetzolen masseert of het kersenpitkussen voor de nacht voor haar opwarmt. Alles wat de ander prettig vindt is welkom en betekent eigenlijk: ik mag je graag. Andere suggesties zijn al jarenlang te vinden in de "Liefde is…'-cartoons. Het is echter wel cruciaal dat je iets voor de ander doet zonder de originaliteitsprijs te willen winnen.

Afgezien van die aardigheden geldt overigens toch dat routine het dagelijks leven bemoeilijkt en zelfs een nagel aan de doodskist van een relatie kan worden. Dat wil niet zeggen dat routine een exclusief kenmerk van mislukte partnerrelaties is. In elke relatie ontstaat op een gegeven moment routine, dat is nauwelijks te vermijden. Een strak georganiseerde dag met de openingstijden van het kinderdagverblijf, de schooltijden van de kinderen, de vaste kantoortijden, etenstijden en andere verplichtingen, brengt per definitie een zekere regelmaat met zich mee, en vereist ritme en berekenbaarheid.

Ook in hun vrije tijd zijn mensen over het algemeen gewoontedieren: ze beoefenen hun hobby of sport op gezette tijden, hebben vaste afspraken met vrienden of willen per se op een bepaald tijdstip naar een televisieprogramma of serie kijken.

Maar voor de liefde is routine een zware dobber, want de zorgeloze, eindeloze tijd van het begin verandert geleidelijk aan in een leven dat volgens roosters en agenda's verloopt. Zo erg als Kurt Tucholsky het beschrijft in zijn gedicht 'Daarna' hoeft het niet te worden: 'Dan kookt ze melk/ de melk kookt over/ dan wordt hij kwaad/ dan huilt zij daarover/ dan willen de twee absoluut uit mekaar…/ En dan? Dan voelt het kind zich niet wel./ Dan blijven de beiden toch maar een stel./ Dan kwellen ze elkaar nog vele jaren.' En toch denken veel paren: zo had ik het me eigenlijk niet voorgesteld!

Afgezien van de sleur en de herhaling heb je ook nog dagelijks te maken met de fouten en gebreken van de ander, die je moet verdragen of liever nog aanvaarden, of zelfs waarderen.

Er bestaan eenvoudiger opgaven in een relatie, maar wie een lange liefde wil zal toch de strijd moeten aanbinden met dreigende verstarring en leegte.

De Amerikaanse relatiewetenschapper en psycholoog John Mordechai Gottman heeft vijf specifieke communicatiepatronen beschreven die stellen het leven zuur maken. De in 1943 geboren psycholoog die aan University of Washington heeft gedoceerd, noemt ze de 'ruiters van de Apocalyps'. In tegenstelling tot de apocalyptische ruiters in de Openbaring van Johannes kondigen die van Gottman niet de ondergang van de wereld aan, maar duiden ze erop dat een relatie al enigszins op omkiepen staat. Hoewel ze nog niet direct dreigt te stranden, zijn het wel belangrijke waarschuwingssignalen. Als de partners geen van beiden in actie komen en hun gedrag niet veranderen, staan ze binnenkort wellicht naar de puinhopen van hun relatie te staren.

Gottman heeft met name onderzocht hoe een huwelijk stabiel blijft en welke patronen en communicatievormen een relatie juist in gevaar brengen. Met zijn methode valt, zo beweert hij zelf althans, met ongeveer 90 procent zekerheid te voorspellen welke pasgetrouwde stellen bij elkaar blijven en welke binnen de relatief korte tijd van vier tot zes jaar alweer uit elkaar zijn. Met een dergelijke 'relatie-check' is zelfs te voorspellen of een huwelijk de eerste zeven tot negen jaar standhoudt. Maar dan zou de nauwkeurigheid van zijn prognose nog maar 81 procent zijn... Je kunt je afvragen of die cijfers en deze vorm van zelfpromotie wel juist zijn, maar de wenken van Gottman zijn hoe dan ook erg nuttig. Je hoeft ze alleen maar om te draaien, dan wordt duidelijk wat stellen die hun liefde fris houden, zoal goed doen.

De eerste ruiter van de Apocalyps noemt Gottman 'kritiek'. Daarmee bedoelt hij niet dat partners elkaar niet mogen vertellen dat ze zich ergens aan storen of het oneens zijn met wat de ander doet. Het gaat erom dat kritiek ondermijnend werkt als er vooral een destructieve, kwetsende toon in doorklinkt en de ander zich gekleineerd voelt.

Welk vocabulaire het meest geschikt is om de ander te krenken en te attenderen op de verlammende routine, is gauw gezegd. Het zijn zinnen die beginnen met dodelijke veralgemeniseringen als 'altijd', 'nooit', of 'steeds', en de partner zodoende in een meedogenloze traditie plaatsen: hij irriteert je al lang met zijn vervelende gewoontes, gedragingen of gebreken, enige verbetering is op korte termijn niet in zicht en valt eigenlijk ook later niet te verwachten. De ander kwetsen en tegelijkertijd je eigen frustratie benadrukken, korter valt het nauwelijks te zeggen. Dergelijke veralgemeniseringen hebben meestal betrekking op zowel verleden, heden als toekomst. En wie kan die vinniger en kwetsender onder woorden brengen dan de langjarige partner?

De zin 'jij probeert op feestjes altijd andere vrouwen te versieren, je bent een echte rokkenjager, ik kan je nooit vertrouwen' is bijvoorbeeld geen objectieve kritiek maar een frontale aanval. (Dat geldt ook voor de inhoudelijk wat onschuldiger variant 'jij ruimt nooit je vuile was op, ik moet altijd alles achter je kont opruimen, maar jij hebt kennelijk helemaal geen last van deze zwijnenstal.')

Als je op die manier wordt aangevallen, moet je je bijna wel verdedigen en tegen je partner ingaan om niet nog meer gekwetst te worden. Hoe natuurlijk zo'n reactie ook is, 'verdediging' is bij Gottman toch de tweede ruiter van de Apocalyps, die een relatie niet vooruithelpt maar op losse schroeven zet. Op de verdediging volgen namelijk geen constructieve, verhelderende gesprekken, maar nog meer kwetsende opmerkingen. Bovendien krijgt de ander het gevoel dat zijn kritiek en zorgen niet serieus worden genomen.

Voor vrijwel elk menselijk gedrag bestaan logische verklaringen. En in een relatie wil je die graag aan je partner vertellen, zodat hij de motieven en achtergronden van je handelen begrijpt. Toch is dat tijdens een ruzie niet nuttig of passend, maar zelfs gevaarlijk voor de relatie, aldus Gottman. Doordat degene die wordt aangevallen probeert uit te leggen hoe hij tegen de zaken aankijkt, krijgt de ander namelijk het gevoel dat hij niet gehoord en begrepen wordt, en dat zijn kritiek wordt genegeerd. Er wordt geen aandacht geschonken aan zijn behoeften, dus wordt hij boos.

Excuses als 'ik ken gewoon veel mensen en praat graag met ze, of het nu mannen of vrouwen zijn. Dat is geen opdringerigheid, het heeft helemaal niets te betekenen' zijn dan even zinloos als de opmerking dat het huis groot genoeg is en er op het werk zo veel aan de hand is dat de was best een keer kan blijven liggen. Dat klopt misschien wel voor de ontvanger van de kritiek, maar zorgt er niet voor dat de ander kalmeert. Integendeel, als iemand zo reageert, moet je wel tot de conclusie komen dat jouw wensen en behoeften er minder toe doen, dat de partner je zorgen over diens loyaliteit bagatelliseert en je verzoek negeert.

Volgens Gottman kun je daarom beter proberen uit te vinden waar de partner zich precies zo boos over maakt, wat hem stoort of zelfs beangstigt aan de rondslingerende was of jouw praatjes met andere vrouwen. Op die manier geef je aan dat je probeert te begrijpen waarom hij zich zo opstelt en je aanvalt. Een antwoord, dat afhankelijk van iemands karakter meer of minder therapeutisch moet klinken, kan bijvoorbeeld zijn: 'Dat je mij een rokkenjager vindt en ook nog onbetrouwbaar, doet me pijn. Maar goed, je hebt gelijk, ik vind het af en toe leuk om met andere vrouwen te praten. Waarom vind je dat vervelend?' Ook het klassieke conflict over rondslingerende sokken, de 'verkeerd' uit de tube gedrukte tandpasta of de rommel in de woonkamer is voor de ander beter te verdragen als je begrip toont en toch duidelijk maakt dat je je bepaald niet lekker voelt in een zwijnenstal.

Als de plooien enigszins gladgestreken en de partners weer ontspannen zijn, kunnen beide partijen elkaar gemakkelijker begrijpen. Dan wordt sneller duidelijk waarom ze soms het gedrag vertonen waaraan de ander zich stoort. De volgende stap is dan het vinden van oplossingen om dergelijke situaties voortaan beter te hanteren en te zorgen dat het dagelijks leven prettiger verloopt. Hoewel dat niet eenvoudig is, is het toch de enige manier om te voorkomen dat bepaalde conflicten even lang duren als de relatie zelf.

Als een koppel er niet in slaagt om conflicten op deze of vergelijkbare wijze op te lossen en het leven voor beide partners prettiger te maken, verschijnt op een gegeven moment de derde ruiter van de Apocalyps: 'minachting'. Gottman vindt hem de gevaarlijkste van allemaal en heeft er de imposante metafoor 'het zwavelzuur der liefde' voor bedacht.

Wie eenmaal in dat relatiestadium is beland, schijnt zich niet meer voor begrip, verzoening of compromissen te interesseren. Het enige wat nog telt is de ander kwetsen, en flink ook. Dergelijke destructieve ideeën en handelingen ontstaan echter niet omdat plotseling blijkt hoe boosaardig een of beide partners zijn. Doorgaans is minachting eerder een reactie op problemen waarover de partners al geruime tijd ruziemaken en die ze tot dusver niet hebben kunnen oplossen. Lang sluimerende conflicten en negatieve gedachten over de partner zijn volgens Gottman de meest voorkomende aanleiding voor het kleineren van de ander.

Kenmerkend voor deze fase is dat de partners hun problemen niet echt meer willen oplossen. Ze hebben de hoop allang opgegeven omdat ze geen respect meer voor elkaar kunnen opbrengen. Kwetsende opmerkingen worden niet achteloos, maar opzettelijk gemaakt. De partner móét gekrenkt worden, het verwoestende effect van uitspraken en gedrag is ingecalculeerd. Verwondingen zijn geen bijkomende schade meer, maar kunnen inmiddels het belangrijkste motief voor de aanvallen zijn. Huwelijksdrama's als *Who's Afraid of Virginia Woolf?* of *Carnage* tonen niet alleen de ontwrichtende kracht van zulke ruzies, maar ook de aantrekkingskracht die zelfs van de wederzijdse minachting nog kan uitgaan.

Er zijn vele wegen die tot de ondermijning van een huwelijk leiden. Intieme zaken aan de grote klok hangen is bijvoorbeeld erg achterbaks, of je partner in gezelschap laten voelen dat je elk moment zijn zwakke en tere punten kunt onthullen. Ook heel geliefd zijn kwetsende opmerkingen over het gebrek aan succes in het werk (vooral in vergelijking met anderen). Als je zo diep gezonken bent, is het vrijwel niet meer mogelijk om de relatie te herstellen en weer tot een vergevingsgezinde of zelfs liefdevolle omgang te komen. Dan zit er soms niets anders op dan uit elkaar te gaan. Dat kan voor beiden een grote verlossing zijn, beter dan elkaar eindeloos te blijven kwellen.

Als een koppel ondanks alle crises, conflicten en hatelijkheden toch bij elkaar blijft, staat soms de vierde ruiter van de Apocalyps al klaar: 'zich terugtrekken' of ook wel 'een muur optrekken'. Die beelden behoren ook tot de klassieke canon van de relatie-ellende. De twee zitten aan tafel maar kijken elkaar niet aan. Als de een iets zegt, wendt de ander demonstratief het hoofd af.

Het wapen van deze ruiter is onverschilligheid. Daarmee veroorzaakt hij boosheid en frustratie. De Britse fotograaf Martin Parr heeft daar in zijn fantastische fotoserie *Bored Couples* uitstekend beeldmateriaal van geleverd. Hij laat stellen zien die nadrukkelijk langs elkaar heen kijken. 'Verveeld' is nog een milde omschrijving voor de verhouding tussen veel van de geportretteerde paren; wat je ziet zijn vooral mensen die elkaar negeren of verachten.

In reactie op kritiek trekt de aangesprokene zich onmiskenbaar terug: hij reageert simpelweg niet meer, hij metselt zich alleen maar verder in. De kritiek blijft onweersproken. Deze relatieblokkade komt meer voor bij mannen dan bij vrouwen. Je terugtrekken is niet alleen kwetsend maar ook vernederend, want de mens is een sociaal dier dat vrijwel niets zo erg vindt als genegeerd worden. Hij wordt liever toegeschreeuwd dan dat hij geen enkele reactie krijgt en zich een nul voelt die niet eens een antwoord waard is; hechtingsonderzoekers zouden bij het rangschikken van krenkingen ongeveer deze volgorde aanhouden.

'Als een man zich van zijn vrouw afkeert, gaat hij niet alleen het conflict uit de weg maar ook zijn huwelijk.' Zo zou John Gottman dat gedrag kort en bondig samenvatten. De man kiest niet voor de ramkoers maar trekt zich terug uit veel van dat wat een relatie uitmaakt. Geen hartelijk afscheid 's ochtends, geen vriendelijke begroeting 's avonds, geen attenties, geen bloemen en ook geen sms'jes of appjes meer.

Als je je op deze manier terugtrekt, of 'inmetselt', lijkt dat op het eerste gezicht minder kwaad te kunnen dan de hevige ruzie waarbij de twee elkaar woedend allerlei lelijks naar het hoofd slingeren. Maar in werkelijkheid zijn de gevolgen zeker zo erg, want de ander voelt zich genegeerd en hulpeloos tegenover de onverschillige houding van de partner, en reageert op zijn beurt met boosheid en frustratie. Als de partner dan ook nog zegt 'stel je niet zo aan', is dat dubbel kwetsend, want daarmee wordt de ernst van de krenkingen ook nog in twijfel getrokken. En anders dan bij de openlijke strijd is er geen uitweg te vinden omdat je niet met elkaar praat.

Mocht een stel de gevaarlijke fasen tot nu toe vrij goed zijn doorgekomen, dan dreigt de vijfde ruiter van de Apocalyps. Hij is een laatkomer en door Gottman pas lang na de andere vier genoemd. Zijn naam is 'machtsvertoon' en kennelijk is hij een teken voor het naderende einde van de relatie of maakt hij in elk geval deel uit van het afzonderings- en scheidingsproces, en kan hij ook als afweer tegen de eigen onmacht worden opgevat. Toch vertoont hij zich niet noodzakelijkerwijs pas aan het eind van alle conflicten; hij kan ook al in eerdere fasen van de miscommunicatie opduiken.

Het enige doel van machtsvertoon is laten zien wie de sterkste is en in het gevecht de overhand houdt. Er bestaat schijnbaar geen belangstelling meer voor de partner of voor een oplossing van het conflict. Daarom houden de strijdende partijen ook geen rekening meer met de behoeften of kwetsbaarheden van de ander. Ook al verwoesten ze het slagveld en laten ze een verbrande relatie achter, het kan hun niets schelen.

Zeven recepten voor een lang huwelijk

Als je de theorieën van John Gottman volgt, zijn er zeven basisregels die van een doorsneehuwelijk een gelukkig en duurzaam huwelijk kunnen maken. Maar dat kan alleen als er een basis is van diepgevoelde vriendschap, die volgens de psycholoog de kern van elk huwelijk vormt. Zijn zeven geheimen moeten geserveerd worden met concrete adviezen en voorbeelden, dialogen en oefeningen voor paren. Ik geef hier slechts een kort overzicht, maar voor praktisch alledaags gebruik kun je je fantasie de vrije loop laten.

Het eerste punt bestaat erin de 'partner-landkaart' weer up-to-date te maken. Dat betekent dat je helder moet krijgen hoe je tegen de relatie aankijkt, wat je bevalt, waar je staat.

Genegenheid en bewondering voor elkaar zijn het tweede

punt. Zeg, toon en bewijs op alle denkbare manieren dat je elkaar graag mag en veel respect voor elkaar hebt.

Het derde punt vinden koppels niet altijd gemakkelijk, want het houdt in dat je je naar elkaar toe- en niet van elkaar afkeert. In harmonische tijden is dat eenvoudig, maar in geval van een conflict is het goed als je van tevoren hebt geoefend.

Ook met punt vier hebben sommige koppels moeite. Dat houdt namelijk in dat je je door je partner laat beïnvloeden en diens adviezen, initiatieven of hulpvaardig gedrag overneemt.

Punt vijf is voor de hand liggend, maar wordt door veel koppels toch te weinig gedaan. Het houdt in dat je die problemen identificeert en oplost die ook op te lossen zijn. En dat zijn er verbazingwekkend veel.

Bij het zesde punt gaat het erom geen stilstand toe te laten als de partners zich in een onderwerp of conflict hebben vastgebeten en niet meer vooruitkomen. Dan is het zaak om die impasse te doorbreken. Dat lukt over het algemeen wel, als beide partners elkaar maar tegemoetkomen (en eentje daarmee begint).

Het zevende punt betekent dat je samen, als stel, je leven zin geeft, dat je je een taak stelt of samen aan een project begint. Dat zorgt voor verbinding en vergroot de saamhorigheid zonder dat het paar alleen maar met zichzelf bezig hoeft te zijn.

Het interessante is dat juist romantisch aangelegde stellen veel moeite hebben om relatiecrises te overwinnen. Zij zijn er immers van overtuigd dat de betovering van het begin hoe dan ook behouden moet blijven en de relatie moet dragen, en leren soms pas in een laat stadium dat ze aandacht moeten schenken aan hun relatie en niet zomaar voor lief moeten nemen dat ze ook na jaren nog goed bij elkaar passen.

Geheimen hebben voor elkaar

'Mijn recept voor het leven is doodsimpel. 's Morgens sta ik op en 's avonds ga ik naar bed. In de tussenliggende tijd probeer ik me zo goed mogelijk bezig te houden.'
– Cary Grant

Openheid in relaties is goed, maar nog beter is het om een paar kleine geheimen voor elkaar te hebben. Dat betekent niet dat je fundamentele dingen voor je partner moet verzwijgen, want dat vormt juist een enorme belasting en zorgt ervoor dat opgaven moeilijker, bergen steiler en afstanden groter lijken.[77] Ik bedoel alleen dat je niet alles met elkaar hoeft te delen. Als je elkaar in elke levenssituatie kent en ziet, gaat de betovering sneller verloren. Wederzijdse aantrekkingskracht berust tenslotte ook op het feit dat je in de ander nog iets vreemds en onbekends ziet. Ieder mens wil graag een geheim hebben, en dat moet je hem gunnen. Erotiek en hartstocht zijn ook gebaseerd op die geur van het geheimzinnige.

Wil je dat in het dagelijkse leven voor elkaar krijgen, dan is het belangrijk dat je elkaar de ruimte geeft en zorgt voor veilige zones waar ieder ongestoord zichzelf kan zijn. Een eigen kamer is natuurlijk het beste, maar als je weinig ruimte hebt kan het ook een hoek zijn waar iemand zich naar behoefte kan terugtrekken, wetende dat hij die plek 'helemaal voor zichzelf' heeft en er door niemand wordt gestoord. Het betekent bovendien dat je allebei je eigen hobby's, contacten en activiteiten hebt. Dat kan sport zijn, maar ook rozen kweken, afspreken met oude vrienden of je in je eentje terugtrekken in de hobbykelder.

Een bijzondere vorm van de liefdesrelatie, waarbij misschien meer geheimen bewaard blijven omdat de partners elkaar veel ruimte laten, is de omstandigheid dat beiden een eigen huis hebben of ver van elkaar wonen. Dan maken veel stellen onderscheid tussen de bruto- en nettotijd die ze met elkaar doorbrengen. Voor de meesten is die situatie geen ideaalplaatje, maar eerder uit nood geboren. Bovendien bestaat er een grotere kans dat een van de twee zich onmiddellijk in zijn eigen huis terugtrekt zodra zich de eerste problemen voordoen. En soms leven de twee dan zo 'op zichzelf' dat er op de middellange termijn meer geheimen dan gemeenschappelijkheden zijn.

Rituelen ja, routine nee

'Het leven, dacht Michel, zou iets heel eenvoudigs moeten zijn; iets wat je zou kunnen ervaren als een samenstel van kleine riten, die eindeloos werden herhaald. Riten die misschien een beetje onnozel waren, maar waarop je kon vertrouwen. Een leven zonder inzet, en zonder drama's.'
– Michel Houellebecq

Het stel woont aan de voet van de Alpen. Een idyllische plek, nog maar nauwelijks ontdekt, je ziet er vrijwel geen toeristen. Hij is zesenzestig, zij tweeënzestig. Ze hebben elkaar zevenenveertig jaar geleden voor het eerst gekust, toen zij vijftien en hij negentien was. Nog geen jaar later kregen ze samen een kind. Maar kort daarna gingen ze uit elkaar. Jarenlang hadden ze allebei andere relaties en kregen alles bij elkaar nog vier kinderen. Inmiddels hebben ze negen kleinkinderen. Dertig jaar nadien ontmoetten ze elkaar weer en werden opnieuw verliefd. Knikkende knieën, vlinders in de buik, alles erop en eraan. Nog geen maand later vroeg hij haar ten huwelijk. Zij vroeg om een half jaar bedenktijd, en zei toen ja.[78]

Nu zijn ze al meer dan vijftien jaar getrouwd. Zij weet

waarom hun liefde niet strandt, zoals bij veel opgewarmde relaties toch algauw gebeurt: 'Omdat er bij ons zo veel tijd tussen zat.' Hij gelooft wel dat ze 'allebei nog dezelfde fouten' hebben, maar dat ze in de periode zonder de ander ook allebei hebben bijgeleerd, alleen 'ieder wat anders'. Wat ze voor hun liefde doen? Ze schrijven elkaar al vijftien jaar elke ochtend, behalve in het weekend, een briefje waarin ze vertellen dat ze van elkaar houden. Zij mag overigens niet altijd dezelfde tekst gebruiken, verklapt ze, 'anders zegt hij dat ik het overschrijf'. Hij verduidelijkt: 'Je hoeft alleen de superlatieven maar af te wisselen.'

De rituelen van deze twee zijn vast verankerd. Dat lukt niet iedereen. Als paren ouder worden, merken ze soms dat ze toch nog iets voor hun relatie moeten doen, zonder precies te weten wat. Dan grijpen ze weleens terug op kunstmatige romantiekbeloftes. Om hun relatiegeluk te redden boeken ze als laatste noodgreep een weekend in een wellnesshotel, met verwengarantie. Naar wens is er ook nog een tegoedbon voor een knus diner voor twee, afkomstig van het evenementenbedrijf dat ook vluchtsimulaties, base-jumping en ijsduiken in zijn programma heeft.

Soms gaat het er ook tastbaarder aan toe. Dan zoekt hij op een fijn bewerkte brugleuning tussen duizenden andere metalen liefdesbeloften vertwijfeld naar de laatste vrije plek waar hij nog een hangslot kan bevestigen. Dat slot, klein en compact, waarmee anders de schuur of de kelder wordt afgesloten, moet symbolisch laten zien dat de liefde onverbrekelijk is en eeuwig zal duren.

Als gemeentewerkers de sloten op een gegeven moment moeten verwijderen, zoals jaren geleden van een totaal overbelaste Parijse brug die op instorten stond, is dat een vorm van overmacht. De vraag is wat zulke ruwe ingrepen met de ijzerzaag voor de toekomstige toestand van de relatie betekenen. En wat betekent het als het slot al snel begint te roesten?

Andere vormen van ingesleten liefdesblijken zijn de speelse lingerie of erotische speeltjes die vrouwen van hun man krijgen om het ingedutte liefdesleven op te peppen. Dat kan werken, maar ook belachelijk worden. En in februari en mei denken mannen er soms aan om hun vrouw een grote bos rozen te geven ter gelegenheid van de kunstmatig in het leven geroepen liefdesfeestdagen, hoewel ze Valentijnsdag allebei allang hebben ontmaskerd als een smakeloze pr-actie van bloemisten, en Moederdag als een achterhaalde viering van oude rolpatronen.

Veel vrouwen doen wonderbaarlijk volgzaam aan die voorgeschreven plichtsvervulling mee, of zijn het al zo ontwend om buiten het vaste patroon een attentie te krijgen dat ze ontsteld protesteren als de echtgenoot de bloemen met Valentijnsdag of Moederdag vergeet. Een koppel dat aangewezen is op zulke kunstmatige geheugensteuntjes, moet eens bedenken of het niet een paar eigen feestdagen aan de relatie zou kunnen wijden of op een andere manier het dagelijks leven kan vieren, volledig los van vaststaande jubilea.

Als romantische gebaren routinematig worden afgehandeld (o ja, voor de dikke portemonnee staat eventueel ook een uitstapje in een verlengde limousine of een diner op het strand op het repertoire) heeft dat als nadeel dat die aandacht zo kunstmatig en voorspelbaar is dat er al snel een gevoel van verveling opborrelt. Je verwacht elk moment dat de regisseur van een datingshow of een doorlopend reclameprogramma uit de bosjes springt en het paar een kolossale sleutel voor hun liefdesnestje overhandigt. Waarschijnlijk voelt de ander zich meestal niet persoonlijk in het zonnetje gezet, maar eerder plichtmatig bediend.

Hetzelfde geldt voor de huwelijksbeloften en aanzoeken die je steeds vaker op tv en digitale platforms ziet. Als toeschouwer voel je je al snel gegeneerd, het gaat er bij intieme hartsaangelegenheden immers niet om dat er een naar applaus hunkerende show van wordt gemaakt. Liefde is naar binnen gericht, ze is geen wedstrijd die door het publiek wordt beslist.

Alleen wie een prijs voor creativiteit wil winnen treurt erom dat de plot voor liefdesverklaringen en romantische beloften vaak allang vastligt. Sinds Gunter Sachs vanuit een helikopter rozen liet neerregenen op het huis van Brigitte Bardot in de buurt van St. Tropez, zijn ook botanische groeten per helikopter slechts het slappe aftreksel van wat eens een origineel idee was. Het is tweedehands romantiek die soms alleen maar op treurige wijze bevestigt dat een paar heel goed in de gaten heeft dat de betovering van het begin allang verbroken is.

Attenties voor de partner hoeven geen wedstrijd in creativiteit en originaliteit te worden. Het is helemaal niet erg als er vrolijke rituelen sluipen in een aloude liefdesrelatie. Of hij haar nu elke ochtend kruidenthee op bed brengt of zij voor hem in het weekend zijn lievelingstaart bakt, het is de liefdevolle aandacht voor elkaar die de ander eraan herinnert dat hij op dat moment echt in het middelpunt staat, dat het nog altijd bijzonder is om een stel te zijn en dat het beslist de moeite waard is om ongemakken en omwegen op de koop toe te nemen.

Het gaat er dan ook niet om dat je elkaar zo origineel mogelijk de liefde verklaart, maar dat je laat zien dat je oprecht moeite doet. Het resultaat, al is het nog zo klein, is niet bedoeld als een show die het goed doet voor een publiek dat na afloop sterren of likes uitdeelt, maar als een stil gebaar dat de ander ook begrijpt zonder dat teruggegrepen hoeft te worden naar de catalogus van romantische beloften.

Een rampzalige affaire

Hoe om te gaan met ontrouw?

'Ik ken geen een man die zijn vrouw niet bedriegt. Monogamie is alleen maar een cultureel concept om onze lusten te beteugelen.'
– Lars Eidinger, acteur[79]

Wie één keer liegt, wordt nooit meer geloofd. (Overigens voegt de aforist Johannes Gross daaraan toe: wie altijd liegt, maakt een goede kans.) De volksmond velt een tamelijk onbarmhartig oordeel over mensen die af en toe verstrikt raken in tegenstrijdigheden en die onwaarheden hebben verteld. En als het om partnerrelaties gaat waarin de een de ander al eens heeft bedrogen, heeft de stelling in elk geval een kern van waarheid. Eens een bedrieger, altijd een bedrieger. Zo zou de eenvoudige formule voor alle verdere relaties kunnen luiden.[80]

Hoewel hedendaagse stellen zichzelf over het algemeen modern en ruimdenkend vinden, rekenen ze stiekem of in alle openheid toch op wederzijdse trouw. In het dierenrijk is monogamie zeldzaam, maar daartegen heeft de mens zijn eigen verzet ontwikkeld, dat hij graag beschaving noemt. De meeste stellen beweren dat ze uitsluitend met elkaar intiem willen zijn zonder dat er een derde is die de verhouding verstoort, maar woorden en daden liggen opvallend vaak mijlenver uiteen.[81]

Voor westerse landen wordt geschat dat in ten minste 20 procent van de huwelijken een of beide partners minimaal één affaire hebben gehad.[82] In vaste relaties zonder huwelijksakte bedraagt die schatting zelfs 70 procent.[83] Hoewel beide schattingen natuurlijk variëren van gebied tot gebied en afhankelijk zijn van de vraag of het om stedelingen of mensen op het platteland gaat, gelden ze toch als conservatief.

In 2017 hebben Amerikaanse onderzoekers onder bijna vijfhonderd volwassenen onderzoek gedaan naar de invloed die ontrouw in een eerdere relatie had op de trouw in de volgende. De uitkomst is vrij eenduidig. Als iemand al een of meerdere affaires heeft gehad, is de kans dat hij in de huidige relatie opnieuw vreemdgaat drie keer zo groot (vergeleken met mensen die altijd monogaam waren).

Dat verband heeft ook invloed op de verwachtingen van de bedrogen partner in volgende relaties. Wie eenmaal een partner heeft gehad die vreemdging, houdt er in de volgende relatie vier keer zo vaak rekening mee dat hij ook nu weer wordt bedrogen. Een affaire destabiliseert dus niet alleen de huidige relatie; de onzekerheid duurt voort, ook als de bedrogene allang een nieuwe relatie is begonnen. Eerdere ontrouw wijst op 'seriële ontrouw', zo luidt de conclusie van de auteurs. En de gevolgen voor beide partners en voor de maatschappelijke cohesie zijn niet gering.

Nu kunnen partners natuurlijk samen tot een open relatie besluiten. Maar dat leidt (optimistisch gesteld) eerst tot tocht en dan tot onzalige verwikkelingen, zoals Franca Rame en Dario Fo in hun tragikomedie *Open huwelijk* al in 1983 beeldend lieten zien.[84] Bekend is ook Catherine Millet, die een wereldwijde bestseller heeft geschreven over haar talloze affaires in een open huwelijk. Pas zeven jaar later schreef ze ook over de martelende jaloezie waaronder ze had geleden. In de praktijk gaat het meestal niet goed, omdat de een zich toch meer gekwetst voelt dan de ander en niet met de affaires van de partner kan omgaan.

Uit medisch en psychologisch oogpunt leidt ontrouw overigens tot een aanzienlijke lichamelijke belasting. Niet alleen voor de bedrogene, maar ook voor de bedrieger. Afhankelijk van karakter en stressbestendigheid kan het geheim enorm vreten aan het zenuwgestel en de gezondheid van de ontrouwe partner. Hoewel dat niet altijd meteen tot ziekten leidt, wordt het leven er in elk geval niet gemakkelijker op: alles wat je je voorneemt, lijkt ingewikkelder; je acht jezelf tot minder in staat en pakt taken minder kordaat aan.[85]

In de meeste landen wordt ontrouw het vaakst als reden voor een scheiding of relatiebreuk genoemd. Voor relatietherapeuten is het bovendien een van de moeilijkste gespreksonderwerpen, waarvoor vaak geen oplossing te vinden is, in elk geval geen gemeenschappelijke. Of de ontrouw al dan niet moet worden opgebiecht en hoe de bedrogen partner er het beste mee kan omgaan, valt niet in het algemeen te zeggen.

Als de affaire geen echte bedreiging vormde voor de relatie maar alleen een soort afleiding was, kun je er misschien beter over zwijgen. Het leed dat een 'biecht' kan aanrichten is soms groter dan het gevaar van het avontuurtje zelf. Ook de wens om het eigen geweten te zuiveren is niet voldoende reden voor een biecht. Maar als er iets in de relatie moet veranderen, kan het wel zinvol zijn om de partner over de affaire te vertellen.

Afhankelijk van hun wereldbeschouwelijke en religieuze standpunt komen wetenschappers tot zeer uiteenlopende conclusies over wat je het beste kunt doen na een affaire. De partner werd immers misleid, het gaat om bedrog, het vertrouwen kan geschaad zijn. Onderzoekers met een sterk religieuze inslag raden als ethisch beste oplossing aan om de ontrouw beslist op te biechten.[86] Dat is geen gemakkelijke stap, maar biedt volgens hen wel de grootste kans dat de relatie opbloeit en herstelt.

Waarom het tot ontrouw komt

'Ik ben van tijd tot tijd monogaam,
maar heb een voorkeur voor polygamie. Liefde duurt lang,
vurige hartstocht maar twee tot drie weken.'
– *Carla Bruni*

'Stop right there/ I gotta know right now/ Before we go
any further/ Do you love me?/ Will you love me forever?/
Do you need me?/ Will you never leave me?/
Will you make me so happy for the rest of my life?'(...)
'Let me sleep on it/ Baby, baby let me sleep on it/
Let me sleep on it/ And I'll give you an answer in the morning.'
– *Meat Loaf*

Het klinkt als een sprookje: opeens, als bij toverslag, verschijnt die verrukkelijke vrouw of die geweldige man en word je halsoverkop verliefd. Verzet is zinloos, wat kun je immers uitrichten tegen die speling van het lot?

Zeker, in heel uitzonderlijke gevallen (of in de film) overvalt de liefde je als een donderslag bij heldere hemel, terwijl je al een partner hebt. *Coup de foudre* heet dat in het Frans, je kunt het vertalen als 'liefdesbliksem'. Maar ook dat gebeurt niet zomaar, al willen romantische filmscenario's en liefdesromans ons dat altijd weer doen geloven. Je moet er wel voor openstaan.

De nuchter-wetenschappelijke inventarisatie ziet er namelijk anders uit dan een Hollywoodromance en komt tot de weinig charmante conclusie dat er bepaalde voorwaarden zijn die de mogelijkheid van een affaire vergroten. Kennelijk komen avontuurtjes vooral voor als a) een of beide partners al niet erg enthousiast aan de relatie zijn begonnen, b) de seksuele of algemene tevredenheid in de relatie niet meer zo groot is, c) de houding ten aanzien van trouw en buitenechtelijke seks losser is geworden of dat altijd al is geweest.

Het interessante is dat er ook bepaalde persoonlijkheidskenmerken zijn waardoor de kans op een affaire toeneemt. Het vermijdende type, dat zich wel bindt maar eigenlijk altijd al sceptisch stond tegenover relaties ('ik ben bang om mijn vrijheid te verliezen'), neigt eerder naar ontrouw. Het avontuurtje dient er dan toe om zich van tijd tot tijd te vergewissen van zijn onafhankelijkheid en zichzelf nog altijd als wild en vrij te kunnen beschouwen.

Ook angstige, onzekere mensen vol zelftwijfel beginnen eerder aan een affaire. Ze zijn psychisch zo labiel en zo onzeker over zichzelf, dat ze het voor hun gevoel van eigenwaarde steeds nodig hebben om door middel van een affaire extra bevestiging te krijgen. Het avontuurtje heeft dus veel met de eigen labiliteit te maken.

Daarnaast lijken mannen vaker een affaire te beginnen dan vrouwen. Dat is een klassiek seksecliché dat ook herhaaldelijk opduikt in wetenschappelijke publicaties, maar niettemin met de nodige voorzichtigheid moet worden vermeld. Want de betreffende verschillen zouden voor een groot deel ook terug te voeren kunnen zijn op sociaal wenselijke antwoorden van beide kanten.

In enquêtes geven mensen immers graag antwoorden die overeenkomen met de heersende rolopvatting: mannen slaan zich nog altijd op de borst om hun veroveraarstalent en vertellen graag over hun liefdesavonturen. Op grond van oude rollenideeën is promiscue gedrag voor mannen bovendien volledig geoorloofd, ze worden dan als een hele kerel beschouwd. Vrouwen zetten daarentegen hun reputatie nog altijd op het spel als ze zichzelf ronduit ontrouw noemen en zouden opscheppen over de vele mannen met wie ze naar bed zijn geweest.

Toch laat een simpel (en voor het gemak op heteroseksuele paren gebaseerd) rekenvoorbeeld zien dat de mythe van de man als rusteloze verleider en de vrouw als ingetogen, kuis, onnozel wicht in die extreme vorm gewoonweg niet kan kloppen. In huwelijken en vaste relaties zijn man en vrouw immers in gelijke mate gebonden, en het aantal overblijvende singles is gelijkelijk over mannen en vrouwen verdeeld. Als een gebonden man vreemdgaat, kiest hij daar beslist niet uitsluitend 'vrije' vrouwelijke singles voor uit, maar ook vrouwen met een vaste relatie. Datzelfde geldt voor vrouwen die een vaste partner hebben en evenmin uitsluitend een affaire beginnen met mannelijke singles.

Vaak gaan mensen zelfs liever vreemd met iemand die ook gebonden is. De ander verwacht dan niet zo gauw dat de affaire binnen afzienbare tijd uitmondt in een nieuwe relatie, zodat het eigen huwelijk of de vaste relatie minder snel in gevaar komt. Je moet je die strategie misschien voorstellen als een soort avontuurtje met behoud van de vaste baan: de kans dat het eigen huwelijk in stand blijft is nu eenmaal groter als je een affaire begint met iemand die ook gebonden is.

De gretig verspreide fantasiecijfers, waaruit blijkt dat mannen drie of vier keer zo vaak een affaire hebben als vrouwen en over heel wat meer 'ervaring' beschikken, weerspiegelen dus wellicht niet de dagelijkse gang van zaken in het liefdesleven. Mannen scheppen er gewoon liever over op, terwijl vrouwen er juist niet zo snel mee te koop lopen. Als mannen en vrouwen zich openlijk laten interviewen, zie je de gebruikelijke verschillen; hij pronkt, zij geniet (hopelijk) en zwijgt.

Hoe anoniemer een enquête echter wordt afgenomen, des te forser daalt het aantal vrouwelijke sekspartners dat een man zogenaamd heeft gehad. En het aantal mannen met wie een vrouw een verhouding heeft gehad, neemt op wonderbaarlijke wijze gestaag toe, tot beide seksen bijna gelijk staan.

Jaloezie richt zich bij mannen en vrouwen overigens op verschillende vormen van ontrouw: een vrouw kan er erg slecht tegen als haar man emotioneel ontrouw is, als ze dus vermoedt dat zijn gevoelens en gedachten hoofdzakelijk naar een ander uitgaan. Een man heeft over het algemeen juist minder moeite met dat 'gevoelsbedrog'. Hij wordt veel bozer van lichamelijke, dus seksuele, ontrouw en voelt zich daar meer gekwetst over.[87]

Wat ontrouw betekent

'De trouweloze vrouwen, ik kan ze goed begrijpen
Zo goed, het schijnt me toe, dat ik in hun ziel kon kijken
Ik zie op hun gezicht de stomme weeklacht zweven
De last van het lange, lege, van het levenslege leven.'
– Hugo von Hofmannsthal

Als iemand een vaste relatie heeft en een affaire begint, legt hij dat graag uit als een teken van een hogere macht. Toevallig kruiste die boeiende persoon zijn pad en in een zwak ogenblik kon hij hem of haar gewoon niet weerstaan. Klinkt logisch, kan een keer gebeuren, het was helemaal niet de bedoeling, maar ja, wat doe je eraan als je het opeens te pakken hebt?

Het eigen aandeel aan de verhouding wordt traditiegetrouw gebagatelliseerd. Terwijl dat precies het verkeerde uitgangspunt is, want het eigen aandeel is essentieel. Daarbij gaat het niet om de vraag wie schuld heeft, maar hoe de affaire moet worden opgevat en wat ze eigenlijk laat zien, aan je partner maar vooral ook aan jezelf. Helaas gaat de boodschap die schuilgaat achter een affaire vaak verloren. Ze gaat onder in een mengeling van geheimhouding, veeleisende logistiek, stiekem gedoe en (als ze dan toch aan het licht is gekomen) hevig opborrelende gevoelens van pijn of morele verontwaardiging.

Maar even stap voor stap: om te beginnen is de mens geen willoos, amorf wezen dat onmiddellijk aan elke impuls moet toegeven omdat hij nu eenmaal niet anders kan. Je doet je behoefte immers ook niet in de gang zodra je aandrang krijgt. Je brengt in een woedende bui je tegenstander ook niet meteen om het leven. De meeste mensen beschikken over voldoende zelfbeheersing om dergelijke dingen achterwege te laten.

Als je aan een affaire begint, moet je daar in ieder geval een zekere bereidheid toe hebben, je moet ervoor openstaan, je bent er ontvankelijk voor. Het lijkt misschien een open deur, maar door je af te vragen waar die bereidheid vandaan komt en waarom je iets met een ander bent begonnen, kun je nuttige conclusies trekken over je eigen relatie. Je ziet dan misschien in welke fase je zit met je partner, waar het aan schort en wat op dit moment de grootste problemen zijn.

Het tweede punt is zo mogelijk nog essentiëler: probeer voor jezelf helder te krijgen waar de affaire voor staat, wat ze betekent, wat je ermee zou willen bereiken en welke behoeften (naast de seksuele!) ze bevredigt. Richt je bij die nadere beschouwing van je eigen motieven niet op morele principes. Het gaat veel meer om verlies: wat ontbreekt er in je relatie, wat mis je vooral, wat is al veel eerder verloren gegaan?

Mensen die zijn vreemdgegaan, zeggen bijvoorbeeld vaak dat ze dat niet hebben gedaan omdat die ander zo onweerstaanbaar was of omdat ze van plan waren hun partner te verlaten. Ze wilden vooral weer eens wat opwinding en levenslust voelen, 'zichzelf ervaren'. Het bijzondere, wilde en onbekende meemaken dat ze tijdens het jarenlange, onveranderlijke samenleven waren kwijtgeraakt.

Het is heel normaal dat je in een relatie behoefte hebt aan afwisseling en iets anders dan anders. De vraag is wat je daarmee doet. Het klinkt misschien verrassend, maar inspirerende, opwindende en bijzondere dingen kun je evengoed in een langdurige relatie beleven, met elkaar. Als je genoeg fantasie hebt, kun je ook avonturen beleven met je partner. Vernieuwing in de relatie doet beide partners goed, en wie het initiatief naar zich toe trekt laat de ander zien dat hij het leven samen wil verbeteren. En inspiratie kun je ook vinden door nieuwe ervaringen op te doen in je vrije tijd of met andere mensen, zonder meteen ontrouw te worden.

Als een affaire eenmaal is uitgekomen, kunnen de eigenlijke achtergronden ervan cruciaal zijn voor het verdere verloop van de oude relatie. Hoe pijnlijk het ook is om bedrogen te worden, als het 'alleen' maar ging om het verlangen naar opwinding, bevestiging of iets nieuws, is dat geen reden om de relatie te beëindigen en uit elkaar te gaan. Dan is het vooral belangrijk om samen uit te vinden hoe je de gevoelens en ervaringen die je kennelijk al lang hebt gemist, kunt terugkrijgen.

De bekoring van het roekeloze

'Het wond hem ook op dat al vele mannen van Daisy hadden gehouden, ze steeg daardoor in waarde in zijn ogen.'
– F. Scott Fitzgerald

In deze passage uit de in 1925 verschenen roman *De grote Gatsby* schetst Scott Fitzgerald de bekoring van het roekeloze en het verbodene. Het verschijnsel is hier alleen voor mannen beschreven, maar geldt natuurlijk net zozeer voor vrouwen. Blijkbaar bestaat dus de drang om een vrouw (of man) juist dan te willen hebben als anderen dat ook al wilden, en omgekeerd.

De meeste mensen willen nog altijd een partner die trouw is. Maar er zijn beslist verschillen tussen mannen en vrouwen als het om korte affaires gaat. Als een gebonden vrouw hoort dat een man al vaker ontrouw is geweest, vindt ze hem meteen onaantrekkelijker, zowel voor een korte affaire als voor een eventuele latere vaste relatie. Een alleenstaande vrouw vindt zulke mannen juist heel aantrekkelijk.

Bij mannen is die overweging niet zo eenduidig. Voor een korte affaire is zo'n vrouw voor gebonden mannen ook heel interessant. En die uiteenlopende voorkeuren van mannen en vrouwen worden vreemd genoeg extra versterkt door de graag als bindings- en knuffelhormoon gebagatelliseerde oxytocine.

Onder invloed van dat hormoon vinden gebonden mannen ontrouwe vrouwen nog begerenswaardiger dan normaal en worden ze zelf ook gemakkelijker ontrouw. Bij vrouwen heeft de transmitter het tegenovergestelde effect: zij voelen zich juist nog meer aangetrokken tot de zeer trouwe en betrouwbare mannen, zolang ze zelf gebonden zijn tenminste.[88]

Het gaat bij zulke voorkeuren trouwens niet alleen om de verlokking van het wulpse of het zondige, of om de aantrekkingskracht die grote verleiders kunnen uitoefenen. Van veel groter belang is een eenvoudig signaal dat we ook kennen van andere soorten, zoals de guppy of de kwartel. Ook in het dierenrijk vinden namelijk veel vrouwtjes de mannetjes die al bezet zijn erg aantrekkelijk.

Dat die mannen al een vrouw hebben veroverd (en in het verleden misschien zelfs meerdere), geeft immers aan dat ze naar alle waarschijnlijkheid goed relatiemateriaal zijn. In zekere zin stijgt iemand dus in waarde als hij een groot aantal partners heeft gehad, ook al stuit dat keurmerk bij veel mensen op morele bezwaren. Die worden echter meestal overschaduwd door de redenering dat iemand die zo gewild is wel iets bijzonders moet hebben. Een oeroud patroon: wat iedereen heeft, wil ik ook hebben.

Vergeven of de eigen pijn laten blijken?

'Met geheugenverlies en de wil tot vergiffenis kom je al heel ver. Maar het verst kom je met goedheid.'
– Anjani Thomas

'Als er bij een vrouw iets breekt, betekent dat hoe dan ook het einde. Dan is het onherroepelijk. Mannen zijn nooit zo onherroepelijk. Die proberen altijd een kiertje open te houden om de zaak indien nodig weer terug te draaien.'
– Ulrich Tukur

Je partner vergeven heeft veel positieve kanten, ook als hij een affaire heeft gehad. Het getuigt van menselijke grootheid en de bereidheid om samen door te gaan of opnieuw te beginnen zonder steeds oude koeien uit de sloot te halen. Iedereen maakt fouten, en afhankelijk van de betekenis van het avontuurtje hoeft het de relatie wellicht niet echt in gevaar te brengen.

Misschien was de trouweloosheid 'alleen maar' een vlucht en stond ze symbool voor het verlangen naar iets nieuws, anders of opwindends. Misschien zijn de liefde en genegenheid voor de bestaande partner nog altijd onveranderd groot, en was het nooit een optie om de partner te verlaten en een duurzame relatie aan te gaan met 'de affaire'.

Anderzijds weten we uit diverse onderzoeken dat het soms heel nuttig kan zijn om voor de partner een grens te trekken en hem duidelijk te maken dat zijn misstap je erg pijn heeft gedaan en dat zoiets nooit meer mag gebeuren.[89] Daarbij gaat het er niet om dat je streng wilt zijn, of je partner wilt straffen en voor altijd een slecht geweten wilt bezorgen; het gaat om je eigen psychische hygiëne.

De ander laten weten hoeveel verdriet zijn affaire je heeft

gedaan, is om velerlei redenen belangrijk en goed. Enerzijds geef je daarmee te kennen dat de kwetsbaarheid in de relatie groot is en dat het pijn doet wanneer waarden als betrouwbaarheid en vertrouwen zo fundamenteel worden geschaad. Anderzijds laat een duidelijke mededeling ook zien dat de relatie je niet koud laat, en je juist zo fel en emotioneel reageert omdat je graag samen door wilt. De bewering dat een affaire een stel ook dichter bij elkaar kan brengen, klinkt misschien afgezaagd. En toch kan dat heel goed het geval zijn, mits die affaire de motieven voor het samenleven weer duidelijk maakt.

Fouten vermijden: het reddingspakket voor de lange liefde

Er zijn een paar dingen die je in een relatie zo veel mogelijk moet vermijden. Gedrag dat je beter achterwege kunt laten. Routines die je beter niet kunt toelaten. Dat geldt in het algemeen, maar zeker als de relatie al enige jaren duurt en niet op korte termijn op de emotionele vuilstort mag belanden. Hierna bespreek ik enkele van de meest voorkomende fouten, valse percepties en situaties die je moet vermijden. Natuurlijk kun je de reeks zelf aanvullen. Er zijn geen grenzen gesteld aan de onhandigheden en nalatigheden.

Weten wat je aan elkaar hebt

'Je ziet iets vaak honderd keer, duizend keer,
voordat je het voor het allereerst echt ziet.'
– Christan Morgenstern

Hoe meedogenlozer je oordeel over de ander mettertijd wordt, hoe meer diens fouten en gebreken je opvallen. En wat valt er allemaal niet af te kraken. Wat is hij toch slordig gekleed. Wat kraamt ze nu weer voor onzin uit. Hij is de afgelopen jaren steeds dikker geworden. Waarom moet ze toch altijd zo roddelen? Wat is hij toch een schreeuwlelijk. Ze hoeft toch niet altijd zo op te scheppen? Wat een kouwe kikker. Kan ze eigenlijk ook eens iemand laten uitpraten?

In de klassieker *Full Metal Jacket* van Stanley Kubrick uit

1987 komt de sadistische drilsergeant Hartman voor. Die rol werd gespeeld door R. Lee Ermey. Hij wist bij de casting kennelijk te overtuigen door met een honderdvijftig pagina's tellend notitieblok vol beledigingen op de set te verschijnen en figuranten minutenlang met steeds andere varianten uit te schelden. Je moet je de lijst met verwijten die partners elkaar kunnen maken even lang voorstellen, als ze de kunst om een huwelijk te verwoesten tenminste goed verstaan.

Het is een mechanisme dat zichzelf versterkt: als je eenmaal een negatieve bril hebt opgezet en die vooral ook niet meer afzet, valt je vooral op wat je allemaal niet aan je partner hebt en van hem krijgt. De man die vroeger de verzoenende, kalmerende pool van de relatie was en de veelvuldige stemmingswisselingen en rare nukken van zijn vrouw behoedzaam gladstreek, krijgt dan bijvoorbeeld de wind van voren omdat hij zo traag en saai is, en geen onberekenbare kwibus die altijd in is voor een verrassing.

En de goedgeorganiseerde gezinsmanager die naast haar veeleisende baan ook nog de boodschappen doet, zorgt dat de kinderen de nieuwste schoolboeken hebben, hun huiswerk doen en weer een passende broek krijgen, wordt verweten dat ze zo moe is. Waarom is ze geen opwindende vamp die zich als een prinses in een hangmat uitrekt en alleen maar ligt te wachten tot iemand haar cocktailglas opruimt en haar eindelijk wakker kust?

Als je zo oneerlijk oordeelt over je partner, ben je kennelijk vergeten waarom je ooit voor die ander hebt gekozen. De eigenschappen die je nu zo saai of vermoeiend lijken, vond je destijds misschien juist aantrekkelijk. Bovendien is het, van enige afstand bekeken, haast absurd dat iemand pas na vijftien of twintig jaar huwelijk opmerkt dat zijn partner zwijgzaam, huiselijk, egocentrisch, niet goed met zijn handen of God weet wat allemaal nog is. Vermoedelijk had hij die kenmerken altijd al en kon hij ook vroeger nog geen spijker in de muur slaan. Met andere woorden: een boerenknol wordt nooit een renpaard of omgekeerd, en al helemaal niet als hij ouder wordt.

In een relatie zouden partners daarom moeten bedenken wat ze aan elkaar hebben, niet wat er allemaal ontbreekt.

Hoewel het misschien een beetje klinkt naar een kringgesprek, is het in zulke vastgelopen situaties goed om een haast banale oefening te doen die veel stellen toch lastig vinden: ieder vertelt wat hij goed vindt en waardeert aan de ander. Ook al lijkt het niets bijzonders, voor de partner is het misschien toch verrassend om te horen: 'Ik vind het goed hoe open en natuurlijk jij op andere mensen afstapt.' Of: 'Ik vind het fijn dat je je niet zo gemakkelijk uit het veld laat slaan en de dingen kalm opneemt.' Of: 'Ik vind het top dat je zo betrouwbaar bent en stilletjes zo veel dingen regelt.' Dergelijke uitspraken mogen dan geen vurige liefdesverklaringen zijn, ze zijn waarschijnlijk wel balsem voor de ziel van de ontvanger, die helemaal niet wist dat de partner dergelijke dingen nog opvallen.

Het is de moeite om zulke vriendelijke zinnen samen uit te proberen. Meestal voelt het in het begin wat raar en onwennig aan, met name als je allang de gewoonte hebt om voornamelijk op een aanvallende, bevooroordeelde en verwijtende manier met elkaar om te gaan.

Niet altijd voor dezelfde vallen

'Waarom belanden we telkens weer in hetzelfde soort toxische relaties? Omdat we wat we kennen simpelweg verwarren met wat goed voor ons is. We hebben liever het vertrouwde van de hel dan het onbekende van het paradijs.'[90]
– Holger Kuntze, relatietherapeut

Die kopieerdwang kan vreselijk zijn. De vriendenkring slaat meteen de ogen ten hemel als je je nieuwe partner voorstelt. Die weet al na een paar minuten dat je met hem of haar binnen de kortste keren weer dezelfde problemen zult hebben die onlangs nog tot je laatste relatiebreuk hebben geleid. Alleen: waarom zien vrienden en bekenden dat onmiddellijk, terwijl jij je telkens weer door hetzelfde type laat strikken?

Het aardige antwoord luidt dat je die uitdaging zoekt omdat je wilt groeien en je wilt ontwikkelen, en de problemen wilt oplossen die met je laatste partner nog tot een mislukking leidden. Maar het is realistischer om te stellen dat het een kwestie van gewoonte is, dat het komt door de inprenting van je ouderlijk huis dat iemand je zo bekend en vertrouwd voorkomt. Was je vader een alcoholist die al het geld vergokte? Dan voel je je helaas ook aangetrokken tot de immer vrolijke losbol die in is voor elk gokspel en zijn onregelmatige inkomsten met weddenschappen op de Albanese voetbalcompetitie verliest.

Dat komt jou totaal niet bevreemdend, maar juist bekend voor. Het ruikt naar je eigen stal. Bovendien heb je zulke omstandigheden op een of andere manier altijd weten te doorstaan en zal het dus heus zo erg niet zijn geweest, verduidelijkt relatietherapeut Holger Kuntze het achterliggende psychologische patroon.[91]

Zoiets geldt ook voor andere situaties, bijvoorbeeld als vader of moeder zich bij een ruzie altijd achter een muur van stilzwijgen terugtrok en de twee dagenlang niet met elkaar spraken. Als kind nam je dan met anticiperende gehoorzaamheid het huishouden over en gedroeg je je heel braaf en ijverig, in de hoop dat alles snel weer goed zou komen. En nu hult je nieuwe vriendin zich dus ook in stilzwijgen als ze om ondoorgrondelijke redenen beledigd of boos is. Je geeft haar cadeautjes, haalt de boodschappen en doet poeslief tegen haar, maar zij zegt geen woord. Nou en, dat is toch volkomen normaal?

Ook de woede-uitbarstingen van de nieuwe partner komen je niet heel vreemd voor. Je ouders schreeuwden ook altijd tegen elkaar, sabelden elkaar volledig neer en gingen door het lint als de ruzie eenmaal een bepaalde temperatuur had bereikt. Kennelijk is dat normaal als twee mensen lang bij elkaar zijn, zo gaat het nu eenmaal in een relatie, of niet soms?

Natuurlijk komt het tegenovergestelde ook voor. Dan kiezen mensen juist een partner met wie ze de situaties kunnen vermijden die hun in het ouderlijk huis zo tegenstonden. Zij hebben al vroeg gezworen om het later allemaal heel anders te doen, of zelfs nooit aan een vaste relatie te beginnen.

Voor de na-apers, en dat zijn er helaas ook in het negatieve heel veel, is het vaak goed om helder te krijgen welke parallellen er zijn en zich af te vragen of ze in hun eigen relatie telkens weer (waarschijnlijk onbewust) datgene naspelen wat ze kennen van hun ouders, of misschien ook van broers en zussen. Je mag hopen dat de voorbeelden van de ouders in veel gevallen nuttig en stimulerend zijn, of raadzaam om na te volgen.

Als er vooral sprake was van ruzie en destructieve ervaringen, kun je je daar beter al vroeg van distantiëren, om in de volgende generatie die fouten niet te herhalen. Mensen die in een dergelijke situatie verstrikt zitten, beseffen vaak helemaal niet wat ze elkaar dagelijks aandoen. Het kan dan heel nuttig zijn om hun de feedback te geven dat hun verhouding niets te maken heeft met een liefdevolle relatie. Ook de waarschuwing dat het geen teken is van liefde, waardering en respect als je partner je vervelend behandelt, is van belang om de toxische herhaling van afhankelijkheid, vernedering en minachting te doorbreken.

De juiste communicatie op het juiste moment

'Gelukkige gezinnen lijken allemaal op elkaar,
maar een ongelukkig gezin is altijd ongelukkig
op zijn eigen manier.'
– Leo Tolstoi, Anna Karenina

Zij is in de keuken bezig, hij zit ontspannen de krant te lezen. Het duurt niet lang of zij begint een gesprek, en dan voltrekt zich de ramp. 'Wat doe je?' 'Ik doe niets.' 'Je kunt toch niet niets doen?' 'Jawel.' 'Maar je moet toch íéts doen?' Dit is een fragment uit een sketch van de Duitse schrijver en cabaretier Loriot, en het zijn niet alleen gefrustreerde stellen die deze dialoog keer op keer citeren. In het begin antwoordt de man nog geduldig op de vragen van zijn vrouw, ook al wil hij eigenlijk alleen maar de krant lezen en met rust gelaten worden. Dan gaat hij steeds bozer reageren, en nadat de twee een tijdje langs elkaar heen hebben gepraat neemt hij een definitieve beslissing: 'Ik vermoord haar, morgen vermoord ik haar.'

In relaties die al jaren duren, hebben zich veel specifieke patronen ontwikkeld in de manier waarop de partners met elkaar praten, of misschien juist niet met elkaar praten of vreselijk langs elkaar heen praten. Vaak is dat allang niet meer bevorderlijk voor de verstandhouding. Veel partners zweren erbij om niet te reageren op de aanvallen en verwijten van de ander, en zo te voorkomen dat de situatie onnodig escaleert. Anderen zijn er juist van overtuigd dat het beter is om de tegenstander meteen met je eigen onvrede te confronteren. Maar zo simpel is het niet. Een toverformule is er niet, maar er bestaan voor elke situatie in het leven wel passende gespreksstrategieën.

Zoals we eerder hebben gezien, beschrijft John Gottman met zijn ruiters van de Apocalyps de kenmerkende communicatiezonden in een relatie. Toch zijn die niet op elke situatie toe te passen. Er bestaat geen kant-en-klare oplossing voor de juiste taal in de late liefde. Vaak geldt de onbevredigende formule: het hangt ervan af. Wat voor een stel op het ene moment misschien goed werkt, kan het volgende ogenblik alweer totaal verkeerd zijn.

Zo schetsen relatieonderzoekers verschillende situaties waarin het doeltreffend kan zijn om de ander meteen aan te pakken en met je onvrede te confronteren, terwijl het in andere gevallen voor beiden beter is om de ander eerst even met rust te laten.[92] De perfecte communicatiestrategie tussen twee mensen is nog niet uitgevonden. Eenzelfde soort omgang kan een relatie verbeteren en beide partners helpen, maar de schade ook vergroten. Wat de optimale strategie is, wordt telkens bepaald door de context.

De meeste mensen willen graag tevredenheid en instemming vinden in hun relatie, en beoordelen de communicatie in dat geval als geslaagd en dus 'positief'. Er zijn echter ook talrijke aanwijzingen dat beiden op de lange duur gelukkiger zijn als er in conflictsituaties niet alleen sprake is van een harmoniesausje, maar af en toe ook van kritiek, afwijzing, en zichtbare ergernis bij de ander.[93] Ze registreren de loyaliteit van de ander wel, maar voelen zich op den duur niet gewaardeerd en serieus genomen als de partner altijd gedwee toegeeft, zodat de goedbedoelde vriendelijkheid de relatie niet stabiliseert maar laat dobberen.

Het is het aloude verhaal: ruzie en hoogoplopende conflicten betekenen lang niet altijd dat een relatie dreigt te stranden. Integendeel, ze laten eerder zien dat de twee partners nog interesse hebben in elkaar en dat het hun niet koud laat hoe de ander zich gedraagt of hoe de relatie zich ontwikkelt. Het wordt pas gevaarlijk als hun leven samen zich kenmerkt door onverschilligheid in plaats van belangstelling.[94]

Daarom kan het verstandig zijn om bij serieuze problemen rechtstreeks tegen de partner in te gaan, mits hij ervoor openstaat om zichzelf of zijn gedrag te veranderen. Als de partners zich daarentegen niet echt geborgen voelen in hun relatie, en onzeker en twijfelachtig zijn, zijn zulke conflictgesprekken eerder schadelijk. Het ultieme advies voor de beste aanpak bestaat dus niet, en kan ook niet bestaan. Afhankelijk van de situatie blijkt telkens een andere gespreksvorm de effectiefste.

Het tegenovergestelde, een coöperatieve communicatie die indirect verloopt, is zinvol als het om kleinere problemen gaat en er sowieso geen verandering mogelijk is, of als een van de partners zo'n afwerende houding heeft dat het probleem waarschijnlijk niet op te lossen is.

Uit dit alles volgt dat het belangrijk is om telkens weer goed naar de ander te kijken en te herkennen wat hem op dat moment bezighoudt. Met aandacht en bedachtzaamheid kom je meestal het verst, niet met het zelfingenomen motto: kennen we al, hebben we altijd zo gedaan.

De liefde niet verwaarlozen

'Geluk ontstaat vaak door aandacht voor kleine dingen, ongeluk vaak door het verwaarlozen van kleine dingen.'
– Wilhelm Busch

Meestal kondigt het zich terloops aan en wordt het sluipenderwijs erger, en opeens is het dan zover: in het dagelijks leven is de aandacht voor elkaar verloren gegaan. Baan, gezin, huishouden en hobby's eisen alle concentratie op, en de relatie staat alleen nog in de stand-bystand. Dat ze nog functioneert wordt als vanzelfsprekend beschouwd, een automatisme zogezegd, hoewel beiden er nauwelijks nog moeite voor doen en daar soms ook veel te moe voor zijn. De relatie is niet meer zo stimulerend als in het begin, maar toch ontstaat geleidelijk aan het idee dat het allemaal wel vanzelf loopt.

Als paren eenmaal in die situatie zitten, gaan ze vaak anders over de relatie denken. De mooie dingen, de overtuigingen en waarden die ze samen delen, en alles wat ze positief vinden aan elkaar, nemen ze allang voor lief. Tegelijkertijd groeit de onvrede over de nukken van de partner en alles wat steeds maar weer problemen blijft veroorzaken. De uitdagingen en moeilijkheden lijken zich op te stapelen.

Op een gegeven moment gaat het evenwicht in de relatie dan verloren, omdat de partners alleen nog oog hebben voor de negatieve kanten. Relatietherapeuten vergelijken die vernauwde blik met een 'inwendige schijnwerper' die alleen nog gericht is op alles wat niet direct goed gaat.

Je kunt je dat ongeveer voorstellen alsof je in een droomvilla woont met uitzicht op zee, maar je de hele dag ergert over de ongeleegde prullenbakken die her en der in het huis staan. Terwijl je op het terras met een cocktail in je hand van het uitzicht op het strand en de golven zou moeten genieten, zie je alleen nog de overvolle bakken en word je daar steeds chagrijniger over.[95]

Dat het er eigenlijk paradijselijk is en het er zo ook zou kunnen toegaan, heb je niet meer in de gaten. Sommige stellen kennen die tunnelvisie misschien van hun laatste vakantie, toen ze van meet af aan besloten hadden om de bestemming, het vakantiehuis en vooral de partner stom te vinden.

En omdat je toch al voortdurend bezig bent met een neerwaartse spiraal van kritiek en ruzie, worden opeens nieuwe rekeningen opgemaakt en lelijke balansen gefabriceerd. Dan overheersen de problemen en de boosheid, de gebreken van de ander en de vele lege plekken die er zijn in de relatie. Daarbovenop komt nog de vernietigende vraag: gaat het niet al veel te lang zo? De uitkomst van dergelijke negatieve gedachten staat van tevoren vast en ziet er rampzalig uit.

De typische reflex is dan dat je de problemen wilt gaan aanpakken en de partner uiterlijk bij de volgende ruzie wilt confronteren met alles wat je niet bevalt en waaraan je je ergert. Het is begrijpelijk dat je het conflict wilt aangaan en samen aan de problemen wilt werken. Dat je de ander wilt zeggen wat je vooral zo stoort. Dat is in elk geval een teken dat je de relatie nog wilt redden. Toch is zo'n reactie niet zinvol, integendeel.

Als je alle problemen in één keer op een agressieve, dreigende manier op tafel gooit, wordt de partner belaagd door een spervuur aan verwijten, vernederingen en kritiek. Dan zoekt hij dekking. Dat kan niet anders, ieder mens ervaart zo'n situatie als stressvol. Het lichaam reageert met een stortvloed van allerlei signaalmoleculen als adrenaline, cortisol en andere stresshormonen, die het organisme overspoelt. Het staat onder maximale druk en ontvangt talloze commando's om aan te vallen. De partner heeft inmiddels ook de gevechtshouding aangenomen.

Dat is op de lange duur niet gezond en maakt een constructief gesprek praktisch onhaalbaar. De twee partners staan tegenover elkaar als in een duel: een van hen staat van begin af aan al in de aanvalsstand, de ander scheldt terug of gaat onmiddellijk in de verdediging. Hij kan er ook voor kiezen om te vluchten of het ongemakkelijke defensief zo nu en dan te verruilen voor een offensief, en de aanvaller op zijn beurt te lijf gaan. In die toestand is een vriendelijk of op zijn minst hulpvaardig gesprek vrijwel niet meer mogelijk. Want door de alarmreactie van het lichaam wordt alles geblokkeerd wat je nodig hebt om grip op de problemen te krijgen.

Om die problemen het hoofd te bieden en op te lossen,

moet namelijk voldaan zijn aan een paar voorwaarden. Eigenlijk is het heel eenvoudig: de partners moeten respectvol met elkaar omgaan, wat op de eerste plaats vereist dat ze rustig en in een prettige sfeer met elkaar praten. Bovendien moeten ze allebei de zekerheid hebben dat ze hun gevoelens, gedachten en mening over de relatie rustig kunnen vertellen, zonder dat het tot nieuwe aanvallen leidt. Dat betekent dat ze niet alleen moeten weten dat ze daar voldoende ruimte voor krijgen, maar ook moeten voelen dat de partner luistert en de ander echt wil begrijpen. Die moet dus het signaal geven: ik zie je, ik hoor je.

Voor stellen die elkaar al veel te lang hebben verwaarloosd, geldt dan ook het tegenstrijdig klinkende motto: eerst het plezier, dan het werk![96]

Het is niet gemakkelijk, maar juist als er steeds vaker conflicten ontstaan die bovendien steeds scherper worden en de relatie dreigen te verwoesten, is het belangrijk om de positieve kanten van het leven samen te benadrukken, en te zien en te waarderen wat zo fijn is aan de partner en de relatie. Het is dan hoog tijd voor complimenten, erkenning of alleen maar een verfrissend of uitgelaten samenzijn.

Hoe beter een stel met elkaar overweg kan, des te makkelijker is het om de problemen vriendelijk en met voldoende wederzijds respect ter sprake te brengen. In zo'n sfeer is het ook mogelijk om aan te horen wat de ander beweegt zonder dat meteen als een persoonlijke aanval op te vatten. Als dat lukt hoeft niemand zich te verdedigen of zelfs te vluchten; tenslotte wordt er ook niemand aangevallen. Explosieve onderwerpen hoeven zeker niet onbesproken te blijven, want juist daarvoor geldt dat je ze alleen kunt oplossen in een vreedzame sfeer, niet met wrok en agressie.

Je niet laten gaan

'En als je toch de fout in gaat
Je door een man verschalken laat
Verandert je rozencavalier
Kort na de bruiloft in een dier
Dan toont hij pas zijn ware ik
Totaal verslonsd, afstotelijk
Hangt voor de buis, drinkt bier, wordt vet
En boert en ruft in het echtelijk bed.'
– Die Ärzte, Männer sind Schweine

Het is een heel begrijpelijke wens om je thuis te kunnen gedragen zoals je wilt. Om je eindelijk niet meer te hoeven beheersen, maar je gewoon te kunnen laten gaan zonder dat je op je vingers wordt getikt. Dat houdt ook in dat je tijdens een gesprek niet elk woord op een goudschaaltje hoeft te wegen, maar je ergernis en frustratie over de sleur op kantoor, over vrienden of je partner gewoon kunt spuien. Tenslotte is dat echt, authentiek en oprecht, en die dingen vinden we op veel levensgebieden zeer wenselijk.

Hoe het er in het dagelijks leven aan toegaat als een stel zich ongegeneerd laat gaan, varieert per geval. Het niveau kan verbazingwekkend ver dalen. Soms vindt de een het niet nodig om zich ook maar enigszins fatsoenlijk aan te kleden, of zich te scheren en zijn haren te wassen als de partners overdag samen thuis zijn, en loopt hij in het weekend ook 's middags nog ongekamd rond in zijn pyjama. Als de partners die joggingbroek-en-onderhemd-look allebei mooi en aantrekkelijk vinden is het natuurlijk prima. Maar vaak is zo'n tenue een van de twee een doorn in het oog, en ziet die het niet als een nonchalante stijl maar als een gebrek aan respect.

Zo hebben veel partners allebei een andere opvatting over

hoe je het beste aan het ontbijt kunt verschijnen: slaperig, met het 'zand' nog in de ogen, een warrig kapsel en in pyjama, of fris gestreken en gedoucht, geschoren of met geëpileerde wenkbrauwen en een dresscode die je ook voor een sollicitatiegesprek zou uitkiezen. Je kunt heel goed met een gestropte das in plaats van in trainingspak aan de ontbijttafel plaatsnemen, zoals conservatieve essayisten graag beweren of Thomas Mann in *De Buddenbrooks* heeft beschreven en zelf ook deed.

Hetzelfde geldt voor praten met elkaar. Als er geen sprake meer is van een beleefde omgang, de een de ander in de hitte van de strijd niet meer laat uitspreken of telkens met krachttermen gooit die hij tegen anderen of op het werk nooit zou gebruiken, is dat ook een teken dat de hoffelijkheid jegens de partner afneemt. Kleine maar gemene steken onder water of beledigingen, tot verraad aan toe, kunnen een even schadelijk effect hebben.

Het belang van de juiste woordkeus komt naar voren op ongelooflijk veel gebieden, ook buiten relaties. Zo heeft een onderzoek laten zien dat de mate waarin mensen gehoor gaven aan een oproep om bloeddonor te worden afhankelijk was van de teksten op T-shirts. Om studenten aan te sporen bloed te doneren, droegen vrijwilligers shirts die bedrukt waren met de tekst DONEREN = HELPEN of LIEFHEBBEN = HELPEN.

Terwijl het geen verschil maakte of de T-shirts onbedrukt waren of het woord 'doneren' in combinatie met 'helpen' droegen, had het woord 'liefhebben' een verrassend effect. Dan nam de bereidheid om bloed te geven aanzienlijk toe.[97] Je kunt dus al een opmerkelijk resultaat boeken door je woordkeus te veranderen en positief geladen begrippen te gebruiken. In liefdesrelaties, waar juist in crisistijd elk woord op een goudschaaltje wordt gelegd, geldt dat natuurlijk nog veel sterker dan bij bloeddonatie.

Partners die zich laten gaan en zich onbeheerst gedragen, verklaren dat vaak met de stelling dat je je juist in een liefdesrelatie niet anders hoeft voor te doen dan je bent. Je kunt je ware gezicht laten zien. Dat is niet alleen prettig, maar ook een kenmerk van ware liefde. Je hoeft geen toneelstukje op te voeren, de ander accepteert je en houdt van je om wie je in wezen bent. Ongeschminkt en ongekunsteld.

De redenen waarom een partner zich steeds vaker laat gaan zijn legio en soms zelfs origineel. Daar moet een relatie gewoon tegen kunnen, zegt zo iemand bijvoorbeeld. Hij is nu eenmaal impulsief en dit emotionele gedrag hoort ook bij het 'totaalpakket' dat de ander eens zo enthousiast heeft aanvaard. Alles heeft zijn prijs, en in andere situaties weet de partner dit temperament en deze hartstocht zeer te waarderen, dus moet hij er ook maar tegen kunnen als het een keertje niet in zijn kraam te pas komt.

Hoe begrijpelijk ook, de wens dat er altijd, voor eeuwig en in elke situatie van je gehouden wordt, is niet realistisch. Dat heeft niets met onvoorwaardelijke liefde te maken. Het is juist goed voor de relatie om elkaar ook in het dagelijks leven met respect te behandelen en daarmee te kennen te geven: je bent het waard, dus ik probeer rekening te houden met wat jij belangrijk vindt. Het is immers niet vanzelfsprekend dat de liefde standhoudt.

Vaak zie je een dergelijke respectvolle empathie eerst terug in uiterlijkheden en daarna in een gespreksvorm die nooit te opdringerig is. We doen uiterlijkheden vaak af als oppervlakkig en onbelangrijk. Toch kunnen ze in het dagelijks leven een belangrijk symbool zijn dat aangeeft: ik denk aan je, ik doe je dat kleine genoegen en let op mezelf, op mijn kledingkeuze en mijn tafelmanieren, en daarmee ook op jou.

Er bestaat een parabel die duidelijk maakt hoe snel de aandacht in een relatie kan verdwijnen, al was de liefde aanvankelijk nog zo groot.[98] Hij gaat over een schitterende, zware vaas, die iemand cadeau heeft gekregen en zo prachtig vindt dat hij er een bijzonder plekje voor heeft gereserveerd. In het begin zorgt hij heel goed voor het kostbare voorwerp. Hij onderhoudt het en past goed op dat er geen krassen op komen en dat niemand erbij in de buurt komt.

Dan gebeurt er op een gegeven moment toch iets vervelends. In een ogenblik van ergernis of onachtzaamheid stoot de ontvanger half per ongeluk half met opzet tegen de dure vaas. Misschien ook uit woede of om zich af te reageren. Enerzijds spijt het hem, anderzijds weet hij zeker dat de zware vaas wel tegen een stootje kan omdat hij zo goed is gemaakt. Hij is sterk en van uitstekende kwaliteit.

In de loop der tijd wordt de eenmalige uitglijder een steeds regelmatiger gebeurtenis. Niet per ongeluk, maar opzettelijk. Eerst raakt de vaas af en toe wat beschadigd, dan steeds vaker. De ene keer is het een zetje in het voorbijgaan, de andere keer een stevige duw als de woede weer eens groot is, en bij een volgende gelegenheid alleen maar een kleine tik. Daar kan hij heus wel tegen, het is nog altijd goed gegaan. Maar de vaas is wel van kwetsbaar porselein. Er ontstaan haarscheurtjes die eerst nauwelijks zichtbaar zijn. Dan worden de scheuren steeds groter, op sommige plekken is het patroon al beschadigd.

Bij de volgende klap breekt de vaas in duizend stukken. Nu is de spijt groot. Het prachtige geschenk is stuk, de scherven liggen overal. Zelfs als de ontvanger de vaas probeert te lijmen zal die er nooit meer zo prachtig en perfect uitzien als eerst.

Het voorbeeld is eigenlijk wat banaal en onbehouwen. Maar misschien is het daarom juist zo goed en geschikt als analogie voor de eerst incidentele en daarna steeds vaker voorkomende klappen die een liefde kapot kunnen maken. Iedereen snapt meteen dat zo'n breekbaar geschenk vroeg of laat zal breken als het telkens weer op stoten en tikken wordt getrakteerd. En je hoeft ook geen glasblazer te zijn of in een porseleinfabriek te hebben gewerkt om te begrijpen dat een vaas die met veel pijn en moeite is gelijmd, nooit meer zo mooi zal zijn als het gave origineel.

Toch komen de meeste mensen niet op het idee om hun partner na jaren nog altijd zo voorzichtig te behandelen als de vaas aan het begin van deze parabel, als een bijzonder kostbaar geschenk. Misschien kan de partner er best tegen als hij een paar keer wat lomper wordt bejegend, maar als het herhaaldelijk gebeurt, komen er al snel scheurtjes in de relatie en gaat ze uiteindelijk stuk. Ook wordt duidelijk dat een beschadigde relatie met enig succes te lijmen valt, maar dat er altijd een paar krassen overblijven. En heel diepe wonden genezen zelfs nooit. Zo mooi als in het begin wordt het dan niet meer.

Daarom kun je je afvragen waarom sommige mensen het niet kunnen laten om hun partner, die hun in het begin toch het allerdierbaarst was, keer op keer onfatsoenlijk te behandelen. Vaak gebeurt dat niet eens om een geldige reden of per ongeluk, maar vanwege een slecht humeur, stress op het werk, of andere gebeurtenissen die de stemming hebben verpest.

De vergelijking met de kostbare vaas toont ook dat beide partners het zelf in de hand hebben om goed te zorgen voor hun kostbare leven samen, en elkaar niet bij elke gelegenheid in de haren te vliegen. Dat gaat het best met wat humor, en betekent ook dat je je eigen slechte buien niet al te serieus moet nemen en vooral niet ongefilterd op je partner moet uitleven. Die kan er meestal het minst aan doen en is bovendien veel te kostbaar om wegens ergernissen over het werk als mikpunt te dienen, of als boksbal waarop je je eigen rothumeur afreageert.

Wie in een relatiehufter verandert, is niet bijzonder echt of authentiek maar vooral meedogenloos. Als je je laat gaan is dat geen teken van ware liefde. Het zorgt er eerder voor dat de relatie binnen de kortste keren aan scherven ligt en nooit meer te lijmen valt.

Niet de ander willen veranderen, maar jezelf

'Probeer iemand nooit zo te maken als je zelf bent.
Je zou moeten weten dat één van jouw soort genoeg is.'
– Ralph Waldo Emerson

Als twee mensen elkaar volledig in de tang hebben, vindt er een bijzonder natuurverschijnsel plaats: de twee zijn voortdurend in beweging, vallen elkaar aan, maken elkaar verwijten, trekken zich even terug om dan met nog meer kracht op elkaar te knallen. En toch is nergens enige vooruitgang te bekennen. Je kunt het vergelijken met twee honden die elkaar tussen de kaken houden en steeds erger verwonden maar toch niet kunnen loslaten. Het gevecht gaat maar door en wordt steeds feller, tot een van beide het hazenpad kiest of zwaargewond opgeeft.

Als de twee elkaar zo beloeren en aanvallen, delen ze vaak wel één overtuiging: de ander moet veranderen, en snel ook, dan komt alles weer goed. Waarom zou je zelf een begin maken, terwijl het voor je partner veel noodzakelijker is? Bij hem of haar zijn de problemen immers onmiskenbaar. Vooral als je meent te weten welke eigenschappen van je partner de meeste relatieproblemen veroorzaken, is dat een logische wens.

En zodoende blijven veel stellen maar wachten, staan ze bij wijze van spreken in de houding, tot de ander eindelijk het initiatief neemt en gaat veranderen. Ze wachten en wachten. Meestal wachten ze eindeloos zonder dat er wat gebeurt, waardoor ze alleen maar bozer worden. De meeste mensen wachten tevergeefs.

Toch is er één persoon die je vrij snel kunt veranderen, en vooral ook op alle mogelijke gebieden. Als je wil, kun je dus meteen beginnen: bij jezelf.

Wie daarentegen anderen wil veranderen, met name de vaste partner, begint over het algemeen aan een hopeloze onderneming. De nukken en eigenaardigheden zitten muurvast in de persoonlijkheid verankerd, en veel mensen vinden hun eigen karakter een succesmodel van de evolutie. Hoe had je zonder jouw unieke eigenschappen (die anderen vreemd genoeg voor 'gebreken' houden) ooit zo oud kunnen worden en het in het leven en de relatiejungle zo ver kunnen schoppen? Tot nu toe is alles toch altijd goed gegaan?

Bovendien geldt in relaties de ook weer uit de natuurkunde ontleende regel dat druk vrijwel altijd tegendruk veroorzaakt. Wie dus door zijn partner op meer of minder zachte wijze wordt opgeroepen om liefst snel te veranderen, doet dat vrijwel zeker niet. Daar hoef je niet eens eigengereid voor te zijn. En wie van een woedende partner het verwijt krijgt dat het allemaal heel anders zou zijn als hij eindelijk maar eens zou veranderen, doet dat al evenmin.

'Samen leven kan alleen goed gaan als je ook tijdens de hevigste verliefdheid een soort realiteit blijft zien. Besef dat je je partner nooit kunt veranderen... Als je dat aanvaardt en kunt verdragen, is al het andere gemakkelijk en fijn,' zegt actrice Senta Berger. En zij kan het weten want ze is al meer dan vijftig jaar gelukkig getrouwd.

Je hebt veel meer kans van slagen als je jezelf verandert en daarbij ook de lastige kanten van de relatie niet overslaat. Het werkt uitstekend als een van beiden het goede voorbeeld geeft. De partner zal al vrij snel volgen en zijn gedrag ook veranderen. Dat gebeurt gegarandeerd. Misschien niet meteen op de eerste of tweede dag, maar lang zal het niet duren. Diverse onderzoeken wijzen uit dat de tevredenheid in de relatie al merkbaar toeneemt als slechts een van beiden in beweging komt en zelf iets verandert.

Je gedrag op eigen initiatief veranderen heeft veel prettige bijwerkingen. Je merkt enerzijds hoe gemakkelijk het gaat zonder dat je verraad aan jezelf hoeft te plegen, en ervaart anderzijds dat o zo belangrijke gevoel van zelfeffectiviteit: je bent geen hulpeloos slachtoffer van de relatieheibel, je wordt niet omlaag gezogen in de draaikolk van boze buien en vijandigheid, maar kunt eigenmachtig iets veranderen. Je hebt het zelf in de hand.

Je onderneemt iets in plaats van alleen maar af te wachten. En ondertussen kun je ervoor zorgen dat het beter gaat met jezelf en de tevredenheid toeneemt, ook al draagt de ander daar niets aan bij.

Om die reden is het overigens ook zinnig om, in nood, los van je partner therapeutische hulp te zoeken, zodat je grip kunt krijgen op de relatieproblemen. Dat kan bijvoorbeeld nodig zijn als een van de twee beslist geen hulp van buitenaf wil accepteren en niet met de partner aan relatietherapie wil beginnen. Misschien hadden ze zo'n therapie al gepland maar haakt een van beiden op het laatste moment toch af. Zelfs als slechts een van de partners verandert door psychologische hulp, heeft dat op de korte tot middellange termijn al zeer positieve effecten op de relatie.

Het verlangen naar verandering uitspreken

'De meeste vrouwen doen er alles aan om een man te veranderen, en als ze dat eenmaal hebben gedaan, moeten ze hem niet meer.'
– Marlene Dietrich

Een mens laat zich nauwelijks veranderen door druk van buitenaf en de wensen van de eigen partner. De relatie kan daarentegen wel veranderen, dat is niet zo moeilijk als de partners het allebei willen, of zelfs als maar een van hen het initiatief neemt.

Soms is het niet eens de verandering zelf die iets in beweging brengt, maar alleen al de behoefte eraan. Vrouwen vinden het vaak fijn als hun man hardop zegt dat hij iets wil veranderen in de relatie of meteen ook voorstellen ter verbetering aandraagt. Bij mannen is het verlangen naar dergelijke gesprekken niet zo nadrukkelijk aanwezig. Maar zodra ze gaan praten over de mogelijkheden om de relatie samen vorm te geven, verbetert ook de sfeer. De twee gaan welwillender en vriendelijker met elkaar om.[99] Voorwaarde is wel dat ze geen eisen en dreigementen uitspreken, maar alleen verlangens, behoeften en wensen, bij voorkeur in de vorm van ik-boodschappen. Ze gebruiken dus geen zinnen met 'men' of 'het zou mooi zijn als', maar met 'ik verlang ernaar' of 'ik zou graag willen'.

De relatie gaat erop vooruit als de man af en toe uitspreekt dat hij van zijn kant graag iets wil veranderen. Los van de vraag of dat ook echt lukt, vat zij zoiets op als een teken dat de relatie hem niet onverschillig laat, dat hij nog altijd geïnteresseerd is in de relatie en het leven samen. Als vrouwen het gevoel hebben dat hun man regelmatig het initiatief neemt en voorstellen doet voor een beter leven met zijn tweeën, vinden ze hun relatie vanzelf ook dynamischer en bevredigender.

Als een vrouw daarentegen de indruk krijgt dat zíj altijd degene is die op problemen maar ook verandermogelijkheden moet wijzen terwijl hij nooit over zulke onderwerpen begint, ervaart ze dat als frustrerend. Ze vindt de relatie dan veel minder bevredigend, en het risico op een breuk neemt toe.[100]

De partner tot ontplooiing brengen

'Elke vrouw verwacht van een man dat hij voldoet aan de verwachtingen die zij van hem heeft.'
– Chariklia Baxevanos

Je moet het niet overdrijven, zoals de leraar van een vrije school die met zijn leerlingen op excursie was in Toscane. De klas zou gaan beeldhouwen en ieder moest uit een ruw blok steen een beeldhouwwerk beitelen. Toen een paar leerlingen vroegen wat voor figuur ze eigenlijk moesten maken, antwoordde de leraar: 'Luister naar wat het blok steen je wil zeggen. Dan weet je wat je ervan moet maken.'

Dit (overigens waargebeurde) verhaal klinkt misschien wat banaal. Bovendien is steen soms een tikje zwijgzaam; het wilde dan ook niet tegen iedere leerling wat zeggen. Maar het lijdt geen twijfel dat ook in elk mens een persoonlijkheid zit die tot ontplooiing kan komen en met hulp van een liefdevol ander mens zo mogelijk nog bonter en veelzijdiger wordt. Of het nu de rups is die een vlinder wordt, of een kikker die na een kordate kus een prins blijkt te zijn: in de natuur, maar soms ook in de literatuur en in sprookjes, wemelt het van wonderbaarlijke, maar ook wonderlijke metamorfosen. Meestal lopen ze goed af en dienen ze ertoe de mens een beetje beter te maken.

Het gaat ook weleens mis, zoals bij Kafka's personage Gregor Samsa, die een kever werd, of de vrouw van Lot, die tot een zoutpilaar verstarde. En soms zijn in de gedaanteverwisseling ook een heen- en terugreis begrepen, zoals bij de metgezellen van Odysseus die eerst door de tovenares Circe in varkens werden veranderd en in een hok werden opgesloten, maar gelukkig niet lang hoefden te wachten tot ze weer mens mochten zijn.

De mooiste gelijkenis voor de ontwikkelingsmogelijkheden van de mens is misschien wel de uitspraak van Michelangelo, de beeldhouwer en homo universalis van de Renaissance. Hij zei dat 'in elk blok marmer al een uniek beeldhouwwerk verborgen zit' dat de kunstenaar alleen maar uit zijn stenen omhulsel hoeft te bevrijden.

Daarmee bedoelde hij natuurlijk ook (en daarom is zijn citaat als analogie voor een relatie zo aantrekkelijk), dat het er in de beeldhouwkunst niet in de eerste plaats om gaat je eigen voorstellingen van een figuur te verwerkelijken, maar het moois bloot te leggen dat het blok marmer toch al bevatte. (In zoverre moet de leraar van de vrije school aan het begin van dit hoofdstuk misschien toch in ere worden hersteld, ook al had hij zijn leerlingen de taal der stenen op een wat dagelijkser manier kunnen uitleggen.)

Net als de beeldhouwer die de steen aan zijn 'eigenlijke' en daarmee mooiere vorm helpt, heeft een mens de macht om zijn partner te helpen worden wat hij graag zou willen zijn of wat in hem verscholen zit, ook al heeft hij daar zelf misschien nauwelijks weet van. Omdat de wisselwerkingen in een relatie veel machtiger zijn dan de meeste mensen denken, zal dat ook effect hebben op iemands eigen persoonlijkheid, want wie zijn partner helpt om zijn potentieel volledig te benutten en zijn doelen te verwezenlijken, wordt zelf meestal ook gestimuleerd om zich te ontwikkelen.

Daarbij gaat het niet om een vorm van wederzijdse prestatieoptimalisatie of de wens om een alom bewonderd 'powerkoppel' te worden. Het gaat er alleen maar om dat je de moed hebt om te gaan doen wat je graag zou willen doen, en dat je partner je niet tegenhoudt maar juist aanspoort en aanmoedigt.

Dat klinkt eigenlijk heel gemakkelijk, maar het is niet iedereen gegeven om zijn partner te helpen worden wat hij wil zijn. Daar komen maar al te vaak de eigen wensen en idealen tussen, en soms ook de angst dat de ander zich van je zal afkeren. Veel mensen hebben tamelijk precieze voorstellingen, zij het meestal onbewust, over wat en hoe hun partner moet zijn, en wat en hoe niet. Dan blijft steun uit, en gaat iemand subtiele of minder subtiele pogingen doen om de ander te veranderen. Dat lukt vrijwel nooit, zoals ik in eerdere hoofdstukken al heb besproken. Bovendien is het voor beiden een frustrerende ervaring.

Je hoort dan vaak dat een van hen, of beiden, zich 'in hun bewegingsvrijheid beperkt' voelt, 'geen lucht krijgt' en het gevoel heeft dat hij gecontroleerd of zelfs betutteld wordt. Dat is geen benijdenswaardige situatie. Om die benauwende toestand op te heffen, moet je de ander laten zijn wie hij is en ook de wildste plannen bereidwillig steunen. Het doet er niet toe hoe vreemd de wensen zijn; of de achtenvijftigjarige partner nog graag wil leren klifduiken in Acapulco of de vierenvijftigjarige hoe dan ook haar droom van een studie diergeneeskunde nog wil verwezenlijken.

Je moet zulke wensen en onderwerpen zonder 'voorgekookte oplossing' aanhoren, zouden politici zeggen. Het motto 'versterk sterke punten, verzwak zwakke punten' is misschien ook erg toepasselijk.

Zo'n instelling levert beide partijen iets op: wie zich door zijn partner gesteund, aangemoedigd en gestimuleerd voelt, kan niet alleen zichzelf beter ontplooien maar is meestal ook gelukkiger met zijn relatie. Hij voelt zich op waarde geschat en serieus genomen. In zo'n sfeer is het veel gemakkelijker om ook lastige onderwerpen en kritiek te bespreken. De ander vat ze dan niet meteen op als een aanval maar kan ze rustig op zich laten inwerken.

Degene die zich zo steunend opstelt, heeft bovendien het voordeel dat de partner hem ook weer meer zal stimuleren. Als de partner zich voldoende begrepen voelt, en gesterkt in zijn doelen en wensen, zal hij die houding op enig moment zeker spiegelen en van zijn kant bijdragen aan de ontplooiingsmogelijkheden van de ander. Daardoor worden ze ieder tevredener en als koppel gelukkiger.

De liefdevolle kijk op de sterke kanten en het nog braakliggende potentieel van de partner kent nog meer voordelen: in het algehele beeld van die partner staan niet meer zijn zwakheden en gebreken op de voorgrond, maar groeit de waardering voor wat je aan hem hebt en wat het leven samen fijn maakt.

Tijd vinden voor elkaar

'We hebben niet te weinig tijd,
maar te veel tijd die we niet benutten.'
– Seneca

Het lijkt op het eerste gezicht onbenullig, en bovendien: waarom zou je uitgerekend voor je eigen partner nog extra tijd vrijmaken? Je bent al jaren samen, je kent elkaar van haver tot gort. Het wordt eerder tijd voor een paar uurtjes met oude vrienden, een bezoek aan je ouders of een rondje op de racefiets die staat weg te roesten in de kelder.

De aandacht voor vrienden en sport is prima, maar de meeste koppels komen er na verloop van tijd onvoldoende aan toe om ook samen te ontspannen, om dingen te doen die uitstijgen boven de dagelijkse organisatiegekte en vooral draaien om plezier, niet om verplichtingen. Door werk, huishouden, opvoeding, hobby's, taxi spelen voor de puberkinderen, en andere vermeende of werkelijke verplichtingen blijft er nauwelijks tijd over voor elkaar. Het klinkt raar, maar juist voor de mensen met wie je samenwoont zou je in je agenda regelmatig tijd moeten vrijmaken.

Een korte terugblik laat zien waarom dat zo hard nodig is: aan het begin van een relatie heb je het gevoel dat je elke minuut samen moet zijn, maar na een paar jaar kan dat gevoel veranderen in een tactiek waarmee je elkaar met allerlei diplomatieke frasen aan het lijntje houdt: 'Misschien lukt het vanavond om eindelijk weer eens rustig met zijn tweeën uit eten te gaan.' Of: 'Eind volgende week moet absoluut kunnen, dan gaan we weer eens samen naar de film.' In theorie is het immers altijd mogelijk om een afspraak te maken. In de praktijk lukt het zo goed als nooit.

Dat uitstellen, vergeten en aan het lijntje houden is vaak niet eens onwil, maar het gevolg van de dagelijkse verplichtingen waar je nu eenmaal mee te maken hebt. Het voedt zich bovendien aan de ingrediënten van een vicieuze cirkel die zich in de giftige combinatie van weinig tijd, weinig intimiteit en een gespannen sfeer steeds weer opdringt.

Die drie componenten zijn uitermate geschikt om zich onderling te versterken, zodat er nog minder tijd voor elkaar overblijft en de frustratie almaar toeneemt. 'We zouden', 'we moesten' en 'binnenkort gaan we eens' worden één enkele hinderpaal. Eerst kunnen ze allebei niet, dan willen ze allebei niet meer, en uiteindelijk komt het er jammer genoeg op neer dat ze nauwelijks nog iets ondernemen samen.

Veel energie vraagt het niet om uit die vastgelopen toestand los te komen en weer meer tijd met zijn tweeën door te brengen, maar wel een nieuwe strategie, of in elk geval een andere kijk op de relatie.

Ten eerste moet je je prioriteiten heroverwegen en indien nodig opnieuw rangschikken. Een afspraak met je partner, ook al is het 'maar' een etentje of een avondje naar de bioscoop, moet voortaan even belangrijk zijn als een werkafspraak of een afspraak met een oude schoolvriend. Ook als je allebei misschien het gevoel hebt dat zulke gezamenlijke ondernemingen probleemloos te regelen en te herhalen zijn, moet je ze niet lichtvaardig uitstellen of zelfs afzeggen. Dan komt het er nooit van.

Als het helemaal niet anders gaat en een gezamenlijke activiteit echt niet door kan gaan, is het belangrijk dat je die niet uitstelt tot sint-juttemis ('dat halen we binnenkort wel een keer in') maar meteen een nieuwe concrete afspraak maakt. Alleen als beide partners zich daartoe verplichten, wordt de afspraak ook echt verzet.

Ten tweede is het van belang om te bedenken wat je graag met de ander zou willen doen. Het volstaat niet om te beloven dat 'we weer eens iets leuks gaan doen'. Probeer de dingen die je in het begin van de relatie graag samen deed nieuw leven in te blazen. Of dat nu een boottochtje was onder laaghangende treurwilgen, een lange fietstocht naar het meer, een bezoek aan je lievelingsclub of bepaalde muziek ('ons liedje!'). Dergelijke activiteiten uit de tijd van de grote verliefdheid schreeuwen om spoedige herhaling.

Zo'n herbeleving van gemeenschappelijke ervaringen kan om tweeërlei reden de moeite waard zijn: enerzijds was het toen blijkbaar echt leuk om met je partner te roeien, spaghettiijs te eten of een puzzel van tienduizend stukjes te leggen, anderzijds is de kans groot dat ook de toenmalige gevoelens van intimiteit, innige liefde en grote harmonie terugkomen.

Als de herinnering wordt aangewakkerd door dezelfde plaats, dezelfde activiteit of dezelfde ervaring, komen parallelle herinneringen en gevoelens naar boven. Zoals de geur van gebrande amandelen of glühwein vaak genoeg is om herinneringen op te roepen aan een kerstmarkt van lang geleden, kunnen de boottocht, de fietstocht of de club ook de herinnering 'triggeren' aan gevoelens van innige verliefdheid die destijds met die ervaring gepaard gingen. Dezelfde romantische plek, hetzelfde liedje of dezelfde geuren: dat brengt iets teweeg wat al behoorlijk dicht in de buurt komt van de emoties van toen.

Ten derde lukt het beter om tijd voor elkaar vrij te maken als de partner daar op een positieve manier toe wordt aangespoord. 'Ik zou het fijn vinden als je vandaag al om zes uur thuis bent, zodat we niet zo afgepeigerd in de bioscoop aankomen,' klinkt heel wat vriendelijker dan het dreigement: 'Als je weer zo laat bent als de afgelopen dagen, heeft het niet eens zin om nog te gaan' of de veronderstelling 'waarschijnlijk is het voor ons toch een hopeloze zaak, als het jou niet eens lukt om op tijd thuis te komen'.

Ten vierde kunnen de partners proberen om elkaar te verrassen en elkaar wat dingen te verklappen die de ander nog niet wist; zo zou het voor de ander nieuw kunnen zijn om hem te vertellen waarom je destijds zo onvoorwaardelijk voor hem bent gevallen. Dat klinkt overigens gemakkelijker dan het is. Veel mensen hebben meer moeite met complimenten en vriendelijke woorden dan met kritiek, en juist in gespannen tijden wordt de partner met een veel sceptischer blik bekeken. Het kost best wat zelfoverwinning om aan de ander te openbaren wat je zo onweerstaanbaar aan hem vond.

Het vijfde en laatste punt is het advies om je partner steeds opnieuw te vertellen welke verwachtingen je aansporen en welke verlangens je hebt. Kom in zo'n open gesprek niet aanzetten met verwijten en gemopper, maar benadruk liever wat je vroeger allemaal zo goed aan de ander vond, wat je nu nog altijd fijn aan hem vindt, welke ervaringen je hoe dan ook weer (of voor het eerst) met hem zou willen delen en hoe leuk je dat zou vinden.

Om meer tijd voor elkaar te kunnen vrijmaken, moet je in een vriendelijke sfeer over je ondergesneeuwde verwachtingen en wensen kunnen praten. Een crisisgesprek dat op ruzie uitdraait omdat je kwaad bent over het wanbeheer van de gezamenlijke tijd, zal weinig opleveren.

Waar blijft de tederheid?

Gezelschapsspel onder het motto 'Leestekens redden huwelijken'.
Zet de komma op de juiste plaats, of laat hem weg:
'Wat wil je nu weer?'

Uit de serie 'oude vooroordelen opnieuw bevestigd' moet ik om voor de hand liggende redenen een oeroud cliché uit de mottenballen halen. Ik heb het over de verschillen tussen mannen en vrouwen als het om erotiek en seks gaat. Volgens dat cliché hebben mannen seks nodig om intimiteit te ervaren, terwijl vrouwen eerst intimiteit nodig hebben om überhaupt met iemand naar bed te kunnen gaan.

Die stelling gaat misschien niet op voor de onbedwingbare zin in een vluggertje, voor eenzame nachtelijke strooptochten en onenightstands. Maar ze is vaak wel van toepassing op partners die al langer bij elkaar zijn en wier zinderende hartstocht nog maar zelden de eigen partner betreft.

Dat betekent helaas ook dat malaise in bed vrijwel onontkoombaar is als de moeilijkheden overheersen en de stemming niet overhoudt. Boosheid, ruzie en ontevredenheid hebben nogal eens tot gevolg dat een stel niet meer met elkaar slaapt; vaak is dat zelfs het eerste teken van een scheve verhouding binnen de relatie. Als in een oorlog de waarheid het eerste slachtoffer is, dan is het in de relatieoorlog ongetwijfeld de seks.

Ook hier is een korte terugblik zinnig, zodat je je ervan bewust wordt hoe razendsnel het magnetisme, het aantrekken en afstoten tussen twee partners, kan veranderen. Seksmaniakken die in het begin nauwelijks van elkaar af konden blijven, worden onthoudingsapostelen. Terwijl de twee in de eerste weken en maanden bij bijna elke ontmoeting onmiddellijk op elkaar aanvielen, slapen ze nu als gevolg van uitputting en desinteresse nog maar zelden met elkaar, maar meestal naast elkaar en van elkaar afgewend. Sommige mensen hebben zelfs aparte slaapkamers en bewaken hun territorium als twee vijandelijke separatistengroepen.

Veel stellen hebben het er moeilijk mee dat de lust afneemt naarmate hun relatie langer duurt, en dat de erotiek langdurig of zelfs definitief inslaapt. Ongewoon is het niet, dat verlies aan seksuele aantrekkingskracht komt in veel relaties voor. Maar je wordt er wel ongelukkig van. Om de lust weer op te wekken heb je geen Marshallplan nodig, maar wel een opbouwtraining waarin ook dat onderwerp aan bod komt. Het vraagt vooral veel tijd en geduld, en terugvallen zijn helaas niet uitgesloten. Toch zijn er wel een paar nuttige tips te geven.

Voor de herontdekking van de erotiek is het gunstig als beide partners goed in hun vel zitten en je dat ook aan hen merkt en ziet. Nu hoeft een stel, om met elkaar naar bed te kunnen gaan, heus geen spierballen te hebben waarin elke vezel zich onder de huid aftekent, zoals een fitnesslerares of een uitsmijter die aan vechtsport doet. Gemoedelijke mensen met een gezellig buikje kunnen net zo goed bevredigende seks hebben als tienkampers en turnsters, zolang ze zichzelf en hun lichaam maar prima vinden.

De doorslaggevende factor is geluk in de relatie. Als een stel gelukkig (of in ieder geval tevreden) is met elkaar, is dat de beste voorwaarde voor regelmatige en bevredigende seks. Meer hoef je er eigenlijk niet over te zeggen, dat is het allerbelangrijkste recept.

Een relatie die na jarenlang samenleven nog gelukkig is, is echter eerder uitzondering dan regel. Om die toestand toch enigszins te benaderen, is het dan ook goed om spanningen af te bouwen, ergernissen te vermijden en wederzijdse bereidwilligheid te tonen. Gezamenlijke activiteiten, aandachtige gesprekken en andere fijne ervaringen met zijn tweeën dragen enorm bij aan de stemming, en alleen door die combinatie van geborgenheid, begrip en intimiteit (gekruid met een flinke snuf ongedwongenheid en humor) kan de wederzijdse lust weer duurzaam gedijen.

In dit verband wordt ook onderschat hoeveel intimiteit er ontstaat door vluchtige aanrakingen en ander lichamelijk contact, die op zichzelf weinig met erotiek van doen hebben. Het gaat om kleine tedere gebaren en liefdevolle aanrakingen, die niet tot doel hebben om de ander zo snel mogelijk in bed te krijgen. Het gaat meer om de boodschap: ik sta dicht bij je, ik mag je graag, we gaan vertrouwelijk met elkaar om. De positieve effecten van dat regelmatige contact zijn enorm. Daarom is dat ook een hoofdstuk op zich.

Touch me. Hoe aanraken helpt

'Wie woorden gebruikt, doet weinig; geloof me,
handen hebben we nodig, geen tongen!'
– William Shakespeare

De simpelste dingen zijn vaak heel effectief. We weten allemaal dat een aanraking goeddoet, van de juiste persoon althans, op het juiste moment en goed gedoseerd. Het kalmeert onmiddellijk, zorgt voor intimiteit en warmte, en brengt een gevoel van welbehagen teweeg. Aanrakingen zijn vooral welkom van je lievelingspersoon, maar ook de omhelzing van een goede vriend, een familielid of de troostende hand van een arts kan heel veel doen.

In lange relaties is het haast onontbeerlijk om elkaar telkens weer aan te raken. Daarmee bedoel ik niet alleen aanrakingen die je in de breedste zin van het woord als erotisch kunt beschouwen. Zeker zo belangrijk is de vluchtige aanraking tussendoor: de arm op de schouder, de knuffel ter afscheid of begroeting, hand in hand wandelen. Met zulke kleine gebaren en vriendelijke handtastelijkheden laat je iemand spontaan weten dat je aandacht voor hem hebt, zonder woorden.

Het is onvoorstelbaar hoeveel stellen je tegenkomt bij wie geen enkel gebaar, geen enkele beweging, geen enkele vorm van vertrouwde lichamelijkheid erop wijst dat ze bij elkaar horen. Ze zouden ook met hun broer of zus op stap kunnen zijn, zo weinig liefdevolle en tedere uitwisselingen zijn er te zien. Terwijl het toch zo belangrijk is dat partners elkaar regelmatig aanraken.

Aanrakingen behoeven geen nadere toelichting, ze hebben geen gebruiksaanwijzing nodig. Bovendien maken ze in het lichaam een stortvloed aan neurobiologische, vegetatieve en hormonale reacties los die grenzen aan een wonder. Het psychologische en fysiologische effect van gewenste aanrakingen is ongelooflijk groot. Daarbij zijn ze gezond en het ideale middel om stress te verminderen.

Aanraking is de eerste taal. Geen andere communicatievorm is zo duidelijk, baby's begrijpen hem dan ook meteen. En hij heeft onvermoede effecten, zoals een veranderde pijnervaring. Wie liefdevol wordt aangeraakt, heeft minder snel last van pijn. De pijnprikkel is er wel, maar komt minder sterk in de hersenen aan.

Pavel Goldstein kwam tijdens de geboorte van zijn inmiddels vierjarige dochter op het idee om dat verband nader te onderzoeken. 'Mijn vrouw had zware weeën en ik vroeg me alleen maar af hoe ik haar kon helpen,' herinnert de psycholoog van de universiteit van Haifa zich. 'Ik hield haar hand vast en dat leek de klachten al te verminderen. Daarom wilde ik later in het laboratorium uitzoeken of aanraking de pijn echt kan doen afnemen, en zo ja, hoe.' Wat gebeurt er bijvoorbeeld als iemand intuïtief de hand van een dierbare vastpakt zodra de tandartsboor, gemene injectienaalden of andere akelige situaties dreigen? De nuttige werking is zowel bij kinderen als bij liefdesparen waar te nemen.

De Israëlische wetenschapper heeft met zijn team onderzocht welke uitwerking lichamelijk contact bij stellen kan hebben. De onderzoekers toonden aan dat fysiologische processen als hartslag en ademhaling elkaar al meer benaderen als de twee partners zich alleen maar in hetzelfde vertrek bevinden.[101] Maar als die synchronisatie abrupt onderbroken wordt door pijn (in dit geval veroorzaakt door lichte hitteprikkels aan de onderarm), kloppen hun harten niet meer in hetzelfde ritme. Als de partners elkaar mogen aanraken, passen de beide ritmes zich meteen weer aan elkaar aan en wordt de pijn minder sterk gevoeld.

Die verlichtende werking van een liefdevolle aanraking kun je nog extra versterken. Ze wordt groter naarmate de empathie voor elkaar meer uitgesproken is. 'Aanraking zou een instrument kunnen zijn waarmee we ons wederzijdse medeleven overbrengen,' zegt Goldstein. 'De effecten zijn vergelijkbaar met die van een pijnstiller.'

Ook baby's ervaren van begin af aan een rustgevend effect en behaaglijke warmte als ze worden aangeraakt. Ze groeien harder en hun lichamelijke en psychische ontwikkeling gaat sneller, zodat ze eenvoudige opgaven op jongere leeftijd kunnen oplossen. Vriendelijke aanrakingen geven hun een zetje in de goede richting.

Maar in veel samenlevingen nemen de intimiteit en het lichamelijk contact niet toe naarmate mensen ouder worden; het samenleven kenmerkt zich eerder door afstand en afbakening zodra baby's de kleuter- of basisschoolleeftijd hebben bereikt. Terwijl ook voor volwassenen geldt dat aanraking een erg effectief medicijn is, dat bovendien geen bijwerkingen heeft: de bloedvaten blijven elastischer, hartinfarcten komen minder vaak voor en mobiliteitsbeperkingen treden later op als ze regelmatig liefdevol worden aangeraakt.

De mens is een sociaal wezen, ook al is daar in de hectiek van alledag vaak niets van te merken. Als bioscoopbezoekers een bewegende film zien, passen hun hartritme en ademhaling zich aan elkaar aan, bij zingen en dansen gebeurt dat sowieso, maar ook twee voetgangers lopen naast elkaar al snel in hetzelfde ritme, en tijdens vergaderingen nemen collega's die tegenover elkaar zitten dezelfde houding aan.

Ook daarom is het zo belangrijk dat stellen niet alleen met elkaar praten maar regelmatig gezamenlijke activiteiten plannen, samen bewegen, sporten of alleen maar samen wandelen. Omgekeerd is eenzaamheid en afwijzing zelfs een fysiek pijnlijk proces. 'Sociale pijn' ontstaat als iemand wordt uitgesloten van een groep en zich eenzaam voelt. Die uitsluiting blijkt ook uit het feit dat de gevoeligheid voor lichamelijke pijn toeneemt.

Stellen, vrienden en collega's moeten daarom actief gebruikmaken van de huisapotheek, stellen Goldstein en andere onderzoekers. Tenslotte nemen de meeste lichamelijke klachten af als je liefdevol wordt aangeraakt, dat weten kinderen al als vader of moeder een warme, kalmerende hand op hun buik legt. En alleen al door incidentele, vluchtige aanrakingen houden relaties langer stand, omdat ze de band versterken. Zelfs een berg lijkt minder steil als een koppel of twee goede vrienden op weg naar boven elkaars hand vasthouden. Bovendien kan het hoe dan ook geen kwaad om met gelijke tred en een synchrone hartslag naar de top te klimmen.

Elkaar echt aanraken, ook na jaren niet eenvoudig

'Sommige mensen hoeven ons maar één keer aan te raken
om ons voor altijd te stimuleren hun achting
en vriendschap waard te blijven.'
– Christian Morgenstern

Niet iedereen verdraagt elke aanraking even goed, dat weten we allemaal. Sommige mensen hebben liever een stevige omhelzing dan een zachte streling. Toch is het niet altijd gemakkelijk om de juiste balans te vinden tussen vriendelijke maar duidelijke druk en zachte tederheid, zoals blijkt uit het voorbeeld van Temple Grandin. Als die oudere dame zich op handen en voeten in haar kamertje terugtrekt, ziet dat er niet echt prettig uit. Minstens één keer per week kruipt ze in een bouwwerk dat eruitziet alsof een matig begaafde doe-het-zelver een hondenhok in elkaar heeft willen timmeren. Maar waar is die dikke bekleding aan de binnenkant voor bedoeld?

De in 1947 geboren, kordate Grandin zit gehurkt in het merkwaardige bouwsel, waaraan ze een emaillen bord met het opschrift THE BIG SQUEEZE heeft bevestigd. Dat kun je vertalen als 'het krachtige drukken'. Of beter nog: 'de stevige omhelzing'. In die houten kist komt Grandin aan haar benodigde dosis aanrakingen. De druk waarmee ze zich door de beweeglijke bekleding laat masseren kan ze met behulp van een afstandsbediening bepalen. De oudere dame heeft een bijzondere verhouding met aanrakingen.

Temple Grandin is gedragsbioloog en heeft autisme. Ze is een van de beroemdste mensen met autisme ter wereld sinds haar leven in boeken en films is vertolkt. Zoals veel autistische mensen heeft ze zelfs met lichte aanrakingen al veel moeite. Hoe dat komt, hebben wetenschappers tot dusver niet precies kunnen vaststellen, maar onderzoekers van Harvard hebben wel aanwijzingen welke mechanismen mogelijk van invloed zijn op het ervaren van aanrakingen. De neurobiologen hebben aangetoond dat aan het verschijnsel een overgevoeligheid in het perifere zenuwstelsel ten grondslag ligt, dat bij dierproeven kan worden afgezwakt met bepaalde geneesmiddelen.[102]

Waarom zou dat van belang kunnen zijn voor de aanrakingen in een relatie? De Harvard-onderzoekers hebben ontdekt dat bij mensen met autisme de gemakkelijk bereikbare zenuwbanen die op lichte druk reageren en overeenkomstige ervaringen doorgeven, niet zo goed functioneren, en de verdere prikkeloverdracht aan het ruggenmerg evenmin. Daardoor wordt de signaleringsbaan naar de hersenen verstoord en voelen zachte aanrakingen niet prettig aan. De tastzin is overgevoelig. Dat zou kunnen verklaren waarom veel mensen, ook als ze geen autisme hebben, niet goed tegen lichamelijk contact kunnen.

Dat mensen met autisme zeer gevoelig reageren op aanrakingen en die soms niet kunnen verdragen, is lange tijd voor een lastig maar grotendeels onschuldig bijverschijnsel van de aandoening gehouden. Inmiddels weten we dat het zeer negatieve effecten heeft als zenuwcellen niet goed op aanrakingen reageren en zowel hun communicatie onderling als ook de signaaloverdracht naar de hersenen is verstoord. Daarmee wordt bijvoorbeeld ook een vertraagde hersenontwikkeling in verband gebracht, evenals sterkere angstgevoelens en storingen in de maag-darmfunctie. Die kunnen weer gepaard gaan met ondergewicht en ontwikkelingsstoornissen in de vroege kindertijd.

Als mensen moeite hadden om contact met de buitenwereld te maken, maar visuele en auditieve indrukken ongewoon intensief waarnamen, werd hun gevoelige tastzin altijd geïnterpreteerd als zelfbescherming tegen overprikkeling. Tegenwoordig weten we dat de geslaagde overdracht van sensorische stimuli de psychische en motorische ontwikkeling bevordert, maar dat verklaart nog niet waarom sommige mensen het liefst elk lichamelijk contact vermijden, terwijl anderen geen afstand kennen en ongepast dicht bij hun medemensen in de buurt komen. Toch weten onderzoekers inmiddels wel welke aanrakingen wat veroorzaken in het lichaam. Er bestaat dus een soort code die achter de juiste 'touch' schuilgaat.

'De druk waarmee we worden aangeraakt, heeft verschillende effecten,' zegt Dougal Hare van de University of Manchester. Kennelijk hebben lichte aanrakingen over het algemeen een stimulerend en opwindend effect; het lichaam reageert met een waarschuwingsreactie en voelt gespannen aan. Stresshormonen als cortisol komen vrij; pols, bloeddruk en ademsnelheid nemen toe. Het sympathisch zenuwstelsel, dat verantwoordelijk is voor vechten en vluchten, wordt maximaal gestimuleerd, wat tot opwinding kan leiden.

Als we daarentegen een krachtige, langer aanhoudende druk ervaren, bijvoorbeeld bij een stevige, innige omhelzing, komt dat allemaal tot bedaren en daalt het activiteitsniveau van het organisme. De frequentie van hartslag, bloeddruk, ademhaling en andere lichaamsfuncties neemt af, en het parasympathisch zenuwstelsel krijgt de overhand. Psychiaters hebben aangetoond dat *deep touch*, zoals die kalmerende, krachtige druk ook wel wordt genoemd, zelfs therapeutisch kan werken en angsten en depressies kan doen afnemen.[103]

Deskundigen op het gebied van de hechting en ontwikkeling van jonge kinderen weten allang dat er een verband bestaat tussen de intensiteit van de aanraking en de vorming van zowel lichamelijke als cognitieve vaardigheden. Wie in zijn jonge jaren zelden aangeraakt, gestreeld en omarmd wordt, vertoont later ook vaker opvallende gedragingen, angsten en depressies.

Bij ratten is dat verschijnsel al langer bekend. Om onbekende redenen worden de verschillende jonge dieren door hun moeder na de geboorte vaak of minder vaak afgelikt, zonder dat dat een teken hoeft te zijn van meer of minder affectie. De dieren die vaker worden gelikt zijn later beter bestand tegen stress. Ze kunnen bij belasting het effect van een verhoogde afgifte van stresshormonen als cortisol sneller neutraliseren omdat ze meer receptoren ontwikkelen waaraan de signaalmoleculen zich binden. Van mensen met autisme weten we dat hun aandoening ernstiger verloopt en met meerdere belemmeringen gepaard gaat, naarmate ze heviger op de verschillende aanrakingsprikkels reageren.

Als kind kon Temple Grandin nauwelijks aanrakingen van vreemden verdragen. Toen ze een keer met haar tante in de auto zat, zag ze toevallig hoe runderen in een planken bouwsel van twee kanten werden ingeklemd en gefixeerd. Ze moesten stilstaan om te kunnen worden ingeënt. De dieren reageerden niet opgewonden en wild, maar werden door de zijwaartse druk steeds rustiger. Grandin begreep dat zij ook zo'n 'druk-bouwsel' nodig had, en fabriceerde in haar jeugd een knuffelmachine die haar hielp om de overprikkeling vanuit de buitenwereld aan te kunnen.

Later werd de eigenzinnige vrouw een wereldwijd erkende deskundige op het gebied van veehouderij, en van autisme. Oliver Sacks heeft over haar bijzondere geschiedenis geschreven, en er zijn meerdere films over haar gemaakt. 'Door de machine werd ik een prettiger mens,' zegt Grandin over zichzelf. 'Als ik in mijn squeeze-machine ging zitten, werd ik meteen rustiger. Ik gebruik die nog steeds. Dankzij mijn machine heb ik de puberteit overleefd.'

Wellicht zou de juiste druk (in noodgevallen met mechanische ondersteuning, maar liefst door een geliefde) veel mensen kunnen helpen om een prettiger leven te leiden.

De passende aanraking vinden

'Touch me, touch me
I want to feel your body
Your heartbeat next to mine.'
– Samantha Fox

Wie toevallig geen geschikte partner bij de hand heeft, maar toch weer eens echt wil worden omhelsd, staat voor de keuze: ga ik naar een van de inmiddels populaire knuffelparty's of naar een vechtevenement? Zachte strelingen of een stevige stoeipartij?

De aanraakindustrie heeft het inmiddels allebei in de aanbieding, want de vraag naar meer lichamelijk contact is enorm. Ongeveer de helft van de Duitsers geeft aan dat ze regelmatig hunkeren naar aanrakingen. De vraag is alleen waar ze die vandaan moeten halen, in een samenleving die voor 40 procent uit eenpersoonshuishoudens bestaat en waar ook mensen mét een partner lang niet altijd de aanrakingen krijgen die ze nodig hebben en waar ze bijna wanhopig naar smachten.

'De mens is niet alleen een psychisch maar ook een fysiek, emotioneel en sociaal wezen,' luidt de behoorlijk treffende diagnose van de zelfbenoemde 'knuffelkampioen' die in de buurt van München 'knuffelparty's' organiseert. 'En hij heeft overeenkomstige behoeften, die hij in onze samenleving vaak niet of slechts zeer oppervlakkig kan bevredigen. Onbevangen knuffelen onder gekwalificeerde leiding kan het ontstane tekort tegengaan.'

'Knuffelenergie' noemen de organisatoren wat er tijdens de bijeenkomst ontstaat. Mensen die elkaar niet kennen treffen elkaar, begroeten elkaar hoogstens met de voornaam en raken elkaar meteen daarna al aan. Erotische toenadering of seks zijn taboe bij die bijeenkomsten. Iedereen draagt gemakkelijke kleding, en het lichamelijk contact moet alleen maar leiden tot behaaglijkheid en tevredenheid.

Op dergelijke bijeenkomsten vinden de deelnemers eindelijk wat ze anders zo missen: intimiteit zonder verdere verplichtingen. Iemand knuffelen zonder dat dat tot meer moet leiden. De mensen vlijen zich tegen elkaar aan of gaan bij elkaar op schoot zitten, of ook wel achter elkaar zoals kinderen die elkaar op de glijbaan vasthouden. Ten slotte gaat iedereen op dekens en matrassen liggen en strelen ze er bij de groepsknuffel op los.

Van tevoren douchen is gewenst, het dragen van een zwaar parfum niet. De deelnemers moeten komen 'zonder vooropgezet doel', adviseert een aanbieder van knuffelparty's. Maar dat is een illusie, want ze hebben immers allemaal één doel voor ogen: eindelijk weer eens aangeraakt worden.

Terwijl eerst alleen bijeenkomsten werden aangeboden waar mensen elkaar konden knuffelen of zacht konden aanraken, zijn er tegenwoordig ook ruigere bijeenkomsten waar vriendschappelijk wordt gevochten. Het gaat dus niet uitsluitend om strelen, er is kennelijk ook vraag naar stoeipartijen. 'Normaal gesproken is de lichamelijke omgang afstandelijker,' zegt een deelneemster over haar ervaringen bij zulke stoeievenementen. 'Maar hier kan ik mijn kracht botvieren. Ik mag er lawaai bij maken, laten horen hoe ik me inspan en wat ik voel.'

Verschillende mensen hebben behoefte aan verschillende vormen van aanraking, dat zie je bij kleine kinderen al. Sommigen willen stevig worden vastgehouden, anderen vinden het juist heerlijk om zachtjes te worden gestreeld. Weer anderen hebben nauwelijks contact nodig, wat niet wil zeggen dat ze minder gevoelig zijn. En sommige kinderen willen het liefst voortdurend worden aangeraakt en op de arm worden genomen. Je hebt *cuddlers* en niet-cuddlers,' zegt Florian Heinen, hoofd Neuropediatrie en Ontwikkeling bij kinderen in het Dr. von Haunersche Kinderziekenhuis van de universiteit van München. 'De een knuffelt veel en graag en voor de ander hoeft het niet zo nodig, zonder dat je daar conclusies over hun karakter of ontwikkeling aan kunt verbinden.'

In de liefde is het niet anders. Elk mens heeft andere voorkeuren en bepaalde 'plekken' die gevoelig zijn en voor het grootste genot zorgen. Speciale tastlichaampjes verspreid over het lichaam melden via verschillende snelle zenuwbanen aan de hersenen of we behoedzaam of krachtig worden aangeraakt, of we contact hebben met iets zachts of iets hards. Onderzoekers zeggen inmiddels dat de tastzin niet alleen tactiele prikkels van buitenaf aan de hersenen doorgeeft, maar ook dient voor 'affectieve aanrakingen'. Dat wil zeggen dat via huidcontact emotionele, hormonale en andere reacties in het lichaam gestimuleerd worden.

Terwijl zeer snelle zenuwvezels pijnprikkels, hitte en druk razendsnel doorgeven, zodat de hand bijvoorbeeld onmiddellijk van de hete fornuisplaat kan worden weggetrokken, zijn er volgens onderzoekers andere banen die 'sociale' aanrakingsgewaarwordingen maar langzaam doorzenden.[104] Alsof ze de tijd nemen, zodat de bijzondere gevoelens eerst in alle rust kunnen aankomen.

De onderzoekers speculeren nog over de oorzaken van die zeer uiteenlopende effecten van aanrakingen. Licht, behoedzaam lichamelijk contact vindt immers ook plaats bij een tedere uitwisseling van liefkozingen, en het is genoegzaam bekend dat bloeddruk en hartslag in de storm van de opwinding omhoogschieten. Andere onderzoekers vermoeden dat lichte aanrakingen eerder tot een stressreactie leiden omdat ze (in elk geval uit evolutionair oogpunt) op de kriebelende aanraking van giftige spinnen, insecten en ander gevaarlijk of lastig ongedierte wijzen, waarvoor de hoogste staat van alarm geboden is.

Voor thuisgebruik is het goed om uit te zoeken welke vorm van aanraking jij en je partner fijn vinden. De Zwitserse psycholoog Anik Debrot van Universität Freiburg kwam na jarenlang onderzoek naar de effecten van aanrakingen in elk geval tot de simpele en tegelijk praktische conclusie: 'Vooruit, neem je partner in je armen, dan doen jullie allebei iets goeds!' De wetenschap geeft haar zegen aan beide vormen, of je nu snakt naar zachte of ruwere aanrakingen.

Is het gedaan met de seks als de liefde op leeftijd raakt?

'Ik vind dat seks overgewaardeerd wordt.'
– Audrey Hepburn

Iedereen wil het maar bijna niemand praat er vrijuit over, en de werkelijke gang van zaken in bed is vaak een burgerlijk treurspel. Ondanks alle voorlichting en openheid wordt seks nog altijd beschouwd als de geoorloofde nevenactiviteit van jonge en meestal mooie mensen. Op middelbare leeftijd en in langdurige relaties wordt seks nog net getolereerd, maar vanaf halverwege de vijftig of zestig wekt het onderwerp associaties op met impotentie, overgang en droge slijmvliezen.

Hoewel de taboes rond het onderwerp seks vooral over leeftijd gaan, worden stellen die jonger zijn maar sterk afwijken van de huidige mode en andere uiterlijke ideaalplaatjes, ook buitengesloten ('ik wil er liever niet aan denken hoe die seks met elkaar hebben'). Ondanks films als *Cloud 7* en regelmatige enquêtes die het tegendeel laten zien, beschouwen we seks op hogere leeftijd nog altijd hoofdzakelijk als een soort noodprogramma, of in ieder geval een opzienbarende momentopname of ongewenste uitzondering, zoals het begrip 'ouwe snoeper' suggereert.

Sinds kort is er op de Duitse radio een programma waarin de presentatrices gasten ontvangen 'voor gesprekken die normaal gesproken onder vier ogen bij een glas wijn op het balkon plaatsvinden', aldus de wervende tekst van de zender zelf. De twee vertellen allebei dat ze, nu ze al wat ouder zijn, veel beter weten wat ze willen in de liefde. En dat dat zowel voor de relatie als voor de seks geldt. De presentatrices schijnen het na jarenlang zoeken eindelijk gevonden te hebben.

Dat klinkt alsof de twee vrouwen het hier hebben over rijpheid en enige mate aan ervaring. Zo te horen zijn ze ergens achter in de veertig of vijftig. Maar een kort onderzoek wijst uit dat ze allebei van 1985 zijn, dus net halverwege de dertig. Toch lijkt het alsof ze over 'zilveren seks' praten, over seks van grijze mensen, gepensioneerden en andere geliefden van vijfenvijftig-plus. Tussendoor belt een luisteraar op die vertelt dat ook zij eindelijk veel beter weet wat ze wil in bed en van haar partner verwacht, nu ze zich niet meer van alles en iedereen iets aan hoeft te trekken, al wat ouder is en haar laatste relatie net achter de rug heeft. Gaat het bij haar dan om rijpere relaties? Nee, ze is vijfentwintig, zegt ze. Is dit misschien een afspraak van enkele vroegrijpe vrouwen?

Dan komt er een man bij, een comedian, die eerst met zijn leeftijd koketteert en dan vertelt hoe lastig het leven en de seks soms zijn. In elk geval heeft hij zich, nu hij ouder is, aangewend om niet meer alles zo serieus te nemen en ook zijn lichamelijke tekortkomingen te aanvaarden, zijn buik bijvoorbeeld. Nu had dit heus niet iemand als Charles Aznavour hoeven zijn, die 94 is geworden en vrijwel tot aan zijn dood op het podium stond. Maar de man op de radio is van 1979, dus begin veertig. Om radeloos van te worden.

Nou ja, de betreffende radiozender beschouwt zichzelf als amusementszender, dus waarschijnlijk is het de bedoeling om jeugdige en jongvolwassen luisteraars te trekken. Maar het ging hier zeer zeker niet over liefde en seks in lange relaties. Is dat misschien toch een taboe?

Een ander tafereel: een lunch met gewaardeerde collega's. Een van hen praat graag over seks, met name over de seks die hij niet heeft. Hij is begin vijftig, vrolijk, en heeft een heerlijk gevoel voor humor. Het is al vier weken geleden dat hij voor het laatst met zijn vrouw naar bed is geweest. Dat is beroerd, en natuurlijk houdt hij die lange onderbreking maar moeilijk vol. Hoe is dat bij jullie, vraagt hij aan de andere mannen van middelbare leeftijd. Het blijft stil aan tafel.

Als de leegte in bed vroeg begint

'In mijn praktijk adviseer ik stellen die al lang samen zijn en geen seks meer hebben, dan ook niet om aan bekkenbodemtraining, tantra en champagnebaden te doen, maar te praten over hun verschillen en elkaar zodoende opnieuw te leren kennen.'
– Christoph Joseph Ahlers, psycholoog

De lust sterft een langzame dood. Mensen worden immers niet van de ene op de andere dag oud, rimpelig en grijs, waarna hun seksleven acuut tot stilstand komt of gewoon niet leuk meer is. De liefde vergaat geleidelijk aan, de lichamelijke liefde althans. En wat lang duurt, begint vaak al vroeg. Een wetenschappelijk onderzoek heeft uitgewezen dat stellen van middelbare leeftijd zelden echt tevreden zijn over hun relatie. Met 'middelbare leeftijd' werden hier mensen van tussen de veertig en negenenvijftig jaar bedoeld. De meerderheid vond het wel oké dat hun relatie al jaren voortdommelde, maar nog niet de helft was echt gelukkig en voldaan.[105]

Uit een nauwkeuriger analyse bleek dat het er niet op de eerste plaats om ging of beide partners nog gezond, fit en sterk waren. Veel belangrijker bleek de eensgezindheid over het onderwerp seksualiteit. Daarbij was er sprake van seksespecifieke verschillen: hoe vaker het stel seks had, hoe tevredener zowel mannen als vrouwen waren, zowel in emotioneel als seksueel opzicht. Hoe vaker het stel over hun seksuele fantasieën, verlangens en problemen sprak, hoe bevredigender de seks voor beiden was; maar voor de emotionele tevredenheid van vrouwen was dit aspect nog belangrijker.

Verleidingen weerstaan voor de lange liefde

'Van haar niets krijgen is nog altijd fijner dan met anderen slapen.'
– Kurt Tucholsky

Het leven is hard: elke dag zijn er nieuwe verleidingen, liggen er nieuwe verlokkingen op de loer, zoals in het hoofdstuk 'Toxische twijfel' duidelijk werd. En hoe ouder een relatie is, hoe aantrekkelijker andere mogelijke partners schijnen te worden. Is hij daarginds niet veel ondernemender dan die saaie figuur naast je? Bovendien ziet hij er goed uit, terwijl hij toch ook heel begripvol overkomt. En zij, zij lijkt een schat van een mens, maar toch geheimzinnig en verleidelijk, heel wat anders dan de vrouw met wie je geroutineerd tafel en bed deelt.

Dergelijke twijfels en vragen zijn in vaste relaties niet de uitzondering waarover je je schuldig moet voelen, maar de regel. Niemand loopt blind voor andere mensen door de wereld. En juist als je een langdurige relatie hebt, vraag je je nu en dan af of je niet beter een andere keuze had kunnen maken. Hoewel sommige mensen hun leven lang gemakkelijk te verleiden zijn, heeft onze psyche diverse strategieën ontwikkeld om te voorkomen dat we steeds ingaan op het eerste het beste aanbod en ons in een avontuur storten. Meestal kunnen we weerstand bieden, in elk geval een tijdje.

Psychologen uit Canada en de vs hebben onderzocht welke

mechanismen ertoe bijdragen dat we niet meteen de eerste aantrekkelijke man om de hals vliegen en achter de eerste aantrekkelijke vrouw aanlopen.[106] Enerzijds weten we dat zowel de beëindiging van een relatie als een echtscheiding sterk afhankelijk is van de vraag of er andere mogelijkheden voorhanden zijn, en zo ja, hoeveel.[107]

Anderzijds is er ook altijd sprake van een doelconflict, dat je niet moet onderschatten: op de korte termijn kan de verleiding heel aantrekkelijk zijn, maar dat is het langetermijndoel om de bestaande relatie niet in gevaar te brengen ook. Het eten van verboden vruchten heeft zijn prijs, dat weet iedereen sinds Adam en Eva. En die prijs wordt altijd ingecalculeerd, ook onbewust.

Om de eigen relatie niet in gevaar te brengen, staat het individu een heel arsenaal aan psychische afweermechanismen ter beschikking; de meeste daarvan zijn wetenschappelijk grondig onderzocht. Het trefwoord is zelfregulatie. Zo wordt een aantrekkelijk alternatief vaak op voorhand al minder aandachtig bekeken of zelfs afgewezen, zodat de dreiging voor de eigen relatie vanzelf kleiner uitvalt. 'Ik heb hem/haar helemaal niet als man/vrouw waargenomen' of 'Hij/zij doet me totaal niets'. Daarmee is de eerste verdedigingswal al opgetrokken.

Sommige mensen staan het zichzelf niet toe om zelfs maar aan een flirt of romance met een ander te denken. Ze sluiten die mogelijkheid categorisch uit en gaan minder of helemaal niet in op uitnodigingen of andere pogingen tot contact. In sommige relaties is het zelfs gebruikelijk om afspraken of ontmoetingen te vermijden als daar toevallig ook verleidingen op de loer kunnen liggen. Wie niet meer naar een feest of club gaat, loopt ook geen kans om daar in verleiding te worden gebracht. En als het er toch eens van komt, flirten mannen die over de betreffende zelfregulatie beschikken, duidelijk minder.

Het is met zelfdiscipline net als met een zelf opgelegd dieet: als je je vast hebt voorgenomen om minder te eten, doe je dat ook.

Deze strategie is niet zo raar en streng als ze er op het eerste gezicht uitziet. En ze kent een lange traditie. Odysseus, die eerder al met een gruwelijk monster had afgerekend, liet zich op zijn omzwervingen door zijn reisgenoten aan de scheepsmast binden om niet ten prooi te vallen aan het gezang van de Sirenen. De was in de oren, waarmee zijn medereizigers zich tegen de verleidingskunsten moesten weren, liet hij opzettelijk achterwege. Hij wilde de drang om voor de verleiding te zwichten in alle hevigheid voelen, maar zonder dat hij eraan kon toegeven. De slimmerik stelde zich dus bloot aan het gevaar en weerstond het vervolgens met behulp van zijn handboeien. Een echte held.

Hoewel het niet erg romantisch is en al helemaal niet klinkt als een heldensage uit de klassieke oudheid, is het afweren van aantrekkelijke alternatieven vaak een kwestie van persoonlijke investeringen. Als je al een vaste relatie hebt, schrik je blijkbaar onbewust terug voor de 'kosten' die gemoeid zijn met een nieuwe relatie, of liever gezegd voor de heisa die erbij komt kijken. Ten eerste is de afloop van een dergelijke manoeuvre onzeker. Ten tweede kan het heel wat inspanning kosten om weer charmant te moeten doen, te flirten en je van je beste kant te laten zien.

En je weet niet eens zeker of al dat gedoe uiteindelijk de moeite wel loont. Misschien zit je na de korte afleiding en aanvankelijke opwinding algauw met dezelfde ellende als in je huidige relatie. Het is dan ook veel goedkoper om een aantrekkelijk persoon niet al te hoog te laten stijgen op je persoonlijke ranglijst en hem bij voorbaat al slechter te beoordelen dan hij of zij verdient.

Zoals iemand die pas verliefd is zijn partner ophemelt en

diens eigenschappen flatteert, zou je ook hier van 'flatteren' kunnen spreken: ze ziet er goed uit, maar is waarschijnlijk toch niet zo spannend als je denkt. En hij is veel minder aantrekkelijk dan verwacht en heeft een paar onberekenbare afwijkingen, dat merk je meteen. Dat soort dingen. Het is de tijd en het gedoe niet waard om iets met hem of haar te beginnen. Op die manier is de verdedigingslinie betrouwbaar en wordt de relatie niet bedreigd.

Er zijn ongetwijfeld allerlei situaties die de innerlijke weerstand kunnen aantasten. Als je al een tijdje niet meer gelukkig bent met je relatie en veel ruziemaakt, ben je gemakkelijker te verleiden dan wanneer je regelmatig problemen hebt met je partner maar desondanks weet dat je relatie gebaseerd is op diepe verbondenheid en genegenheid. Door je af te vragen waarom je op sommige momenten gevoeliger bent voor verleidingen van buitenaf, kom je ook te weten wat de actuele toestand van je relatie is.

Daarnaast bestaan er enkele externe factoren die het risico vergroten dat je je inlaat met anderen. Het gaat om onbenullige dingen: als je al lange tijd moe bent, onder tijdsdruk staat, je mentaal uitgeput of uit evenwicht voelt, geef je sneller toe aan verleidingen. In een gestreste en snel overbelaste samenleving als de onze, worden relaties dus eerder op de proef gesteld.

Het is voor het vermoeide individu dan ook niet gemakkelijk om altijd genoeg weerstand op te brengen. Daarom moet je volgens sommige onderzoekers net zo lang trainen totdat je verweer tegen aantrekkelijke alternatieven haast een geautomatiseerde reflex is. Zodra er dan een verleidelijke situatie ontstaat, komt er een soort programma voor noodgevallen op gang: gevaar gedetecteerd, gevaar bezworen, geen bedreiging voor mijn relatie.

Zilveren seks. Hoe vaak doen anderen het?

'Bij oudere minnaars weet je nooit precies waar de hartstocht ophoudt en de astma begint.'
– Mae West

Als het over seks gaat, borrelen er steevast al snel een paar vragen op. Wie? Hoe vaak? En met wie? Op oudere leeftijd dringt het onderwerp zich soms nog meer op. Juist als de lust afneemt en de behoeften van mannen en vrouwen steeds verder uiteen lijken te lopen, zoeken veel mensen houvast. Ze willen weten wat ze op hun leeftijd nog als normaal mogen beschouwen en waarop ze zich de komende jaren moeten instellen.

Was dit het al? Wordt de seks op oudere leeftijd per definitie minder? En is dat misschien een verlossing, zoals je kon horen van de anarchistische filmmaker en grote vrouwenliefhebber Luis Buñuel, die meende dat hij op zijn tachtigste eindelijk bevrijd was van de 'tirannie van de seks' en van de voortdurende zoektocht naar het volgende avontuur? De term 'zilveren seks' klinkt aan de ene kant deftig en nobel, maar tegelijkertijd ook wat gezapig. En wanneer begint dat eigenlijk, dat afnemen van de driften? Zijn het wel driften, of doet het lichaam op een gegeven moment gewoon niet meer mee?

Zoals altijd bij liefdesaangelegenheden is er geen standaard en geen norm waaraan je moet voldoen. Bovendien zijn er veel factoren die medebepalen of een stel ook op gevorderde leeftijd nog seksueel actief is en zich niets mooiers kan voorstellen dan een intiem weekend in bed, of seks helemaal voor gezien houdt. Met het ouder worden nemen de seksuele ongemakken en beperkingen hoe dan ook eerder toe dan af.

Toch zijn er wel een paar trends te ontdekken in de grote hoeveelheid wetenschappelijke onderzoeken. Op hogere leeftijd verliezen zowel mannen als vrouwen hun belangstelling voor seks enigszins. Dat begint al relatief jong. Ongeveer 25 procent van de mannen tussen de veertig en de vijftig geeft in representatieve enquêtes aan er niet meer zo veel zin in te hebben als vroeger. Bij mannen boven de zeventig is dat al 58 procent. Toch zijn er in dergelijke onderzoeken grote schommelingen te zien. Het vermoeden is dat bij 10 tot 41 procent van de vrouwen het seksuele verlangen ontbreekt of sterk is afgenomen, bij mannen ligt dat cijfer daarentegen tussen de 2 en 15 procent.

Tegelijkertijd blijkt dat van de mannen onder de zestig nog bijna 85 procent seksueel actief is. In de grote groep boven de zestig (waar overigens zowel eenenzestigjarigen als negentigjarigen onder vallen) is dat nog maar 51 procent. Als mannen duidelijk minder seks hebben naarmate ze ouder worden, komt dat vooral doordat hun gezondheid slechter is geworden. Als de aderen nauwer en harder worden, zodat op middellange termijn een infarct of beroerte dreigt, wordt ook de potentie minder. Ook diabetici hebben vaker last van impotentie. Bovendien hebben sommige medicijnen bijwerkingen die het libido negatief beïnvloeden.

Bij vrouwen zijn daarentegen emotionele problemen of stress de grootste boosdoener als de hartstocht minder wordt. Zij vinden in de relatie dan niet meer de intimiteit en het begrip dat ze graag willen en hebben daardoor niet zo veel of helemaal geen zin meer in seks. Sommigen passen ook hun opvatting van het huwelijk aan. Seks maakt dan geen deel meer uit van hun zelfbeeld en voorstelling van het huwelijk, minnaars worden vrienden.

Dat vrouwen met het ouder worden nog maar weinig libido ervaren, komt weliswaar voor maar is beslist niet de belangrijkste reden voor het afnemen van hun seksuele activiteit. In een grote groep vrouwen van vijftig tot vijfenzeventig jaar (hun gemiddelde leeftijd was vierenzestig) gold dat bijvoorbeeld voor slechts 16 procent. De meest voorkomende reden voor het feit dat ze niet meer seksueel actief waren, was simpelweg dat oudere vrouwen vaker verweduwd raken, daarna niet op zoek gaan naar een nieuwe relatie en dus geen partner hebben. Die generatie is kennelijk nog vaak van mening dat seks zich uitsluitend in een vaste relatie afspeelt.

Na de dood van de echtgenoot, die tot de zeer ingrijpende gebeurtenissen in deze levensfase behoort, hebben veel vrouwen bovendien het gevoel dat ze hun overleden man ontrouw zijn als ze weer aan een seksuele relatie zouden beginnen. Nadat ze tientallen jaren met iemand samen waren, kunnen ze niet zo gemakkelijk overstappen naar de volgende, en soms zelfs nooit meer. Ze blijven liever abstinent. Ook de angst om nog eens een geliefde te verliezen kan voor veel vrouwen een motief voor de zelfopgelegde onthouding zijn.

Voor vrouwen die nog wel een vaste relatie hadden, waren de gezondheidsproblemen van de partner de meest voorkomende reden dat ze geen seks meer hadden. Daarna volgden met grote afstand de eigen gezondheidsproblemen, zoals overgangsklachten en emotionele relatieproblemen, als reden voor de malaise in bed.[108] Ontbrekende intimiteit met de partner, onopgeloste langslepende conflicten, gebrekkige communicatie over de wederzijdse voorkeuren en behoeften, en andere relatieproblemen waren bij een op de tien vrouwen reden om niet meer seksueel actief te zijn.

De oorzaken van een verminderde seksuele activiteit zijn bij mannen en vrouwen dus verschillend. Bij mannen nemen de lust en de activiteit duidelijk af als ze werkloos worden of om andere redenen over weinig inkomen beschikken. Maatschappelijke teruggang gaat kennelijk gepaard met seksuele teruggang. Bij vrouwen spelen vroege trauma's als misbruik in de kindertijd of een verkrachting vaker een rol.[109]

Bovendien neemt met het klimmen der jaren ook de lol in seks vaak af. Het geslachtsverkeer geeft niet meer zo veel plezier en wordt als minder prettig ervaren. Beide partners hebben er meer tijd voor nodig, maar nemen die niet altijd. Als ook lichamelijke beperkingen nog een rol gaan spelen, worden bovendien het beeld van het eigen lichaam en het zelfvertrouwen aangetast. Er is best wat tijd en daarnaast misschien zoiets als autosuggestie voor nodig om jezelf (en de ander) ook nog aantrekkelijk te vinden als de haren grijs zijn, het lichaam groeven gaat vertonen en er verschillende gebreken ontstaan.

Stemmingswisselingen en conflicten in de relatie leiden er bovendien toe dat de eigen verwachtingen of die van de partner eerder belastend zijn, en dat een stel die stress op voorhand maar liever helemaal vermijdt. Of de seks dan werkelijk minder belangrijk is of de partners alleen de daarmee gepaard gaande (of slechts veronderstelde) inspanningen uit de weg gaan, is soms moeilijk te zeggen.

Vrouwen vragen zelden advies aan een arts als gezondheidsproblemen en functiestoornissen hun seksleven belemmeren. Het onderwerp is vaak pijnlijk of in elk geval onaangenaam, ook als het om problemen gaat die relatief eenvoudig op te lossen zijn, zoals droge slijmvliezen. Sommige vrouwen voelen zichzelf een mislukkeling als ze tijdens het vrijen pijn of ongemak ervaren. En sommigen zijn van mening dat seks een privéaangelegenheid is en niets te zoeken heeft in de spreekkamer van de huisarts.

In de diverse leeftijdsfasen bestaan er enkele typische seksespecifieke verschillen. Terwijl van de volwassenen tussen de achttien en veertig jaar nog meer dan 90 procent van de mannen en vrouwen seksueel actief is en het verschil tussen beiden minimaal is (92,1 procent van de mannen en zelfs 94,2 procent van de vrouwen) verandert dat beeld naarmate de leeftijd vordert.

In de categorie van eenenveertig tot zestig jaar nemen mannen in deze statistiek de koppositie over. Dan is het altijd nog 89,3 procent van de mannen, maar nog maar 82,5 procent van de vrouwen dat seks heeft. Vanaf het zestigste levensjaar worden de verschillen nog duidelijker. Van de mannen is dan nog 58,4 procent seksueel actief, van de vrouwen nog maar 24,9 procent.

In de oudere generatie vrouwen die hun partner zijn verloren, is het ongebruikelijk om op zoek te gaan naar een bedpartner. Vermoedelijk is dat de reden waarom veel oudere vrouwen niet meer seksueel actief zijn, niet omdat ze geen zin meer hebben. Ze hebben gewoon geen gelegenheid meer en voelen er vaak niets voor om een nieuwe partner te zoeken.

Wie, wanneer, hoe vaak?

'Omne animal post coitum triste. Na de daad is elk dier droevig.'
– Aristoteles, maar ook toegeschreven aan Augustinus, Galenus, Cicero en Ovidius

Sinds Alfred Kinsey zijn aandacht verlegde van galwespen naar mensen, en zijn inzichten over het seksuele gedrag van de man (1948) en de vrouw (1953) publiceerde, is er altijd veel belangstelling gebleven voor het intieme gedrag van de mens. Veel enquêtes over het onderwerp zijn echter afkomstig van partnerbeurzen, condoomfabrikanten of online-onderzoeken, en daarom van twijfelachtige kwaliteit. Zulke data zijn meestal vertekend, omdat ze vooral de voorkeuren van openhartige jonge mannen en vrouwen weergeven, niet het liefdesleven van een doorsnee van de bevolking.

Psychologen van de Technische Universität Braunschweig hebben de resultaten van een representatieve enquête geanalyseerd.[110] Meer dan 2500 mensen in de leeftijd van veertien tot honderd jaar namen deel aan dat onderzoek naar seksueel gedrag. 82 procent van de vrouwen en 86 procent van de mannen beschrijven hun seksuele geaardheid als uitsluitend heteroseksueel. Slechts 5 procent van de mannen en 8 procent van de vrouwen geven aan dat ze weleens seksuele contacten met iemand van hetzelfde geslacht hebben gehad.

Meer dan de helft van de deelnemers heeft een vaste relatie. Van hen geeft 76 procent aan binnen de relatie nooit condooms te gebruiken, 12 procent doet dat soms. Van de vrouwen in de vruchtbare leeftijd gebruikt 51 procent de pil of een soortgelijk voorbehoedmiddel, 17 procent gebruikt een andere methode. 27 procent geeft aan 'niet na te denken' over anticonceptie. 5 procent gebruikt geen anticonceptie vanwege een kinderwens.

Het is geen verrassing dat vaginaal geslachtsverkeer de voorkeur heeft in Duitsland. Van de ondervraagden heeft 88 procent van de mannen en 89 procent van de vrouwen daar ervaring mee. Orale seks als passieve partner heeft 56 procent van de mannen en 48 procent van de vrouwen meegemaakt. Van de mannen is 19 procent bekend met actief anaal geslachtsverkeer, 17 procent van de vrouwen heeft ervaring met passief anaal geslachtsverkeer.

Uit andere wetenschappelijke onderzoeken weten we dat 15 tot 26 procent van de vrouwen en 17 tot 32 procent van de mannen aangeven seksuele contacten buiten de eigen relatie te hebben. Volgens online-enquêtes ligt dat cijfer daarentegen hoger en zijn 29 procent van de vrouwen en 49 procent van de mannen ondanks een vaste relatie niet monogaam. De onderzoekers geven als verklaring dat aan de steekproef jongere, extraverte mensen deelnemen.

In het onderzoek geeft 17 procent van de ondervraagden

aan tijdens een vaste relatie al eens seks te hebben gehad met iemand anders, 21 procent van de mannen en 15 procent van de vrouwen. Als het om de actuele relatie gaat melden 8 procent van de mannen en 6 procent van de vrouwen een affaire. 8 procent van de mannen heeft tijdens een vaste relatie weleens seksueel contact gehad met een prostituee.

Of affaires en andere seksuele contacten buiten de eigen relatie berusten op instemming of te wijten zijn aan de afnemende lust in langdurige relaties, wees het onderzoek niet uit. Maar de eeuwige vraag naar 'hoe vaak' en 'hoe veel' levert uitkomsten op die teleurstellender zijn dan de aan Maarten Luther ontleende uitspraak belooft: 'Elke week een keer of twee, brengt voor hem of haar geen schade mee.'

Zelfs in de seksueel zeer actieve leeftijdsgroep van vijfentwintig- tot negentwintigjarigen komen mannen op slechts zestig en vrouwen op zevenenveertig seksuele contacten per jaar, niet op de honderdvier van Luther. Mannen tussen de veertig en de vijftig jaar hebben gemiddeld eenenveertig keer en vrouwen tweeëndertig keer per jaar vaginale gemeenschap. Tussen de vijftig en de zestig jaar daalt het cijfer naar vierendertig (mannen) en tweeëntwintig (vrouwen) seksuele ontmoetingen per jaar. Bij de zestig- tot zeventigjarigen wordt seks nog sporadischer, namelijk zeventien keer (mannen) en veertien keer (vrouwen) per jaar.

De verkregen informatie over het aantal sekspartners laat typische seksespecifieke verschillen zien. Zo melden vrouwen dat ze in hun leven gemiddeld 5,46 sekspartners hebben gehad, mannen gemiddeld 10,23. Die cijfers zouden in theorie dichter bij elkaar moeten liggen, maar mannen moeten kennelijk nog altijd snoeven over hun onweerstaanbare verleidingskunsten, terwijl vrouwen zichzelf liever voordoen als kuis en moeilijk te veroveren. Dat bekende gegeven beschrijven de psychologen uit Braunschweig met prachtig wetenschappelijk proza: 'vertekeningen ten gunste van het gevoel van eigenwaarde en seksespecifiek antwoordgedrag'.

Seks vroeger, seks nu

'Graag denk ik terug aan de tijd, toen elk lid nog buigzaam was, behalve één. Maar die tijd is voorbij, stijf geworden is elk lid, behalve één.'
– Johann Wolfgang von Goethe

Onderschat ze niet, de tachtig- tot negentigjarigen van nu: steeds gerelateerd aan overeenkomstige leeftijdsfasen waren zij de seksueel actiefste generatie van de afgelopen honderd jaar. De mannen en vrouwen die in de jaren dertig zijn geboren en absurd genoeg als de stille generatie (*silent generation*) worden betiteld, hadden als jongeren en jongvolwassenen de meeste seks. Seksueel het minst actief waren tot nu toe de millennials, de zogenaamde 'iGen-generatie', die in de jaren negentig ter wereld kwam.[111]

Natuurlijk geldt voor alle generaties dat de seks met het ouder worden afneemt. Die afname is het grootst bij vijftigers en bij mensen met schoolgaande kinderen. Grofweg kunnen we voor westerse landen stellen dat twintigers gemiddeld zo'n tachtig keer per jaar seks hebben. Zestigers komen gemiddeld nog maar tot twintig keer per jaar.

Interessant is de ontwikkeling in de VS, waar de opvatting over seks voor het huwelijk niet heel erg van die in West-Europa verschilt. De acceptatie van seks buiten het huwelijk nam voortdurend toe vanaf de zogenaamde 'G.I.-generatie', de mensen die tussen 1901 en 1924 zijn geboren, tot aan de babyboomers (geboren tussen 1946 en 1964). Deze ontwikkeling kende een korte onderbreking bij 'Generatie X', die tussen 1965 en 1981 ter wereld kwam. Onder de tussen 1982 en 1999 geboren millennials (ook bekend als 'gen Y' of 'Generation Me') nam de acceptatie het sterkst toe.[112] Het is dan ook des te wonderbaarlijker dat de frequentie waarin de generaties seks hebben met de jaargangen van de jaren tachtig weer iets is afgenomen.

Slaap met je partner, anders doen anderen het

'Voor veel mensen is seksualiteit gekoppeld aan spontane lust, en die neemt met de duur van de relatie af.'
– Holger Kuntze, relatietherapeut

Slaap met je partner zodat anderen niet op het idee komen. Zo luidt het niet mis te verstane advies van relatietherapeut Katherine Woodward Thomas uit Hollywood. Ze heeft al heel wat beroemde stellen begeleid die in moeilijkheden waren gekomen, en veel welgestelde relaties op de klippen zien lopen. Kennelijk behoorden seksuele frustratie, wederzijdse ontevredenheid, verschillende verwachtingen, en ontrouw tot de belangrijkste problemen. Omdat de mooie rijken in de Californische filmmetropool over het algemeen geen moeite hebben om gelegenheid te vinden voor een affaire, waren avontuurtjes een veelvoorkomende reden om uit elkaar te gaan.

Relatietherapeut Hans Jellouschek adviseert stellen die problemen hebben gekregen met hun seksleven, af en toe op vaste tijden af te spreken om seks te hebben. Het gaat hem er niet om dat ze moeten vrijen op uur en tijd, maar dat ze er in elk geval weer gelegenheid voor creëren. Die aanbeveling is Jellouschek op vreselijk veel kritiek komen te staan, terwijl hij toch niet eist dat een stel (waarmee in de meeste gevallen wellicht de vrouw is bedoeld) geslachtsverkeer heeft terwijl zij of hij daar eigenlijk geen zin in heeft. De relatietherapeut roept eerder op om een sfeer te creëren die beide partners prettig vinden en waarin intimiteit weer beter mogelijk is. Of het echt tot seks komt, blijft open.

Relatietherapeut Holger Kuntze is ook van mening dat het in lange relaties gaat om de wil en de bereidheid om weer met seks te beginnen. Veel stellen denken ten onrechte dat bevredigende seks alleen mogelijk is als ze daar spontaan zin in hebben, zoals ze zich nog vol verlangen herinneren uit de tijd dat ze pas verliefd waren. Maar Kuntze maakt onderscheid tussen hartstochtelijke en intieme seksualiteit. Het eerste valt na een jarenlang huwelijk niet meer te verwachten. Er zijn maar weinig stellen die elkaar dan nog altijd opgewonden de kleren van het lijf rukken.

'Intieme seksualiteit betekent dat je de behoeften van de ander bevredigt, door vooraf over je behoeften en wensen te praten. Als we al tien jaar samen zijn bespringen we elkaar niet meer voortdurend. De ondervinding dat het ook anders kan, is voor veel stellen nieuw,' zegt Holger Kuntze. 'Bij hartstochtelijke seks komt de eigen lust op de eerste plaats, het gaat spontaan. Daar is natuurlijk niets mis mee, maar omdat die hartstocht afneemt naarmate de relatie langer duurt, moet je zorgen voor een nieuw soort seksualiteit.'[113]

Het is voor veel stellen heel ongebruikelijk om over elkaars wensen en behoeften te praten, als het om seks gaat tenminste. Misschien hebben ze in het begin nog uitgeprobeerd wat de ander fijn vindt en vonden ze het leuk om te experimenteren. Maar als je een paar jaar tafel en bed hebt gedeeld, zijn de verlangens en verwachtingen van de lichamelijke liefde nauwelijks nog een onderwerp.

Terwijl vragen over de wensen en verlangens van de ander bepaald geen hogere wiskunde zijn, worden ze toch zelden gesteld. Kuntze noemt mensen die daar niet over kunnen praten 'seksuele analfabeten' of 'seksuele zwijgers'. Hij adviseert om met elkaar naar bed te gaan als de bereidheid er is, niet pas als beiden er spontaan zin in krijgen.

Dat is een groot verschil, en omdat het snel verkeerd wordt opgevat, wil ik nog eens heel duidelijk stellen: dergelijke rituelen moeten dienen om samen te komen, omdat de mogelijkheid daartoe zich misschien niet meer zo vaak voordoet. Het is geen kwestie van dwang, maar van toenadering. Bovendien: gelegenheid schept liefde.

Dus toch: vaker seks verbetert ook de lange relatie

'De geslachtsdelen zijn het klankbord van de hersenen.'
– Arthur Schopenhauer

Seks wordt enorm onderschat. Dat weten paren die al lang bij elkaar zijn uit eigen ervaring, want na de hartstocht van de eerste maanden verliest de partner steeds meer van zijn aantrekkingskracht. Na hooguit vier jaar van chronisch samenleven stevent het libido op zijn dieptepunt af, en ook geluks- en lusthormonen als dopamine en oxytocine laten zich minder zien, als het om de langdurige metgezel gaat tenminste.

De term 'seven-year-itch' lijkt dan ook geflatteerd. Na hooguit vier, vijf jaar dagelijks leven met alle moeilijkheden van dien, is de zinderende erotiek van het begin verdwenen, zoals ik eerder al heb geschreven. Daarna benadrukken veel stellen dat met name vertrouwen, vriendschap en betrouwbaarheid centraal staan in hun relatie. Dat klinkt gezapig, misschien zelfs saai, maar is van grote waarde voor de houdbaarheid van de liefde.

Niettemin hebben psychologen aangetoond dat regelmatige

seks 'op een of andere manier' bijdraagt aan een stabiele relatie.[114] 'Op een of andere manier' wil zeggen dat seks de partners sterker aan elkaar bindt dan ze misschien willen toegeven. Dat voelen ze instinctief in elk geval duidelijk aan, ook al zeggen ze in enquêtes dat seks niet zo'n belangrijke rol speelt. 'Of ze al dan niet gelukkig zijn in hun relatie, daarop heeft de frequentie waarin stellen seks hebben, volgens directe enquêtes, geen invloed,' zegt Lindsey Hicks van Florida State University. 'Toch heeft de frequentie wel invloed op de intuïtieve waarneming van de partner.'

Het verschil tussen expliciete en intuïtieve inschatting is belangrijk, want het buikgevoel bepaalt of mensen hun relatie als bevredigend ervaren en denken dat ze zal standhouden. Om onderscheid te maken tussen de vermelde en gevoelde perceptie van de partner, kozen de wetenschappers van Hicks verschillende vormen van onderzoek. In één van die onderzoeken vroegen ze aan meer dan tweehonderd pasgetrouwde mensen hoe zij hun relatie inschatten en of de seksfrequentie iets met de kwaliteit ervan te maken had.

Meer seks had volgens deze analyse niet tot gevolg dat de partners gelukkiger waren. Het buikgevoel liet echter wat anders zien. Daar kwamen de onderzoekers achter door de proefpersonen gedurende driehonderd milliseconden een foto van de partner te laten zien, gevolgd door een woord dat ze als positief of negatief moesten kwalificeren. Hoe sneller de reactie, des te sterker de associatie met de partner. Dat betekende omgekeerd ook, dat een langere reactietijd na een negatief woord als 'oneerlijk' aangaf dat de partners elkaar waardeerden en vertrouwden.

Feitelijk brachten de stellen elkaar vaker in verband met positieve kenmerken als ze vaker seks hadden. 'We moeten goed kijken wat we vastleggen, want de expliciete en gevoelde beoordeling van de relatie zijn vaak verschillend,' zegt Hicks. 'Sommige mensen zijn diep vanbinnen heel ontevreden met hun partner maar geven dat niet toe, niet aan ons en misschien niet eens aan zichzelf.'

Eerder hadden psychologen uit Toronto al aangetoond dat er ook grenzen zijn aan de verbetering van het buikgevoel over de partner, en concrete aanknopingspunten gegeven voor de optimale seksfrequentie. 'Vaker seks gaat gepaard met een groter geluksgevoel,' zei onderzoeksleider Amy Muise destijds, 'maar alleen bij een maximale frequentie van één keer per week.' Te veel van het goede leidt dus niet automatisch tot meer tevredenheid.

Seks in de lange relatie, hoe praat je daarover?

'Vrouwen kun je het gemakkelijkst verleiden met humor, want de meeste vrouwen lachen graag voordat ze beginnen te kussen.'
– Jerry Lewis

Seksualiteit op oudere leeftijd was lang een taboeonderwerp en voor veel stellen is het dat nog steeds. Die vermijdende houding kun je bijvoorbeeld afleiden uit het feit dat er relatief weinig wetenschappelijk onderzoek en betrouwbare data over bestaan. Een Amerikaanse seksuoloog heeft dat met een mooie kwinkslag verklaard: 'Omdat wij dachten dat oudere mensen geen seks hadden, hebben we er niet naar gevraagd. En omdat we er niet naar gevraagd hebben, dachten we dat ze geen seks hadden.'[115] Het is de wat ingewikkelde variant van: omdat niet kan bestaan wat niet mag bestaan.

In het voorwoord van hun boek over seksualiteit en relaties op oudere leeftijd verklaren medisch psycholoog Elmar Brähler en uroloog Hermann Berberich het taboe op de seksualiteit van ouderen met een ander taboe, het incesttaboe. Mensen op leeftijd zijn vaak ouderfiguren die met respect en een zekere distantie worden bejegend. Jonge mensen (en daartoe behoren nu eenmaal ook jonge wetenschappers) kunnen zich moeilijk voorstellen dat hun ouders aan seks doen. Ook als ze op een gegeven moment tot het onontkoombare inzicht zijn gekomen dat ze aan die omstandigheid hun bestaan te danken hebben.

Dat wordt erg mooi geïllustreerd door het antwoord van de voormalige hoofdredacteur van een satirisch tijdschrift op de wonderlijke vraag die standaard voorkwam op de vragenlijst van het magazine van de *Frankfurter Allgemeine Zeitung* dat tot 1999 wekelijks verscheen: 'Voor welke militaire prestatie hebt u grote bewondering?' Het antwoord van de satiricus luidde: 'Dat mijn ouders om mijnentwille seks moesten hebben.' Een grap misschien, maar toch veelzeggend, want veel kinderen stellen zich met tegenzin (en meestal ook alleen maar als een explosieve ruzie) de seks van hun ouders voor. Of ze daarbij aan een stellingoorlog, een eeuwige loopgravenoorlog of een blitzkrieg moeten denken, blijft onduidelijk.

En als die kinderen dan zelf ouder worden, hebben ze niet geleerd om over hun seksuele wensen en verwachtingen te praten. Tenslotte bestaan er wat dat betreft geen ervaringsgegevens uit de familieomgeving. Om zich niet op onzeker terrein te begeven of zelfs gekrenkt te worden, vermijden ze het onderwerp zowel in het gesprek als in de praktijk. En verbazen zich erover dat hun wensen niet worden vervuld, maar het verlangen blijft.

Als daar ook nog lichamelijke beperkingen bij komen, of alleen maar het algemene afnemen van de vitaliteit, wordt het probleem nog groter. Het is ook in een langdurige relatie niet gemakkelijk om te praten over de moeilijkheden met de verschillende fasen van de potentie, droge slijmvliezen of een langdurig gebrek aan lust zonder in giechelende gêne of diep zwijgen te vervallen. De gevoeligheden zijn groot, terwijl het kunnen omgaan met slap geworden bindweefsel toch wel het minst belangrijk is.

Zowel het zelfbeeld als het beeld van de ander kan makkelijk worden aangetast in de worsteling om de passende seksualiteit op hogere leeftijd, en een kwetsende opmerking is zo gemaakt, ook zonder dat het de bedoeling was. Zorg ervoor dat je de ander nooit uitlacht om diens seksuele vaardigheden of uiterlijk. Dat geldt in het algemeen, maar vooral naarmate iemand ouder wordt en zijn lichamelijke veerkracht afneemt.

Het is niet eenvoudig om de algemene opinie over seks bij ouderen te veranderen. De vooroordelen zitten diep, daarom dichten we oudere mensen nauwelijks een hartstochtelijk, opwindend seksleven toe. Pas onlangs heeft een onderzoek van Canadese wetenschappers uitgewezen welke voorstelling de meeste mensen hebben van seks op oudere leeftijd: een aflopende zaak, of niet meer aanwezig, of bekrompen en saai.[116] In plaats van 'shades of grey' eerder grauwe monotonie. Toch konden enkele ondervraagden bekennen dat het seksleven van ouderen gepaard gaat met zeer diepe emoties, en voor beide partners 'holistischer' aanvoelt.

Werkelijk waar: liefde voor een heel leven

'Doe geen afstand van uw illusies. Als ze verdwenen zijn, bestaat u misschien nog steeds, maar bent u opgehouden te leven.'
– Mark Twain

Hij is negenennegentig, zij tweeënnegentig. Ze zijn al meer dan zeventig jaar getrouwd. Maar nog altijd weten ze elkaar te verrassen. 'Mijn kleinkinderen hebben me er onlangs op aangesproken dat ik mijn man tegenwoordig Willempje noem,' vertelt de echtgenote. Dat klinkt naar een pas ontvlamde liefde tussen stokoude mensen, maar heeft een praktische reden. De echtgenoot is namelijk slechthorend geworden. 'Ik heb tegen mijn kleinkinderen gezegd dat ik dat doe omdat bij drie lettergrepen de kans groter is dat hij me hoort,' legt de grootmoeder uit. In de liefde is het nu eenmaal belangrijk dat je de ander weet te bereiken, en dat vereist soms dat je de bestaande strategie verandert.

Dit stel heeft samen iets veranderd, ook al zijn ze bijna honderd. Geloof het dus nooit als iemand zegt dat het met de relatie, het huwelijk of hoe je het samenzijn ook mag noemen, vanzelf gedaan is als de ontnuchtering groot is, het samenleven saai en berusting dreigt. Juist dan geldt: er is nog best wat mogelijk. Zoals een roker kan stoppen met roken, kan een relatie ook stoppen met vervelend zijn. Het is allebei niet gemakkelijk, maar het kan.

Voorwaarde is wel dat je bereid bent om iets aan jezelf en de relatie te veranderen. Vaak zijn het helemaal geen concrete zaken die het verschil maken, dus niet de grote reis, de nieuwe woning of een berg cadeaus. Wat de relatie zo uniek en bijzonder maakt zijn een andere kijk en een gewijzigde vorm van waarneming, de ander opnieuw ontdekken en op waarde schatten.

Je kunt die veranderde waarneming ook illusie noemen, zoals Mark Twain in het bovenstaande citaat doet. Maar mensen leven nu eenmaal niet in de werkelijke wereld, ze leven in de wereld zoals zij die zien. De veranderde waarneming is misschien een illusie, maar wel een illusie die werkelijkheid zou kunnen worden en niet op een vergissing berust. Het is niet eenvoudig om ermee te beginnen en je voor te nemen om de relatie te herwaarderen.

Daarbij gaat het niet om een kosten-batenanalyse of om andere afwegingen, maar om de liefdevolle kijk op elkaar. Die moet absoluut bevooroordeeld zijn, zodat hij vrijwel uitsluitend positieve zaken toelaat en geen berekening nodig heeft, maar wel voorzien is van welwillendheid en genegenheid. Dat werkt heus niet altijd, maar van belang is dat het uitgangspunt klopt. 'Alles is goed… Alles. De mens is ongelukkig omdat hij niet weet dat hij gelukkig is.' Dat inzicht van Dostojevski noemt Paul Watzlawick de oplossing van de geluksvraag, en die heeft veel te maken met de liefde en de waarneming daarvan.

Het is namelijk beslist de moeite waard om bij elkaar te blijven. Dat is enerzijds een doktersadvies, want relatiebreuken gaan niet alleen gepaard met diepe wonden in de ziel, maar verzwakken ook het lichaam en kunnen veel ziekten in de hand werken. Bovendien zijn mensen recidivisten en hebben ze, zoals we hebben gezien, de neiging om steeds opnieuw op hetzelfde type man of vrouw te vallen en telkens weer dezelfde fouten te maken. Omdat je kennelijk nooit aan jezelf kunt ontsnappen, kun je jezelf beter een nieuwe start gunnen met de zowel in ruzies als seks vertrouwde partner, dan iemand anders lastigvallen. Na een paar maanden euforie zou je met de nieuwe metgezel alleen maar voor dezelfde hindernissen staan.

In dit boek heb ik een paar tips en aanbevelingen gegeven, waar je hopelijk wat aan hebt als je samen gelukkig wilt blijven. Als het lukt, daagt plotseling een prachtig besef: dat er na al die jaren samen nog zo veel huwelijk over is. En dat is een mooi vooruitzicht.

Noten

1 Zurhorst E., *Waardeer jezelf. En word gelukkig in je relatie.* Uitgeverij Archipel, 2009.

2 Illouz E., 'Das überforderte Paar.' *Philosophie Magazin*, 2013; 3:44.

3 Illouz E., *Waarom liefde eindigt. Een onderzoek naar relaties in de 21e eeuw.* Ten Have, 2020.
Idem, *Waarom liefde pijn doet. Een sociologische verklaring.* De Bezige Bij, 2015.

4 Illouz E., *Gefühle in Zeiten des Kapitalismus.* Frankfurt, 2004.

5 Kullmann K., 'Adieu, Liebe.' *Der Spiegel*, 10 juni 2017, p. 96.

6 Sibylle Berg op de vraag 'Wanneer is het liefde?', *SZ-Magazin*, juli 2020.

7 Gagné F.M., Lydon J.E., 'Bias and accuracy in close relationships: An integrative review.' *Personality and Social Psychology Review*, 2004; 8:322.

8 Martz J.M., Verette J., Arriaga X.B., Slovik L.F., Cox C.L., Rusbult C.E., *Positive illusion in close relationships. Personal Relationships*, 1998; 5:159.
Murray S.L., Holmes J.G., Dolderman D., Griffin D.W., 'What the motivated mind sees: Comparing friends' perspectives to married partners' views of each other.' *Journal of Experimental Social Psychology*, 2000; 36:600.

9 Fowers B.J., Lyons E.M., Montel K.H., 'Positive marital illusions: Selfenhancement or relationship enhancement?' *Journal of Family Psychology*, 1996; 10:192.

10 Balcetis E., 'Where the motivation resides and self-deception hides: How motivated cognition accomplishes self-deception.' *Social and Personality Psychology Compass*, 2008; 2:361.

11 Crowley J.E., 'Gray divorce: Explaining midlife marital splits.' *Journal of Women and Aging*, 2019; 31:49.

12 Brown S.L., Lin I.F., 'Hammersmith A.M., Wright M.R., Repartnering Following Gray Divorce: The Roles of Resources and Constraints for Women and Men.' *Demography*, 2019; 56:503.
13 Brown S.L., Lin I.F., 'The gray divorce revolution: rising divorce among middle-aged and older adults, 1990 – 2010.' *The Journals of Gerontology. Series B, Psychological Sciences and Social Sciences*, 2012; 67:731.
14 Brown S.L., Wright M.R., 'Divorce Attitudes among Older Adults: Two Decades of Change.' *Journal of Family Issues*, 2019; 40:1018.
15 Joule R.V., Guéguen N., 'Touch, compliance, and awareness of tactile contact.' *Perceptual and motor skills*, 2007; 104:581.
16 Guéguen N., Jacob C., Lourel M., Pascual A., 'When drivers see red: car color frustrators and drivers' aggressiveness.' *Aggressive Behavior*, 2012; 38:166.
17 Guéguen N., Jacob C., 'Enhanced female attractiveness with use of cosmetics and male tipping behavior in restaurants.' *Journal of Cosmetic Science*, 2011; 62:283.
18 Guéguen N., Lamy L., 'Hitchhiking women's hair color.' *Perceptual and motor skills*, 2009; 109:941.
19 Guéguen N., Lamy L., 'The effect of facial makeup on the frequency of drivers stopping for hitchhikers.' Psychology Reports, 2013; 113:1109.
20 Guéguen N., 'Color and women attractiveness: when red clothed women are perceived to have more intense sexual intent.' *Journal of Social Psychology*, 2012; 152:261.
21 Bressan P., Damian V., 'Fathers' eye colour sways daughters' choice of both long- and short-term partners.' *Scientific Reports*, 2018; 8:5574.
22 Puts D.A., Jones B.C., DeBruine L.M., 'Sexual selection on human faces and voices.' *Journal of Sex Research*, 2012; 49:227.
23 Grammer K., Fink B., Neave N., 'Human pheromones and sexual attraction.' *European Journal of Obstetrics and Gynecology and Reproductive Biology*, 2005; 118:135.
24 Keller M., Pillon D., Bakker J., 'Olfactory systems in mate recognition and sexual behavior.' *Vitamins and Hormones*, 2010; 83:331
Bartens W., *Was Paare zusammenhält*. München, 2013.

25 Guéguen N., 'Effect of a perfume on prosocial behavior of pedestrians.' *Psychological Reports*, 2001; 88:1046.

26 Guéguen N., '"Say it ... near the flower shop": further evidence of the effect of flowers on mating.' *Journal of Social Psychology*, 2012; 152:529.

27 Guéguen N., 'The sweet smell of ... implicit helping: effects of pleasant ambient fragrance on spontaneous help in shopping malls.' *Journal of Social Psychology*, 2012; 152:397.

28 Brown S.L., Wright M.R., Marriage, 'Cohabitation, and Divorce in Later Life.' *Innovation in Aging*, 2017; 1:igx015.

29 Williams L.E., Bargh J.A., 'Experiencing physical warmth promotes interpersonal warmth.' *Science*, 2008; 322:606.

30 Kang Y., Williams L.E., Clark M.S., Gray J.R., Bargh J.A., 'Physical temperature effects on trust behavior: the role of insula.' *Social Cognitive and Affective Neuroscience*, 2011; 6:50.

31 Ackerman J.M., Nocera C.C., Bargh J.A., 'Incidental haptic sensations influence social judgments and decisions.' *Science*, 2010; 328:1712.

32 De uitdrukking 'Er is geen alternatief' ('There is no alternative': Tina) is oorspronkelijk afkomstig van de Britse premier Margaret Thatcher, die kort daarna ook schertsend 'Tina' werd genoemd. Bondskanselier Angela Merkel is later pas met het begrip 'alterniefloos' vertrouwd geraakt.

33 Thomä D., *Vom Glück in der Moderne.* Frankfurt, 2003.
Thomä D., *Puer robustus: Eine Philosophie des Störenfrieds.* Berlijn, 2016.

34 Andere fraaie voorbeelden van de verwarring van veel vijftigplussers kun je vinden in dit boek: Leo M., Gutsch J., *Es ist nur eine Phase, Hase: Ein Trostbuch für Alterspubertierende.* Berlijn, 2018.

35 Plessner H., 'Philosophische Anthropologie.' Göttinger Vorlesung vom Sommersemester 1961. Berlijn, 2019.

36 Bourdieu P., *Die feinen Unterschiede. Kritik der gesellschaftlichen Urteilskraft.* Frankfurt a. M., 1982.

37 Blanchflower D.G., Oswald A.J., 'Is well-being U-shaped over the life cycle?' *Social Science and Medicine.*, 2008; 66:1733.

38 Chopik W.J., Grimm K.J., 'Longitudinal changes and historic differences in narcissism from adolescence to older adulthood.' *Psychology and Aging*, 2019; 34:1109.
39 Het citaat is afkomstig uit de herinneringen aan een interview met de songwriter Leonard Cohen en kun je vinden in: Waechter J., 'Haben Sie keine einfacheren Fragen?', *SZ-Magazin*, 11 november 2016.
40 Verstaen A., Haase C.M., Lwi S.J., Levenson R.W., 'Age-related changes in emotional behavior: Evidence from a 13-year longitudinal study of long-term married couples.' *Emotion*, 2020; 20:149.
41 LeRoy A.S., Murdock K.W., Jaremka L.M., Loya A., Fagundes C.P., 'Loneliness predicts self-reported cold symptoms after a viral challenge.' *Health Psychology*, 2017; 36:512.
42 Slavich G.M., Way B.M., Eisenberger N.I., Taylor S.E., 'Neural sensitivity to social rejection is associated with inflammatory responses to social stress.' *Proceedings of the National Academy of Sciences of the USA*, 2010; 107:14817.
43 Muscatell K.A., Eisenberger N.I., Dutcher J.M., Cole S.W., Bower J.E., 'Links between inflammation, amygdala reactivity, and social support in breast cancer survivors.' *Brain, Behavior, and Immunity*, 2016; 53:34. Inagaki T.K., Eisenberger N.I., 'Giving support to others reduces sympathetic nervous system-related responses to stress.' *Psychophysiology*, 2016; 53:427.
44 Tawakol A., Ishai A., Takx R.A., Figueroa A.L., Ali A., Kaiser Y., Truong Q.A., Solomon C.J., Calcagno C., Mani V., Tang C.Y., Mulder W.J., Murrough J.W., Hoffmann U., Nahrendorf M., Shin L.M., Fayad Z.A., Pitman R.K., 'Relation between resting amygdalar activity and cardiovascular events: a longitudinal and cohort study.' *Lancet*, 2017; 389:834.
45 Schultz W.M., Hayek S.S., Samman Tahhan A., Ko Y.A., Sandesara P., Awad M., Mohammed K.H., Patel K., Yuan M., Zheng S., Topel M.L., Hartsfield J., Bhimani R., Varghese T., Kim J.H., Shaw L., Wilson P., Vaccarino V., Quyyumi A.A., 'Marital Status and Outcomes in Patients With Cardiovascular Disease.' *Journal of the American Heart Association*, 2017; 6:e005890.

46 Walton K., Horton N.J., Rifas-Shiman S.L., Field A.E., Austin S.B., Haycraft E., Breen A., Haines J., 'Exploring the Role of Family Functioning in the Association Between Frequency of Family Dinners and Dietary Intake Among Adolescents and Young Adults.' *JAMA Networks Open*, 2 november 2018; 1:e185217.
47 Berkman L.F., Syme S.L., 'Social networks, host resistance, and mortality: a nine-year follow-up study of Alameda County residents.' *American Journal of Epidemiology*, 1979; 109:186.
48 Holt-Lunstad J., Smith T.B., Layton J.B., 'Social relationships and mortality risk: a meta-analytic review.' *PLoS Medicine*, 2010; 7:e1000316.
49 Cohen S., Doyle W.J., Turner R., Alper C.M., Skoner D.P., 'Sociability and susceptibility to the common cold.' *Psychological Sciences*, 2003;14:389.
50 LeRoy A.S., Murdock K.W., Jaremka L.M., Loya A., Fagundes C.P., 'Loneliness predicts self-reported cold symptoms after a viral challenge.' *Health Psychology*, 2017; 36:512.
51 Jaremka L.M., Fagundes C.P., Peng J., Bennett J.M., Glaser R., Malarkey W.B., Kiecolt-Glaser J.K., 'Loneliness promotes inflammation during acute stress.' *Psychological Sciences*, 2013; 24:1089.
52 Fletcher G.J., Simpson J.A., Campbell L., Overall N.C., 'Pair-bonding, romantic love, and evolution: the curious case of Homo sapiens.' *Perspectives in Psychological Sciences*, 2015; 10:20.
53 Gangestad S.W., Simpson J.A., 'The evolution of human mating: trade-offs and strategic pluralism.' *The Behavioral and Brain Sciences*, 2000; 23:573.
54 Walter K.V., Conroy-Beam D., Buss D.M., Asao K., Sorokowska A., Sorokowski P., Aavik T., Akello G., Alhabahba M.M., Alm C., Amjad N., Anjum A., Atama C.S., Atamtürk Duyar D., Ayebare R., Batres C., Bendixen M., Bensafia A., Bizumic B., Boussena M., Butovskaya M., Can S., Cantarero K., Carrier A., Cetinkaya H., Croy I., Cueto R.M., Czub M., Dronova D., Dural S., Duyar I., Ertugrul B., Espinosa A., Estevan I., Esteves C.S., Fang L., Frackowiak T., Garduno J.C., González K.U., Guemaz F., Gyuris P., Halamová M., Herak I., Horvat M.,

Hromatko I., Hui C.M., Jaafar J.L., Jiang F., Kafetsios K., Kavčič T., Kennair L.E.O., Kervyn N., Khanh Ha T.T., Khilji I.A., Köbis N.C., Lan H.M., Láng A., Lennard G.R., León E., Lindholm T., Linh T.T., Lopez G., Van Luot N., Mailhos A., Manesi Z., Martinez R., McKerchar S.L., Meskó N., Misra G., Monaghan C., Mora E.C., Moya-Garófano A., Musil B., Natividade J.C., Niemczyk A., Nizharadze G., Oberzaucher E., Oleszkiewicz A., Omar-Fauzee M.S., Onyishi I.E., Özener B., Pagani A.F., Pakalniskiene V., Parise M., Pazhoohi F., Pisanski A., Pisanski K., Ponciano E., Popa C., Prokop P., Rizwan M., Sainz M., Salkičević S., Sargautyte R., Sarmány-Schuller I., Schmehl S., Sharad S., Siddiqui R.S., Simonetti .F, Stoyanova S.Y., Tadinac M., Varella M.A.C., Vauclair C.M., Vega L.D., Widarini D.A., Yoo G., Zat'ková M., Zupančič M., 'Sex Differences in Mate Preferences Across 45 Countries: A Large-Scale Replication.' *Psychological Science*, 2020; 20:956797620904154.

55 Overall N.C., Fletcher G.J., Simpson J.A., 'Regulation processes in intimate relationships: the role of ideal standards.' *Journal of Personality and Social Psychology*, 2006; 91:662.

56 Killewald A., Lundberg I., 'New Evidence Against a Causal Marriage Wage Premium.' *Demography*, 2017; 54:1007.

57 Gottman J.M., Levenson R.W., 'A two-factor model for predicting when a couple will divorce: exploratory analyses using 14-year longitudinal data.' *Family Process*, 2002; 41:83.
Gottman J.M., Levenson R.W., 'Marital processes predictive of later dissolution: behavior, physiology, and health.' *Journal of Personal and Social Psychology*, 1992; 63:221.

58 Het in 1910 geopende stadion van Manchester United, de 'Old Trafford', werd door de legendarisch Bobby Charlton 'Theatre of Dreams' genoemd. Charlton speelde van 1954 tot 1973 voor de club en won als aanvoerder van de nationale Engelse ploeg in 1966 de wereldbeker.

59 Woods S.B., Priest J.B., Roberson P.N.E., 'Family versus intimate partners: Estimating who matters more for health in a 20-year longitudinal study.' *Journal of Family Psychology*, 2020; 34:247.

60 Pointner S., *Adam, wo bist du? Eva, was tust du? Über die Befreiung aus Isolation und Abhängigkeit in Paarbeziehungen.* Wenen, 2016.
61 Smyth A.P.J., Peetz J., Capaldi A.A., 'Ex-appraisal bias: Negative illusions in appraising relationship quality retrospectively.' *Journal of Social and Personal Relationships,* 2020; advanced_online.
62 Fagundes C.P., 'Implicit negative evaluations about ex-partner predicts breakup adjustment: The brighter side of dark cognitions.' *Cognition and Emotion,* 2011; 25:164.
63 Brenner R.E., Vogel D.L., 'Measuring thought content valence after a breakup: Development of the positive and negative ex-relationship thoughts (PANERT) scale.' *Journal of Counseling Psychology,* 2015; 62:476.
Spielmann S.S., Joel .S, MacDonald G., Kogan A., 'Ex appeal: Current relationship quality and emotional attachment to ex-partners.' *Social Psychological and Personality Science,* 2013; 4:175.
64 Bartens W., *Emotionale Gewalt: Was uns wirklich weh tut: Kränkung, Demütigung, Liebesentzug und wie wir uns dagegen schützen.* Berlijn, 2018.
65 Carver L.F., Buchanan D., 'Successful aging: considering non- biomedical constructs.' *Clinical Interventions in Aging,* 2016; 11:1623.
66 Knight T., Ricciardelli L.A., 'Successful aging: perceptions of adults aged between 70 and 101 years.' *International Journal of Aging and Human Development,* 2003; 56:223.
Montross L.P., Depp C., Daly J., Reichstadt J., Golshan S., Moore D., Sitzer D., Jeste D.V., 'Correlates of self-rated successful aging among community-dwelling older adults.' *The American Journal of Geriatric Psychiatry,* 2006; 14:43.
67 Štulhofer A., Hinchliff S., Jurin T., Carvalheira A., Traen B., 'Successful aging, change in sexual interest and sexual satisfaction in couples from four European Countries.' *European Journal of Ageing,* 2018; 16:155.
68 Díaz-Morales J.F., Parra-Robledo Z., Escribano C., 'Circadian preference and relationship satisfaction among three types of couples.' *Chronobiology International,* 2019; 36:1351.

69 Hamm J.M., Shane J., Heckhausen J., Lachman M.E., 'Risk of Cognitive Declines With Retirement: Who Declines and Why?' *Psychology and Aging*, 2020; 35:449.
70 Enkele van de hier aangehaalde gedachten kun je uitgebreider vinden in: Bartens W., *Emotionale Gewalt: Was uns wirklich weh tut: Kränkung, Demütigung, Liebesentzug und wie wir uns dagegen schützen*. Berlijn, 2018.
71 Neff K., *Selbstmitgefühl. Wie wir uns mit unseren Schwächen versöhnen und uns selbst der beste Freund werden*. München, 2012.
72 Bishop S.R., Lau M., Shapiro S.L., Carlson L., Anderson N.D., Carmody J., Segal Z.V., Abbey S., Speca M., Velting D., Devins G., 'Mindfulness: A proposed operational definition.' *Clinical Psychology: Science and Practice*, 2004; 11:230.
73 MacBeth A., Gumley A., 'Exploring compassion: a meta-analysis of the association between self-compassion and psychopathology.' *Clinical Psychology Review*, 2012; 32:545.
74 Rockcliff H., Gilbert P., McEwan K., Lightman S., Glover D., 'A pilot exploration of heart rate variability and salivary cortisol responses to compassion-focused imagery.' *Clinical Neuropsychiatry*, 2008; 5:132.
75 Porges S.W., 'The polyvagal perspective.' *Biological Psychology*, 2007; 74:116.
76 Kuyken W., Watkins E., Holden E., White K., Taylor R.S., Byford S., Evans A., Radford S., Teasdale J.D., Dalgleish T., 'How does mindfulness-based cognitive therapy work?' *Behavior Research and Therapy*, 2010; 48:1105.
77 Slepian M.L., Masicampo E.J., Toosi N.R., Ambady N., 'The physical burdens of secrecy.' *Journal of Experimental Psychology General*, 2012; 141:619.
78 Het paar wordt uitvoerig beschreven in: Eckardt A.K., 'Was bleibt.' *Süddeutsche Zeitung*, 15 februari 2020.
79 'Hat die Liebe noch eine Chance?' *Die Zeit*, 19 augustus 2010.
80 Knopp K., Scott S., Ritchie L., Rhoades G.K., Markman H.J., Stanley S.M., 'Once a Cheater, Always a Cheater? Serial Infidelity Across Subsequent Relationships.' *Archives of Sexual Behavior*, 2017; 46:2301.

81 Conley T.D., Moors A.C., Matsick J.L., Ziegler A., 'The fewer the merrier? Assessing stigma surrounding consensually non-monogamous romantic relationships.' *Analyses of Social Issues and Public Policy*, 2013; 13:1.
82 Blow A.J., Hartnett K., 'Infidelity in committed relationships II: A substantive review.' *Journal of Marital and Family Therapy*, 2005b; 31(2):217.
83 Wiederman M.W., Hurd C., 'Extradyadic involvement during dating.' *Journal of Social and Personal Relationships*, 1999; 16:265.
84 Fo D., Rame F., *Offene Zweierbeziehung (Open huwelijk)*. Hamburg, 1997.
85 Slepian M.L., Masicampo E.J., Toosi N.R., Ambady N., 'The physical burdens of secrecy.' *Journal of Experimental Psychology General*, 2012; 141:619.
86 Butler M.H., Harper J.M., Seedall R.B., 'Facilitated disclosure versus clinical accommodation of infidelity secrets: an early pivot point in couple therapy. Part 1: couple relationship ethics, pragmatics, and attachment.' *Journal of Marital and Family Therapy*, 2009; 35:125.
87 Buss D.M., 'Sexual and Emotional Infidelity: Evolved Gender Differences in Jealousy Prove Robust and Replicable.' *Perspectives in Psychological Sciences*, 2018; 13:155.
Levy K.N., Kelly K.M.: 'Sex differences in jealousy: a contribution from attachment theory.' *Psychological Science*, 2010; 21:168.
88 Xu L., Becker B., Luo R., Zheng X., Zhao W., Zhang Q., Kendrick K.M., 'Oxytocin amplifies sex differences in human mate choice.' *Psychoneuroendocrinology*, 2020; 112:104483.
89 Russell V.M., Baker L.R., McNulty J.K., Overall N.C., '"You're forgiven, but don't do it again!" Direct partner regulation buffers the costs of forgiveness.' *Journal of Family Psychology*, 2018; 32:435.
90 Tutmann L., 'Wenn die Liebe anfängt, wird es langweilig.' Hebben we de verkeerde verwachtingen van de liefde? En waarom hebben zoveel mensen toxische relaties?
Relatietherapeut Holger Kuntze over de meest voorkomende fouten en waarom verliefdheid pure stress is. www.sueddeutsche.de, 28 juni 2019.

91 Kuntze H., *Lieben heißt wollen: Wie Beziehung gelingen kann, wenn wir Freiheit ganz neu denken.* München, 2018.
92 Overall N.C., McNulty J.K., 'What Type of Communication during Conflict is Beneficial for Intimate Relationships?' *Current Opinion in Psychology*, 2017; 13:1.
93 Lackenbauer S.D., Campbell L., 'Measuring up: the unique emotional and regulatory outcomes of different perceived partner-ideal discrepancies in romantic relationships.' *Journal of Personality and Social Psychology*, 2012; 103:472.
Overall N.C., Sibley C.G., Travaglia L.K., 'Loyal but ignored: The benefits and costs of constructive communication behavior.' *Personal Relationships*, 2010; 17:127.
94 Bartens W., *Was Paare zusammenhält.* München, 2013.
95 Hoe de perspectiefwisseling van de overvolle prullenbakken naar de prettige onderwerpen van het leven gaat, toont het geweldige gesprek over de vraag of je wel een parasolletje in je cocktailglas nodig hebt als je al onder een zonnescherm zit. In: Jonasson J., *De honderdjarige die uit het raam klom en verdween.* Signatuur, 2011.
96 Dit aansprekende motto komt van relatietherapeut Judith Gastner.
97 Charles-Sire V., Guéguen N., Pascual A., Meineri S., 'Words as environmental cues: the effect of the word "loving" on compliance to a blood donation request.' *Journal of Psychology*, 2012; 146:455.
98 Dit beeld wordt wel gebruikt door relatietherapeuten en psychologen.
99 Heavey C.L., Layne C., Christensen A., 'Gender and conflict structure in marital interaction: a replication and extension.' *Journal of Consulting and Clinical Psychology*, 1993; 61:16.
100 Heavey C.L., Christensen A., Malamuth N.M., 'The longitudinal impact of demand and withdrawal during marital conflict.' *Journal of Consulting and Clinical Psychology*, 1995; 63:797.
101 Goldstein P., Weissman-Fogel I., Shamay-Tsoory S.G., 'The role of touch in regulating inter-partner physiological coupling during empathy for pain.' *Scientific Reports*, 2017; 7:3252.

102 Orefice L.L., Mosko J.R., Morency D.T., Wells M.F., Tasnim A., Mozeika S.M., Ye M., Chirila A.M., Emanuel A.J., Rankin G., Fame R.M., Lehtinen M.K., Feng G., Ginty D.D., 'Targeting Peripheral Somatosensory Neurons to Improve Tactile-Related Phenotypes in ASD Models.' *Cell*, 2019; 178:867.

103 Sylvia L.G., Shesler L.W., Peckham A.D., Grandin T., Kahn D.A., 'Adjunctive deep touch pressure for comorbid anxiety in bipolar disorder: mediated by control of sensory input?' *Journal of Psychiatric Practice*, 2014; 20:71.

104 McGlone F., Wessberg J., Olausson H., 'Discriminative and affective touch: sensing and feeling.' *Neuron*, 2014; 82:737.

105 Blumenstock S.M., Quinn-Nilas C., Milhausen R.R., McKay A., 'High Emotional and Sexual Satisfaction Among Partnered Midlife Canadians: Associations with Relationship Characteristics, Sexual Activity and Communication, and Health.' *Archives of Sexual Behavior*, 2020; 49:953.

106 Lydon J., Karremans J.C., 'Relationship regulation in the face of eye candy: a motivated cognition framework for understanding responses to attractive alternatives.' *Current Opinion in Psychology*, 2015; 1:76.

107 Pronk T.M., Karremans J.C., Wigboldus D.H., 'How can you resist? Executive control helps romantically involved individuals to stay faithful.' *Journal of Personality and Social Psychology*, 2011; 100:827.

108 Harder H., Starkings R.M.L., Fallowfield LJ., Menon U., Jacobs I.J., Jenkins V.A., UKCTOCS trialists, 'Sexual functioning in 4,418 postmenopausal women participating in UKCTOCS: a qualitative free-text analysis.' *Menopause*, 2019; 26:1100.

109 Beutel M.E., Stöbel-Richter Y., Brähler E., 'Sexual desire and sexual activity of men and women across their lifespans: results from a representative German community survey.' *British Journal of Urology International*, 2008; 101:76.

110 Haversath J., Gärttner K.M., Kliem S., Vasterling I., Strauss B., Kröger C., 'Sexualverhalten in Deutschland. Ergebnisse einer repräsentativen Befragung.' *Deutsches Ärzteblatt*, 2017; 114:545.

111 Twenge J.M., Sherman R.A., Wells B.E., 'Declines in Sexual Frequency among American Adults, 1989 – 2014.' *Archives of Sexual Behavior*, 2017; 46:2389.

112 Twenge J.M., Sherman R.A., Wells B.E., 'Changes in American Adults' Sexual Behavior and Attitudes, 1972 – 2012.' *Archives of Sexual Behavior*, 2015; 44:2273.

113 Tutmann L., '"Wenn die Liebe anfängt, wird es langweilig." Hebben we de verkeerde verwachtingen van de liefde? En waarom hebben zoveel mensen toxische relaties?
Relatietherapeut Holger Kuntze over de meest voorkomende fouten en waarom verliefdheid pure stress is. www.sueddeutsche.de, 28 juni 2019.

114 Hicks L.L., McNulty J.K., Meltzer A.L., Olson M.A., 'Capturing the Interpersonal Implications of Evolved Preferences? Frequency of Sex Shapes Automatic, but Not Explicit, Partner Evaluations.' Psychological Sciences, 2016; 27:836.

115 Geciteerd uit Brähler E., Berberich H.J. (uitg.*), Sexualität und Partnerschaft im Alter.* Gießen, 2009.

116 Gewirtz-Meydan A., Ayalon L., '"Shades of Grey": Exploring Public Opinion about Later-Life Sexuality.' *Canadian Journal of Aging*, 2020; 21:1.

Geraadpleegde literatuur

Hieronder staan in alfabetische volgorde de artikelen en boeken waaruit ik heb geciteerd of belangrijke achtergrondinformatie heb gehaald, en nog een paar nuttige literatuurverwijzingen. Het merendeel van de hoogwaardige onderzoeken op het gebied van geneeskunde, psychologie en partnerrelaties wordt gepubliceerd in Engelstalige tijdschriften, waarvan er veel gratis toegankelijk zijn. Die teksten zijn op diverse manieren te vinden: de National Library of Medicine in de VS heeft bijzonder veel te bieden, ze bevat meer dan twintig miljoen medische artikelen. Van de meeste kun je gratis een online samenvatting krijgen, en in veel gevallen kan het volledige artikel kosteloos worden gedownload. Bij een pasje van universiteitsbibliotheken of andere grote bibliotheken is ook vaak de digitale toegang tot talrijke vaktijdschriften inbegrepen.

Ackerman J.M., Nocera C.C., Bargh J.A., 'Incidental haptic sensations influence social judgments and decisions.' *Science*, 2010; 328:1712.

Amato P.R., Previti D., 'People's reasons for divorcing: gender, social class, the life course, and adjustment.' *Journal of Family Issues*, 2003; 24:602.

Balcetis E., 'Where the motivation resides and self-deception hides: How motivated cognition accomplishes self-deception'. *Social and Personality Psychology Compass*, 2008; 2:361.

Bartens W., *Körperglück. Wie gute Gefühle gesund machen*. München, 2010.

Bartens W., *Was Paare zusammenhält*. München, 2013.

Bartens W., *Wie Berührung hilft: Warum Frauen Wärmflaschen lieben und Männer mehr Tee trinken sollten*. München, 2014.

Bartens W., *Emotionale Gewalt: Was uns wirklich weh tut: Kränkung, Demütigung, Liebesentzug und wie wir uns dagegen schützen*. Berlijn, 2018.

Berkman L.F., Syme S.L., 'Social networks, host resistance, and mortality: a nine-year follow-up study of Alameda County residents.' *American Journal of Epidemiology*, 1979; 109:186.

Berntsen D., Rubin D.C., Siegler I.C., 'Two versions of life: emotion ally negative and positive life events have different roles in the organization of life story and identity.' *Emotion*, 2011; 11:1190.

Beutel M.E., Stobel-Richter Y., Brahler E., 'Sexual desire and sexual activity of men and women across their lifespans: results from a representative German community survey.' *British Journal of Urology International*, 2008; 101:76.

Bishop S.R., Lau M., Shapiro S.L., Carlson L., Anderson N.D., Carmody J., Segal Z.V., Abbey S., Speca M., Velting D., Devins G., 'Mindfulness: A proposed operational definition.' *Clinical Psychology: Science and Practice*, 2004; 11:230.

Blanchflower D.G., Oswald A.J., 'Is well-being U-shaped over the life cycle?' *Social Science and Medicine*, 2008; 66:1733.

Blow A.J., Hartnett K., 'Infidelity in committed relationships II: A substantive review.' *Journal of Marital and Family Therapy*, 2005b; 31(2):217.

Blumenstock S.M., Quinn-Nilas C., Milhausen R.R., McKay A., 'High Emotional and Sexual Satisfaction Among Partnered Midlife Canadians: Associations with Relationship Characteristics,' *Sexual Activity and Communication, and Health. Archives of Sexual Behavior*, 2020; 49:953.

Bourdieu P., *Die feinen Unterschiede. Kritik der gesellschaftlichen Urteilskraft*. Frankfurt a.M., 1987.

Brahler E., Berberich H.J. (Uitg.), *Sexualität und Partnerschaft im Alter*. Gießen, 2009

Brenner R.E., Vogel D.L., 'Measuring thought content valence after a breakup: Development of the positive and negative ex-relationship thoughts (PANERT) scale.' *Journal of Counseling Psychology*, 2015; 62:476.

Bressan P., Damian V., 'Fathers' eye colour sways daughters' choice of both long- and short-term partners.' *Scientific Reports*, 2018; 8:5574.

Brown S.L., Lin I.F., Hammersmith A.M., Wright M.R., 'Repartnering Following Gray Divorce: The Roles of Resources and Constraints for Women and Men.' *Demography*, 2019; 56:503.

Brown S.L., Lin I.F., 'The gray divorce revolution: rising divorce among middle-aged and older adults, 1990 – 2010.' *The Journals of Gerontology. Series B, Psychological Sciences and Social Sciences*, 2012; 67:731.

Brown S.L., Wright M.R., 'Marriage, Cohabitation, and Divorce in Later Life.' *Innovation in Aging*, 2017; 1:igx015.

Brown S.L., Wright M.R., 'Divorce Attitudes among Older Adults: Two Decades of Change.' *Journal of Family Issues*, 2019; 40:1018.

Buss D.M., 'Sexual and Emotional Infidelity: Evolved Gender Differences in Jealousy Prove Robust and Replicable.' *Perspectives in Psychological Sciences*, 2018; 13:155.

Butler M.H., Harper J.M., Seedall R.B., 'Facilitated disclosure versus clinical accommodation of infidelity secrets: an early pivot point in couple therapy. Part 1: couple relationship ethics, pragmatics, and attachment.' *Journal of Marital and Family Therapy*, 2009; 35:125.

Carver L.F., Buchanan D., 'Successful aging: considering non-biomedical constructs.' *Clinical Interventions in Aging*, 2016:11:1623.

Charles-Sire V., Gueguen N., Pascual A., Meineri S., 'Words as environmental cues: the effect of the word "loving" on compliance to a blood donation request.' *Journal of Psychology*, 2012; 146:455.

Chopik W.J., Grimm K.J., 'Longitudinal changes and historic differences in narcissism from adolescence to older adulthood.' *Psychology and Aging*, 2019; 34:1109.

Cohen S., Doyle W.J., Turner R., Alper C.M., Skoner D.P., 'Sociability and susceptibility to the common cold.' *Psychological Sciences*, 2003; 14:389.

Conley T.D., Moors A.C., Matsick J.L., Ziegler A., 'The fewer the merrier? Assessing stigma surrounding consensually non-monogamous romantic relationships.' *Analyses of Social Issues and Public Policy*, 2013; 13:1.

Crowley J.E., 'Gray divorce: Explaining midlife marital splits.' *Journal of Women and Aging*, 2019; 31:49.

Diaz-Morales J.F., Parra-Robledo Z., Escribano C., 'Circadian preference and relationship satisfaction among three types of couples.' *Chronobiology International*, 2019; 36:1351.

Fagundes C.P., 'Implicit negative evaluations about ex-partner predicts breakup adjustment: The brighter side of dark cognitions.' *Cognition and Emotion*, 2011; 25:164.

Fletcher G.J., Simpson J.A., Campbell L., Overall N.C., 'Pair-bonding, romantic love, and evolution: the curious case of Homo sapiens.' *Perspectives in Psychological Sciences*, 2015; 10:20.

Fo D., Rame F., *Offene Zweierbeziehung (Open huwelijk)*. Hamburg, 1997.

Fowers B.J., Lyons E.M., Montel K.H., 'Positive marital illusions: Self-enhancement or relationship enhancement?' *Journal of Family Psychology*, 1996; 10:192.

Gagne F.M., Lydon J.E., 'Bias and accuracy in close relationships: An integrative review.' *Personality and Social Psychology Review*, 2004; 8:322.

Gangestad S.W., Simpson J.A., 'The evolution of human mating: trade-offs and strategic pluralism.' *The Behavioral and Brain Sciences*, 2000; 23:573.

Gewirtz-Meydan A., Ayalon L., '"Shades of Grey": Exploring Public Opinion about Later-Life Sexuality.' *Canadian Journal of Aging*, 2020;21:1.

Goldstein P., Weissman-Fogel I., Shamay-Tsoory S.G., 'The role of touch in regulating interpartner physiological coupling during empathy for pain.' *Scientific Reports*, 2017; 7:3252.

Gonzaga G.C., Haselton M.G., Smurda J., Davies M.S., Poore J.C., 'Love, desire, and the suppression of thoughts of romantic alternatives.' *Evolution of Human Behavior*, 2008; 29:119.

Gottman J.M., Levenson R.W., 'A two-factor model for predicting when a couple will divorce: exploratory analyses using 14-year longitudinal data.' *Family Process*, 2002; 41:83.

Gottman J.M., Levenson R.W., Marital processes predictive of later dissolution: behavior, physiology, and health. *Journal of Personal and Social Psychology*, 1992; 63:221.

Grammer K., Fink B., Neave N., 'Human pheromones and sexual attraction.' *European Journal of Obstetrics and Gynecology and Reproductive Biology*, 2005; 118:135.

Gueguen N., Jacob C., Lourel M., Pascual A., 'When drivers see red: car color frustrators and drivers' aggressiveness.' *Aggressive Behavior*, 2012; 38:166.

Gueguen N., Lamy L., 'Hitchhiking women's hair color.' *Perceptual and motor skills*, 2009; 109:941.

Gueguen N., Jacob C., 'Enhanced female attractiveness with use of cosmetics and male tipping behavior in restaurants.' *Journal of Cosmetic Science*, 2011; 62:283.

Gueguen N., 'Color and women attractiveness: when red clothed women are perceived to have more intense sexual intent.' *Journal of Social Psychology*, 2012; 152:261.

Gueguen N., '"Say it … near the flower shop": further evidence of the effect of flowers on mating.' *Journal of Social Psychology*, 2012; 152:529.

Gueguen N., 'The sweet smell of … implicit helping: effects of pleas ant ambient fragrance on spontaneous help in shopping malls.' *Journal of Social Psychology*, 2012; 152:397.

Gueguen N., Lamy L., 'The effect of facial makeup on the frequency of drivers stopping for hitchhikers.' *Psychology Reports*, 2013; 113:1109.

Gueguen N., 'Effect of a perfume on prosocial behavior of pedestrians.' *Psychological Reports*, 2001; 88:1046.

Hamm J.M., Shane J., Heckhausen J., Lachman M.E., 'Risk of Cognitive Declines With Retirement: Who Declines and Why?' *Psychology and Aging*, 2020; 35:449.

Harder H., Starkings R.M.L., Fallowfield L.J., Menon U., Jacobs I.J., Jenkins V.A., UKCTOCS trialists, 'Sexual functioning in 4,418 postmenopausal women participating in UKCTOCS: a qualitative free-text analysis.' *Menopause*, 2019; 26:1100.

Haversath J., Garttner K.M., Kliem S., Vasterling I., Strauss B., Kroger C., 'Sexualverhalten in Deutschland. Ergebnisse einer repräsentativen Befragung.' *Deutsches Ärzteblatt*, 2017; 114:545.

Heavey C.L., Layne C., Christensen A., 'Gender and conflict structure in marital interaction: a replication and extension.' *Journal of Consulting and Clinical Psychology*, 1993; 61:16.

Heavey C.L., Christensen A., Malamuth N.M., 'The longitudinal impact of demand and withdrawal during marital conflict.' *Journal of Consulting and Clinical Psychology*, 1995; 63:797.

Hicks L.L., McNulty J.K., Meltzer A.L., Olson M.A., 'Capturing the Interpersonal Implications of Evolved Preferences? Frequency of Sex Shapes Automatic, but Not Explicit, Partner Evaluations.' *Psychological Sciences*, 2016; 27:836.

Holt-Lunstad J., 'Why Social Relationships Are Important for Physical Health: A Systems Approach to Understanding and Modifying Risk and Protection. *Annual Review of Psychology*, 2018; 69:437.

Holt-Lunstad J., Jones B.Q., Birmingham W., 'The influence of close relationships on nocturnal blood pressure dipping.' *International Journal of Psychophysiology*, 2009; 71:211.

Holt-Lunstad J., Smith T.B., Layton J.B., 'Social relationships and mortality risk: a meta-analytic review.' *PLoS Medicine*, 2010; 7:e1000316.

Illouz E., *Waarom liefde eindigt. Een onderzoek naar relaties in de 21e eeuw.* Ten Have, 2020.

Illouz E., 'Das überforderte Paar.' *Philosophie Magazin*, 2013; 3:44.

Illouz E., *Waarom liefde pijn doet. Een sociologische verklaring.* De Bezige Bij, 2015.

Illouz E., *Gefühle in Zeiten des Kapitalismus*. Frankfurt, 2004

Inagaki T.K., Eisenberger N.I., 'Giving support to others reduces sympathetic nervous system-related responses to stress.' *Psychophysiology*, 2016; 53:427.

Jaremka L.M., Fagundes C.P., Peng J., Bennett J.M., Glaser R., Malarkey W.B., Kiecolt-Glaser J.K., 'Loneliness promotes inflammation during acute stress.' *Psychological Sciences*, 2013; 24:1089.

Jellouscheck H., *Achtsamkeit in der Partnerschaft. Was dem Zusammenleben Tiefe gibt.* Freiburg, 2011.

Jonasson J., *De honderdjarige man die uit het raam klom en verdween.* Signatuur, 2011.

Joule R.V., Gueguen N., 'Touch, compliance, and awareness of tactile contact.' *Perceptual and motor skills*, 2007; 104:581.

Kang Y., Williams L.E., Clark M.S., Gray J.R., Bargh J.A., 'Physical temperature effects on trust behavior: the role of insula.' *Social Cognitive and Affective Neuroscience*, 2011; 6:50.

Keller M., Pillon D., Bakker J., 'Olfactory systems in mate recognition and sexual behavior.' *Vitamins and Hormones*, 2010; 83:331.

Kiecolt-Glaser J.K., Dura J.R., Speicher C.E., Trask O.J., Glaser R., 'Spousal caregivers of dementia victims: longitudinal changes in immunity and health.' *Psychosomatic Medicine*, 1991; 53:345.

Kiecolt-Glaser J.K., Loving T.J., Stowell J.R., Malarkey W.B., Lemeshow S., 'Hostile marital interactions, proinflammatory cytokine production, and wound healing.' *Archives of General Psychiatry*, 2005; 62:1377.

Killewald A., Lundberg I., 'New Evidence Against a Causal Marriage Wage Premium.' *Demography*, 2017; 54:1007.

Knight T., Ricciardelli L.A., 'Successful aging: perceptions of adults aged between 70 and 101 years.' *International Journal of Aging and Human Development*, 2003; 56:223.

Knopp K., Scott S., Ritchie L., Rhoades G.K., Markman H.J., Stanley S.M., 'Once a Cheater, Always a Cheater? Serial Infidelity Across Subsequent Relationships.' *Archives of Sexual Behavior*, 2017; 46:2301.

Kullmann K., 'Adieu, Liebe.' *Der Spiegel*, 10 juni 2017, p. 96.

Kuntze H., *Lieben heißt wollen: Wie Beziehung gelingen kann, wenn wir Freiheit ganz neu denken.* München, 2018.

Kuyken W., Watkins E., Holden E., White K., Taylor R.S., Byford S., Evans A., Radford S., Teasdale J.D., Dalgleish T., 'How does mindfulness-based cognitive therapy work?' *Behavior Research and Therapy*, 2010; 48:1105.

Lackenbauer S.D., Campbell L., 'Measuring up: the unique emotional and regulatory outcomes of different perceived partner-ideal discrepancies in romantic relationships.' *Journal of Personality and Social Psychology*, 2012; 103:472.

Leo M., Gutsch J., *Es ist nur eine Phase, Hase: Ein Trostbuch für Alterspubertierende.* Berlijn, 2018.

Levy K.N., Kelly K.M., 'Sex differences in jealousy: a contribution from attachment theory.' *Psychological Science*, 2010; 21:168.

LeRoy A.S., Murdock K.W., Jaremka L.M., Loya A., Fagundes C.P., 'Loneliness predicts self-reported cold symptoms after a viral challenge.' *Health Psychology*, 2017; 36:512.

Lydon J., Karremans J.C., 'Relationship regulation in the face of eye candy: a motivated cognition framework for understanding responses to attractive alternatives.' *Current Opinion in Psychology*, 2015; 1:76.

MacBeth A., Gumley A., 'Exploring compassion: a meta-analysis of the association between self-compassion and psychopathology.' *Clinical Psychology Review*, 2012; 32:545.

Martz J.M., Verette J., Arriaga X.B., Slovik L.F., Cox C.L., Rusbult C.E., 'Positive illusion in close relationships.' *Personal Relationships*, 1998; 5:159.

McGlone F., Wessberg J., Olausson H., 'Discriminative and affective touch: sensing and feeling.' *Neuron*, 2014; 82:737.

Montross L.P., Depp C., Daly J., Reichstadt J., Golshan S., Moore D., Sitzer D., Jeste D.V., 'Correlates of self-rated successful aging among community-dwelling older adults.' *The American Journal of Geriatric Psychiatry*, 2006; 14:43.

Murray S.L., Holmes J.G., Dolderman D., Griffin D.W., 'What the motivated mind sees: Comparing friends' perspectives to married partners' views of each other.' *Journal of Experimental Social Psychology*, 2000; 36:600.

Muscatell K.A., Eisenberger N.I., Dutcher J.M., Cole S.W., Bower J.E., 'Links between inflammation, amygdala reactivity, and social support in breast cancer survivors.' *Brain, Behavior, and Immunity*, 2016; 53:34.

Myrseth K.O., Fishbach A., Trope Y., 'Counteractive self-control.' *Psychological Sciences*, 2009; 20:159.

Neff K., *Selbstmitgefühl. Wie wir uns mit unseren Schwächen versöhnen und uns selbst der beste Freund werden.* München, 2012.

Orefice L.L., Mosko J.R., Morency D.T., Wells M.F., Tasnim A., Mozeika S.M., Ye M., Chirila A.M., Emanuel A.J., Rankin G., Fame R.M., Lehtinen M.K., Feng G., Ginty D.D., 'Targeting Peripheral Somatosensory Neurons to Improve Tactile-Related Phenotypes in ASD Models.' *Cell*, 2019; 178:867.

Overall N.C., Fletcher G.J., Simpson J.A., 'Regulation processes in intimate relationships: the role of ideal standards.' *Journal of Personality and Social Psychology*, 2006; 91:662.
Overall N.C., McNulty J.K., 'What Type of Communication during Conflict is Beneficial for Intimate Relationships?' *Current Opinion in Psychology*, 2017; 13:1.
Overall N.C., Sibley C.G., Travaglia L.K., 'Loyal but ignored: The benefits and costs of constructive communication behavior.' *Personal Relationships*, 2010; 17:127.
Plessner H., *Philosophische Anthropologie.* Göttinger Vorlesung vom Sommersemester 1961. Berlijn, 2019.
Pointner S., *Adam, wo bist du? Eva, was tust du? Über die Befreiung aus Isolation und Abhängigkeit in Paarbeziehungen.* Wenen, 2016.
Porges S.W., 'The polyvagal perspective.' *Biological Psychology*, 2007; 74:116.
Pronk T.M., Karremans J.C., Wigboldus D.H., 'How can you resist? Executive control helps romantically involved individuals to stay faithful.' *Journal of Personality and Social Psychology*, 2011; 100:827.
Puts D.A., Jones B.C., DeBruine L.M., 'Sexual selection on human faces and voices.' *Journal of Sex Research*, 2012; 49:227.
Rockcliff H., Gilbert P., McEwan K., Lightman S., Glover D., 'A pilot exploration of heart rate variability and salivary cortisol responses to compassion-focused imagery.' *Clinical Neuropsychiatry*, 2008; 5:132.
Russell V.M., Baker L.R., McNulty J.K., Overall N.C., '"You're forgiven, but don't do it again!" Direct partner regulation buffers the costs of forgiveness.' *Journal of Family Psychology*, 2018; 32:435.
Schultz W.M., Hayek S.S., Samman Tahhan A., Ko Y.A., Sandesara P., Awad M., Mohammed K.H., Patel K., Yuan M., Zheng S., Topel M.L., Hartsfield J., Bhimani R., Varghese T., Kim J.H., Shaw L., Wilson P., Vaccarino V., Quyyumi A.A., 'Marital Status and Outcomes in Patients With Cardiovascular Disease.' *Journal of the American Heart Association*, 2017; 6: e005890.
Slavich G.M., Way B.M., Eisenberger N.I., Taylor S.E., 'Neural sensitivity to social rejection is associated with inflammatory responses to social

stress.' *Proceedings of the National Academy of Sciences of the USA*, 2010; 107:14817.

Slepian M.L., Masicampo E.J., Toosi N.R., Ambady N., 'The physical burdens of secrecy.' *Journal of Experimental Psychology General*, 2012; 141:619.

Smyth AP.J., Peetz J., Capaldi A.A., 'Ex-appraisal bias: Negative illusions in appraising relationship quality retrospectively.' *Journal of Social and Personal Relationships*, 2020; advanced_online_publication.

Spengler T., *Wenn Männer sich verheben: Eine Leidensgeschichte in 24 Wirbeln.* Berlijn, 1996.

Spielmann S.S., Joel S., MacDonald G., Kogan A., 'Ex appeal: Current relationship quality and emotional attachment to ex-partners.' *Social Psychological and Personality Science*, 2013; 4:175.

Štulhofer A., Hinchliff S., Jurin T., Carvalheira A., Traen B., 'Successful aging, change in sexual interest and sexual satisfaction in couples from four European Countries.' *European Journal of Ageing*, 2018; 16:155.

Sylvia L.G., Shesler L.W., Peckham A.D., Grandin T., Kahn D.A., 'Adjunctive deep touch pressure for comorbid anxiety in bipolar disorder: mediated by control of sensory input?' *Journal of Psychiatric Practice*, 2014; 20:71.

Tawakol A., Ishai A., Takx R.A., Figueroa A.L., Ali A., Kaiser Y., Truong Q.A., Solomon C.J., Calcagno C., Mani V., Tang C.Y., Mulder W.J., Murrough J.W., Hoffmann U., Nahrendorf M., Shin L.M., Fayad Z.A., Pitman R.K., 'Relation between resting amygdalar activity and cardiovascular events: a longitudinal and cohort study.' *Lancet*, 2017; 389:834.

Thoma D., *Vom Glück in der Moderne.* Frankfurt, 2003.

Thoma D., *Puer robustus: Eine Philosophie des Störenfrieds.* Berlijn, 2016.

Tutmann L., "Wenn die Liebe anfängt, wird es langweilig." Erwarten wir das Falsche von der Liebe? Und warum führen so viele Menschen toxische Beziehungen? Paartherapeut Holger Kuntze over de meest voorkomende fouten en waarom verliefdheid pure stress is. www.suedddeutsche.de, 28 juni 2019.

Twenge J.M., Sherman R.A., Wells B.E., 'Declines in Sexual Frequency among American Adults, 1989 – 2014.' *Archives of Sexual Behavior*, 2017; 46:2389.

Twenge J.M., Sherman R.A., Wells B.E., 'Changes in American Adults' Sexual Behavior and Attitudes, 1972 – 2012.' *Archives of Sexual Behavior*, 2015; 44:2273.

Verstaen A., Haase C.M., Lwi S.J., Levenson R.W., 'Age-related changes in emotional behavior: Evidence from a 13-year longitudinal study of long-term married couples.' *Emotion*, 2020; 20:149.

Waechter J., 'Haben Sie keine einfacheren Fragen?', *SZ-Magazin*, 11 november 2016.

Walter K.V., Conroy-Beam D., Buss D.M., Asao K., Sorokowska A., Sorokowski P., Aavik T., Akello G., Alhabahba M.M., Alm C., Amjad N., Anjum A., Atama C.S., Atamtürk Duyar D., Ayebare R., Batres C., Bendixen M., Bensafia A., Bizumic B., Boussena M., Butovskaya M., Can S., Cantarero K., Carrier A., Cetinkaya H., Croy I., Cueto R.M., Czub M., Dronova D., Dural S., Duyar I., Ertugrul B., Espinosa A., Estevan I., Esteves C.S., Fang L., Frackowiak T., Garduno J.C., González K.U., Guemaz F., Gyuris P., Halamová M., Herak I., Horvat M., Hromatko I., Hui C.M., Jaafar J.L., Jiang F., Kafetsios K., Kavčič T., Kennair L.E.O., Kervyn N., Khanh Ha T.T., Khilji I.A., Köbis N.C., Lan H.M., Láng A., Lennard G.R., León E., Lindholm T., Linh T.T., Lopez G., Van Luot N., Mailhos A., Manesi Z., Martinez R., McKerchar S.L., Meskó N., Misra G., Monaghan C., Mora E.C., Moya-Garófano A., Musil B., Natividade J.C., Niemczyk A., Nizharadze G., Oberzaucher E., Oleszkiewicz A., Omar-Fauzee M.S., Onyishi I.E., Özener B., Pagani A.F., Pakalniskiene V., Parise M., Pazhoohi F., Pisanski A., Pisanski K., Ponciano E., Popa C., Prokop P., Rizwan M., Sainz M., Salkičević S., Sargautyte R., Sarmány-Schuller I., Schmehl S., Sharad S., Siddiqui R.S., Simonetti .F, Stoyanova S.Y., Tadinac M., Varella M.A.C., Vauclair C.M., Vega L.D., Widarini D.A., Yoo G., Zat'ková M., Zupančič M., 'Sex Differences in Mate Preferences Across 45 Countries: A Large-Scale Replication.' *Psychological Science*, 2020; 20:956797620904154.

Walton K., Horton N.J., Rifas-Shiman S.L., Field A.E., Austin S.B., Haycraft E., Breen A., Haines J., 'Exploring the Role of Family Functioning in the Association Between Frequency of Family Dinners and Dietary

Intake Among Adolescents and Young Adults.' *JAMA Networks Open*, 2 november 2018; 1:e185217.

Wiederman M.W., Hurd C., 'Extradyadic involvement during dating.' *Journal of Social and Personal Relationships*, 1999; 16:265.

Williams L.E., Bargh J.A., 'Experiencing physical warmth promotes interpersonal warmth.' *Science*, 2008; 322:606.

Woods S.B., Priest J.B., Roberson P.N.E., 'Family versus intimate partners: Estimating who matters more for health in a 20-year longitudinal study.' *Journal of Family Psychology*, 2020; 34:247.

Xu L., Becker B., Luo R., Zheng X., Zhao W., Zhang Q., Kendrick K.M., 'Oxytocinamplifies sex differences in human mate choice.' *Psychoneuroendocrinology*, 2020; 112:104483.

Zurhorst E., *Waardeer jezelf. En word gelukkig in je relatie.* Uitgeverij Archipel, 2009.

Register

W

Z